Documentary of Zhejiang's
Financial Development and Reform

潮起之江

——浙江金融改革发展纪实

—————— 主编 丁敏哲 ——————

中国金融出版社

责任编辑：王效端　王　君

责任校对：孙　蕊

责任印制：丁淮宾

图书在版编目（CIP）数据

潮起之江——浙江金融改革发展纪实（Chaoqi Zhijiang: Zhejiang Jinrong Gaige Fazhan Jishi）/丁敏哲主编. —北京：中国金融出版社，2017.12

ISBN 978 - 7 - 5049 - 9145 - 4

Ⅰ.①潮… Ⅱ.①丁… Ⅲ.①地方金融—金融改革—浙江

Ⅳ.①F832.755

中国版本图书馆CIP数据核字（2017）第199917号

出版
发行　**中国金融出版社**

社址　北京市丰台区益泽路2号

市场开发部　　（010）63266347，63805472，63439533（传真）

网 上 书 店　http://www.chinafph.com

　　　　　　（010）63286832，63365686（传真）

读者服务部　　（010）66070833，62568380

邮编　100071

经销　新华书店

印刷　保利达印务有限公司

装订　平阳装订厂

尺寸　169毫米×239毫米

印张　20.5

字数　283千

版次　2017年12月第1版

印次　2017年12月第1次印刷

定价　55.00元

ISBN 978 - 7 - 5049 - 9145 - 4

如出现印装错误本社负责调换　联系电话（010）63263947

序

《潮起之江》终于和大家见面了。

编撰这本书，并非一时心血来潮，而是深思熟虑的结果。起意一方面是为了忠实记录近十五年来浙江金融业的发展轨迹与样貌，另一方面，也是为了集中梳理、总结、展示、留存这一时期浙江金融保障、发展、改革创新、风险防范各方面所积累的经验，为未来进一步的发展奠定基础。

对近些年浙江金融业的发展，外界的关注度一直很高：从银行业的"浙银品牌"、资本市场的"浙江板块"、保险业的"浙江亮点"、期货业的"浙江军团"，到金融改革的"浙江探索"、地方金融的"浙江力量"、并购重组的"浙江路径"、风险防范的"浙江经验"，再到新型金融的"浙江榜样"、金融特色小镇的"浙江模范生"……面对林林总总的"浙江金融"现象，终归需要有人去发掘其意蕴，总结其规律，固化其模式。在我看来，浙江不只是金融业发展的一方沃土，同时也是全国金融改革创新的一块宝贵的"试验田"。

《潮起之江》编写工作历时近两年，前后共易五稿。全书分十章，分别记载了"三个五年"金融产业发展规划的制定、给予全省经济社会发展强有力的资金保障、富有浙江特色的地方金融改革与发展、培育资本市场

的"浙江板块"、快速崛起的浙商总部金融、温州金融改革试验区的破冰、新金融的风生水起、构筑防范化解金融风险的"防火墙"、开展对外交流合作以及覆盖全省的三级金融办体系队伍建设等内容，时间跨度从世纪之初的 2001 年到 2015 年，整整十五年。

金融是现代经济的核心。经济兴，金融兴；金融活，经济活；金融稳，经济稳。实践证明，没有金融业的繁荣就不可能有经济的繁荣，反之，没有繁荣的经济也不可能有金融业的昌盛。十五年来，浙江金融业在为全省经济社会发展提供强有力的资金保障支持，推动经济转型升级、产业结构优化，拓展多元化融资渠道，增强金融风险防控能力，营造良好的金融生态等方面，发挥了坚实的支撑作用，推动了全省经济社会又好又快发展，推动了金融与实体经济协调发展，形成了经济与金融良性互动的喜人局面，自身的竞争能力、抗风险能力、可持续发展能力也大幅提高。这一切得益于历届省委、省政府的正确决策与坚强领导，得益于全省金融业贯彻中央方针政策的到位与深入。可以说，浙江金融业十五年来的持续、健康、快速发展，完全是省委、省政府牢牢坚持以"八八战略"这个发展总纲统领金融工作全局，紧紧围绕建设"平安浙江"等重大战略部署，不断深化推进金融改革创新，做大、做强、做优、做精金融产业最生动、最典型的"浙江实践"。

十五年仅是沧海一粟。时间跨度有限，发展空间却无限。在此期间，我先后担任省上市办主任、省金融办主任，身为浙江金融产业发展的亲历者、参与者和见证者，有幸一直站在浙江金融业改革创新发展的风口浪尖——这十五年来，一轮轮金融发展创新在浙江大地上犹如春潮滚滚而来；这十五年来，一次次金融革故鼎新犹如雨后春笋在浙江大地上破土勃发。

回望来路，心潮澎湃。十五年来，与浙江经济社会发生的种种不寻常变迁一样，浙江金融业也发生着生动而深刻的变化——

融资结构趋向优化。多年来，浙江与国内其他省市一样，融资结构以银行间接融资为主，间接融资比例占到全省融资总规模的九成以上。自2013年起，随着企业债券、股票融资等的"爆发式"增长，可以说，长期以来间接融资占大头的浙江融资结构迎来了"拐点"——2016年直接融资占比34.3%，高出全国平均水平10.5个百分点。这意味着什么？这意味着浙江融资结构的优化水平有了实质性的提升，这意味着浙江的金融供给侧改革见到了成效！

金改维度更加多元。一提及浙江的金融改革，外界关注的目光一般离不开温州金改、丽水农村金改、台州小微金改、义乌贸易金改这"四大金改"。事实上，浙江的金改维度正趋于多元：有同为国家级改革试点的宁波保险创新综合试验区、湖州和衢州绿色金融改革试验区；有多点开花的区域金融改革，包括杭州财富管理中心建设、嘉兴科技金融改革创新试验区、上虞上市公司引领产业发展示范区等；有厚积薄发的金融创新示范县（市、区）试点……可以说，浙江金融改革现今已在全省11个市形成了多层次、网格化、广覆盖的格局，并积累了许多可复制推广的"浙江经验"，形成了明显的"乘数效应"。

"浙江板块"底蕴增厚。这些年，资本市场的"浙江板块"声名鹊起，底气十足：截至2016年第一季度末，全省境内外上市公司已达440家，总市值突破6万亿元。其中主板A股浙江上市公司数量居全国第二位，中小板居全国第三位，创业板则居全国第四位；2014年阿里巴巴在纽交所成功首发上市，融资额逾250亿美元，一举创下全球有史以来最大规模的IPO，写下了浙企境外上市迄今最为浓墨重彩的一笔……然而，时到如今，上市融资已不再是"浙江板块"朝思暮想的终极目标了，以浙江上市公司

为主流群体的并购重组正如火如荼，并购触角更从国内一直延伸到海外，优质上市公司群体已成为浙江引领区域经济集聚发展、拉动产业技术升级、促进传统产业快速转型、提升地方经济证券化水平的强大推进器。可以说，现在"浙江板块"的境界更高了，视野更开阔了，对经济社会发展的影响力与推动力更强了！

地方金融更富张力。如果说这一时期浙商银行、浙商证券、浙商期货、浙商保险、浙商基金等本土机构相继崛起，奠定了浙商系列总部金融的规模与基础，那么，这几年浙江地方金融发展创新的张力只增不减：国内首批四家民营银行试点，浙江独揽两家；地方交易市场体系建设有序推进，稳步探路产权、股权、金融资产、大宗商品等交易，满足企业挂牌、股份流转、债券融资、金融资产转让等不同需求；私募基金行情连年看涨，管理资产规模跃居全国前列，形成具有较高层次和知名度的"浙江私募"系列品牌；创建金融特色小镇，促进高端要素集聚，汇合成专业性、功能型金融集聚地。可以说，以往很长一段时间内总部机构阙如、本土机构影响力缺失的情形已成为明日黄花。

风险防控砥砺前行。谁也不曾料到，2012年肇始于温州的一场资金链、担保链危机，瞬间便让金融生态一直居于国内前列的浙江坐上了"火山口"。所幸，百炼钢化为绕指柔，多年苦心经营而成的风险防控体系，在危机凸现之际释放出强大的"战力"——政府、银行、企业三方联手，抢抓化解风险的时间窗口，瞄准风险节点和高风险部位，施行精准"手术"，逐一化解，各个击破。同时重拳打击恶意逃废债和处置不良资产。仅2012年到2015年，全省通过核销、上划、转让、重组、打包等方式处置的银行不良贷款总额超过4300多亿元，成效显著。可以说，经此一役，浙江牢牢守住了不发生系统性、区域性金融风险的底线，防控风险能力经受住了实战的检验。

钱江奔腾不息，大潮澎湃不止。"十三五"伊始，在经济新常态以及利率市场化、人民币国际化、资产证券化"三化"进程加速的大背景下，浙江金融产业站到了新的起跑线上——从"金融大省"加速向"金融强省"跨越。省委、省政府审时度势，把金融业列入浙江"十三五"时期重点打造的八大万亿产业之一，明确提出到 2020 年金融业增加值占全省 GDP 的比重将达到 9%。浙江金融业可谓任重道远。

蓝图绘就，只争朝夕。书稿完成之际，正值浙江高起点、大手笔谋划、布局建设一个全新的战略平台——钱塘江金融港湾，着力打造具有国际影响力、国内优势地位的财富管理和新金融创新中心。可以想见，在不久的将来，一个云集金融机构总部、金融要素市场、私募基金、互联网金融、金融大数据产业等协同发展、共生共荣的财富管理产业链和新金融生态圈，将凸现在钱塘江畔，成为浙江乃至中国金融版图上一道瑰丽的风景线。

浙江金融的未来值得期待。

2017 年 8 月

目 录 CONTENTS

第一章　走在前列
——描绘金融发展蓝图

　　心有多大，舞台就有多大。经济发展空间有多大，金融业的舞台就有多大。十五年的腾挪闪跃，十五年的超越自我，浙江金融迈入一个崭新的"十三五"。新一轮发展机遇面前，唯改革者进，唯创新者强，唯改革创新者胜。干在实处，走在前列，浙江金融业长袖善舞，为浙江经济引擎注入强劲动力，也为自身的"不悔之年"书写青春勃发的新篇章。

　　五年计划是观察中国经济发展历程，探寻中国经济发展规律，总结中国经济发展经验教训的重要工具。我国已经实施了十个五年计划，然而从"十一五"起，最明显的差异就在于"计划"变成了"规划"，一字之差，蕴含了深刻的含义。

　　"计划"是指工作或行动前预先拟定的具体内容和步骤，"规划"是指比较全面的长远的发展计划，二者都是关于未来行动的方案，但"规划"更加注重宏观性、战略性、指导性和长远性，规划是计划的指导，计划是规划的实施形式。

浙江编制省级金融发展规划，始于"十五"期末，也就是说起步于"十一五"浙江金融业规划的编制。此时，浙江金融总量不断壮大，金融体系逐步完善，金融改革日益深入，金融业改革发展与地方政府的关系日益密切，对实体经济的支撑与拉动日益彰显，地方金融管理部门及其在地方金融管理事务中所发挥的作用从无到有、从小到大、从简到全，全省经济社会发展所产生的新需求、新变化，催生了金融业规划的前瞻与先行。

浙江金融业在"十五"时期实现了快速增长，银行、证券、保险业齐头并进，主要指标位列全国前茅，初步确立了在全国的金融大省地位。2005年全省金融机构实现增加值609.87亿元，"十五"期间年平均增长23.86%。2005年末全省人民币存款余额首次超过2万亿元，达到20494.2亿元，居全国第五位，人民币贷款余额达到16557.7亿元，居第二位。2005年末，全省共有境内外上市公司107家，上市融资额累计486.7亿元，上市公司家数居全国第四位。2005年全省实现保费收入313.3亿元，居全国第六位。

如此充裕的总量规模，如此快捷的发展速度，日益凸显了浙江金融业发展规划的重要性和紧迫性。然而，在2005年之前，浙江省还没有一个综合统筹地方金融事务、协调"一行三局"等中央直属机构的政府机构。浙江在2000年成立省政府企业上市工作领导小组办公室，其时职能相对单一，主要承担全省企业上市的相关工作。直至2005年，在省上市办的基础上成立了省政府金融工作领导小组办公室，简称省金融办。从这一年开始，省金融办作为省政府金融工作领导小组的常设办事机构，全面履行地方金融事务的协调管理职责。因此，浙江省"十一五"金融业发展规划的编制，实际上有两部分，分别由当时的省上市办和中国人民银行杭州中心支行牵头编制，而且省上市办还专门牵头编制了浙江省"十一五"资本市场发展规划。

从"十一五"到"十三五"，浙江金融业经历了跨越式的发展历程，作为发展蓝图的五年规划，无论是程序内容，还是指导作用，也发生了根本性的变革，日益凸显了"干在实处，走在前列"的根本要求。

第一节 "十一五"破题金融强省

"十一五"是承前启后的重要时期，其时所面对的国内外环境与"十五"计划时期比较类似，但是在许多方面又呈现出新的特点。据当时规划编制的主要牵头人、浙江省上市办主任丁敏哲回忆，浙江省"十一五"金融业发展规划的编制工作并没有委托第三方机构，而是由原上市办的同志加班加点、分工合力完成。

时值 2005 年初，主政浙江的习近平同志提出"干在实处，走在前列"的工作要求，浙江金融业发展规划的编制必然自觉地认识、辩证地理解、全面地把握这一要求，不断强化前列意识，切实把"走在前列"的要求体现到金融工作上，贯彻到衡量标准上，落实到规划编制上，在更高起点上实现浙江金融业更好更快的发展。于是，在省上市办牵头编制的浙江省"十一五"金融业发展规划中，首次出现"加快实现金融大省向金融强省的转变"的提法，创新性地提出"努力把浙江建设成'金融改革的先行区、金融发展的繁荣区、金融生态的优质区、金融运行的安全区'，初步确立浙江在全国各省中业务发展领先、改革创新领先、服务效益领先、运行质量领先的'金融强省'地位"的总体目标。

规划中"四区"概念的提出与对金融强省"四个领先"的清晰界定，涵盖了金融发展的诸多领域，形成了完整而科学的创新体系，也为浙江金融在"十一五"的改革发展提供了明确而现实的遵循和指引。其中一个显著的亮点是进一步强化金融保障经济发展的要素支撑作用，尤其是加大对"三农"、先进制造业和现代服务业的信贷投入，支持企业自主创新，支持中小企业、循环经济、外向型经济发展。同时，实施差别化信贷管理，支持欠发达地区的信贷投入。规划还明确，将加快构建浙江金融资源集聚和优化配置的平台，在杭州、宁波等中心城市规划、发展金融街区，建设金融企业商务运营中心，吸引境内外银行、保险、证券等各类金融机构来浙江发展，努力把浙江打造成为国内领先的金融"高地"。

在"十一五"规划的指导下，浙江省金融业在"十一五"期间的发展呈现了"迅猛""飞速"的鲜明特征，许多指标完成实绩都远远超出了规划提出的预期目标，发展速度出人意料。

——存贷款总量。规划提出的预期目标是浙江全省金融机构存贷款总量比"十五"期末翻一番，即到 2010 年本外币存贷款余额分别达到 42000 亿元和 34000 亿元左右。而实际上，到 2010 年末，全省金融机构的本外币存款余额达 54478 亿元，居全国第四位，贷款余额 46939 亿元，居全国第二位，存贷款总量均提前实现翻一番目标，贷款增量居全国首位。

——直接融资规模。规划的预期目标是五年新增上市公司 80 家左右，新增募集资金 280 亿元左右，即到 2010 年境内外上市公司数量达到 180 家左右。而在规划实施的五年内，浙江新增的境内外上市公司多达 135 家，到 2010 年末全省的境内外上市公司多达 242 家，累计融资额达 2310 亿元。

——保险业保费收入。规划提出了到 2010 年全省实现保费收入 750 亿元左右的目标，而五年后全省的保费收入达到 834 亿元，居全国第六位。

——金融业增加值。规划的目标是到 2010 年，全省金融业实现增加值 1300 亿元左右，年平均增长 18%，占全省生产总值和第三产业增加值的比重分别达到 6.5% 和 14%。现实情况是，"十一五"时期浙江全省金融业增加值的年均增长高达 21.4%，2010 年金融业增加值达

2288亿元，占全省生产总值及服务业增加值的比重分别达到8.4%和19.5%，金融业对全省生产总值的贡献率高达9.1%。

举国瞩目的一系列经济成就和金融数据的强力支撑，使浙江金融业展示出"走在前列"的自信，浙江已经形成银行业的"浙银品牌"、证券业的"浙江板块"、保险业的"浙江亮点"、总部地方金融机构的"浙商系列"，基本建立了结构较为合理、功能相对完善的金融体系，初步确立了富有特色的"金融强省"地位。

第二节　"十二五"打造"两个中心"

浙江省"十二五"规划提出，至"十二五"期末，全省人均GDP将增至1万美元，进入向高收入国家和地区迈进的时期。据此可见，这一时期是浙江加速发展服务业、居民收入提高、实现消费结构升级的关键时期，将产生大量新型金融需求，迫切要求加快区域金融发展。

2010年2月，时任浙江省委常委、常务副省长陈敏尔在金融工作座谈会上专门提出"十二五"金融业发展规划亟待研究的"三大课题，七个问题"，为规划编制点好了题，定好了方向。三大课题，即如何确定浙江金融业的战略评估，如何形成浙江金融业的核心竞争力，如何完善浙江金融业的发展体系；七个问题，即如何参与接轨上海国际金融中心、如何打造中小企业金融服务中心、如何规划建设金融集聚区、如何支持设立一批金融创新示范区、如何打造浙江金融品牌、如何规范民间融资、如何鼓励企业多元融资。

为编制好规划，省政府专门成立规划编制工作领导小组，陈敏尔担任组长，省政府分管副秘书长和省金融办主要负责人担任副组长。规划

编制采取学术研究和部门编制相结合的方式，前期主要依靠浙江大学金融研究院开展课题科研，后期以省金融办为主进行实体编制。

浙江大学吸纳省内五所大学和相关部门的专家学者，组成约30人的规划课题研究团队，聘请了一批国内知名的专家作为顾问团。这是浙江省第一次委托专业机构编制金融业发展规划。具体承担规划编制任务的是浙江大学金融研究院，总协调人为浙江大学经济学院院长史晋川教授，编制工作组由省金融办负责人和浙江大学经济学院汪炜教授担任组长。

编制工作从2009年10月开始着手，到2011年6月浙江省政府正式发文公布规划，历时20个月。其间，规划文本数易其稿，召开各类征求意见会20余次。常务副省长陈敏尔多次专题听取规划编制情况汇报，并作出3次批示。

"十二五"金融业发展规划，由一个总体规划、九个专题规划组成，并有杭州、宁波、温州、台州等地金融集聚区子规划作为配套规划。其中专题规划分为银行业、证券期货业、保险业、中小金融、财富管理、创业创新金融、财政性金融、接轨上海国际金融中心、金融信息技术与专业服务发展战略等。

"十二五"金融业发展规划的最大亮点，在于创新性地提出了"两个中心、一个强省"建设目标，以此实现金融发展从单一目标向"强经济"和"强金融"双目标拓展，实现金融保障服务能力和金融产业自身发展水平"双提升"。

为了更好地落实"两个中心"、"双目标"等新战略与新理念，与规划同步启动编制的还有《中小企业金融服务中心行动计划》和《民间财富管理中心行动计划》，均由浙江省金融办牵头编制。两大行动计划提出了主要的总体思路、目标任务，还分别列出一批重点实施项目，与规划文本一起形成"发展规划—行动计划—重点实施项目"的规划体系。两项计划作为规划的附件，由省政府办公厅分别于2011年8月、11月发布。

　　浙江"藏富于民"，是拥有雄厚民间资金的省份。据中国人民银行杭州中心支行调查测算，至 2009 年浙江民间资本的存量至少在 1 万亿元以上，而另据有关专家估计，达 1.5 万亿元以上。大量的民间资金期待更多的金融手段来引导，进入各类创业活动和投资理财，因此迫切要求强化金融的转化功能，改变单一的投融资渠道，把民间资金有效地转化为创业资本，把社会资本有序合法地引导到实体经济发展中去。

　　由此，推进与市场化进程相适应的"金融强省"建设战略，着重打造"中小企业金融服务中心"和"民间财富管理中心"两个中心，是浙江经济市场化发展的必然要求，也是对浙江金融发展区域特色和先发优势的提升。

　　2010 年 6 月 16 日，浙江省"十二五"金融业发展规划高层专家咨询会在北京金融街洲际酒店举行。出席会议的有吴晓灵、王洛林、李扬、夏斌、李稻葵、裴长洪等知名专家学者，还有"一行三会"研究部负责人，共同为浙江金融业蓝图"把脉问诊"。

　　与会专家学者侃侃而谈，普遍看好浙江未来五年金融业的发展愿景，尤其对"两个中心"的规划布局充满浓厚的兴趣，发表了许多富有建设性的真知灼见，并给予高度评价："浙江编制地方金融业规划的做法具有超前性、思想性，很有必要"，"'两个中心'的提法体现了浙江特色和智慧，特别有创新价值，非常契合浙江省的特点"，"浙江的'两个中心'是从功能切入的，既有特色又可操作"，"'两个中心'破解浙江金融'两难'，这一特色把握准确，浙江以小取胜、以市场取胜，建议从这个方面再突出一下亮点"，"与上海国际金融中心建设错位发展定位和解决'两难'资本困境的概括非常好"，"规划中描述的'两个中心'在内涵上还有点模糊，表述上还要做些努力；政策方面还要细化，财政要为金融发展拿出多少钱"。

打造"中小企业金融服务中心"

在《推进中小企业金融服务中心建设行动计划》中，提出了"基本形成全国领先、特色鲜明、具有较大影响力的中小企业金融服务中心，进一步推进'金融强省'建设"的总体目标，明确了"中小企业金融服务中心"的功能定位为"中小企业放贷、中小企业投资、中小企业直接融资、中小金融总部集聚、中小金融产品交易定价、中小企业金融创新"等。与此同时，行动计划还突出了今后五年重点推进的"五大平台"建设：

一是推进中小企业金融机构体系平台建设。重点是引进一批中小企业专营机构、村镇银行控股公司、中小企业金融产品研发中心和服务中心等专营机构；做强一批地方金融机构，支持 12 家地方商业银行进一步做强做优，成为服务中小企业的专业银行；支持符合条件的县（市、区）农信法人机构改制为农村商业银行，支持证券、期货、保险、信托、基金等法人机构发展壮大，逐步形成在全国有影响力的总部地方金融机构；发展一批小额贷款公司、村镇银行、农村资金互助社等新型农村金融组织，争取在浙江设立全国首家网络商业银行。

二是推进中小企业投融资交易平台建设。通过构筑金融服务平台，积极培育与中小企业金融服务中心相适应的金融市场体系，为中小企业投融资提供信贷、票据、理财产品等多元化金融资产交易市场。大力培育发展地方资本市场，积极打造全省统一的未上市公司股权转让平台，探索在浙江建立区域性场外交易市场。进一步拓展保险、债券等市场功能，逐步形成为中小企业提供保险、集合债券、信托、租赁等创新融资服务的平台，扩大中小企业直接融资渠道。

三是推进中小企业金融创新平台建设。创新个性化融资产品，鼓励银行业金融机构围绕初创型企业、出口贸易企业以及中小企业转型升级，创新相应的金融服务产品和多种融资方式。积极推动大银行与小额贷款公司开展业务合作，探索大银行批发资金和小额贷款公司零售贷款业务。

创新融资担保方式，鼓励银行业金融机构积极发展股权质押、知识产权质押贷款，大力发展动产质押、票据质押、应收账款质押、订单质押、保单质押等多种方式贷款，创新发展船舶融资、海域使用权抵押贷款，鼓励银行积极探索集体土地使用权和土地承包经营权流转抵押、林权抵押融资，大力推广农户小额信用贷款、农房抵押、大中型农机具抵押、粮食订单质押、农户联保贷款等，增强对"三农"金融服务力度。创新多元融资渠道，积极拓展中小企业股权融资、项目融资、债券融资、信托融资等多渠道融资，重点推进一批小型巨人企业在境内外证券市场上市，支持符合条件的中小企业发行企业债、公司债、短期融资券、中小企业集合票据等。支持典当业的健康发展，发挥典当的融资功能。

四是推进地方金融资源集聚平台建设。加快建设杭州、宁波和温州金融集聚区，编制金融集聚区发展详细规划，合理布局金融集聚区发展空间。加快开展金融创新示范县（市、区）试点，培育一批县域金融特色城市。加快组建地方金融控股平台，组建省级金融控股公司，并参股、控股地方银行、证券、保险、产业基金等金融机构。加快省农信联社转型发展，推进农村合作金融公共后台服务平台建设。加快规划建设金融公共后台服务基地。

五是推进中小企业金融服务保障平台建设。规范发展壮大担保机构，鼓励各地建立信用担保机构补偿基金和担保机构再保险机制，完善政策性担保、商业性担保、互助性担保机构体系。规范融资性担保公司，推动组建省级中小企业信用再担保机构，为县、乡一级中小担保机构提供信用增级服务。健全中介服务体系和社会信用体系，创新金融风险防范机制。

打造"民间财富管理中心"

另一个与规划同步启动编制的《推进民间财富管理中心建设行动计

划》，对民间财富管理中心作了清晰的概括和定位，就是要把浙江打造成为全国财富管理集聚区功能领先、服务网络覆盖面广的地区，全国财富管理机构类型齐全、地方法人机构数量多的地区，全国直接投融资活跃、民营企业财富管理健全的地区，全国财富管理业务广泛、创新活跃的地区。同时，行动计划也明确了今后五年需重点推进的五项工作：

一是建设一批民间财富管理集聚区。建设杭州财富管理核心集聚区，重点发展以股权投资机构、银行、保险、证券、期货、信托及各类资产管理机构总部为主的财富管理核心集聚区，成为在全国具有领先地位和较大影响力的财富管理机构总部基地。建设宁波和温州两大特色优势财富管理集聚区。宁波重点发展以离岸金融、航运金融、贸易金融为特色的财富管理集聚区；温州重点发展以私募股权和创业投资为特色的财富管理集聚区。通过杭州、宁波、温州民间财富管理集聚区的辐射、带动，在全省形成覆盖面广、贴近市场需求的民间财富管理网络。

二是发展一批民间财富管理机构。培育和引进一批证券投资基金公司、一批股权投资机构，发展保险资产管理公司、证券公司资产管理子公司、财务公司、上市公司投资总部或投资子公司等各类资产管理机构。引入私人银行业务机构。完善财务顾问、信用评级、资信评估、会计审计、法律及保险代理、经纪、公估等金融中介服务体系。

三是打造一批民间财富管理平台。完善产权交易市场体系，进一步强化产权交易平台的融资功能和资本配置功能，稳步拓展区域性泛产权交易。构筑多层次资本市场，加快建设全省未上市股份公司股权转让平台，不断提升股权交易平台功能，完善省、市、县（市、区）三级梯队培育上市后备资源机制，推动更多符合条件的企业在境内外证券市场上市融资。争取在浙江探索建立区域性场外交易市场。健全金融资产交易市场，探索地方金融机构股权、信托产品、私募股权、保险产品及相关金融衍生品交易等新型业务，促进金融资源优化配置。构建金融服务研究平台，形成全国一流的民间财富管理研究力量。开展民间融资规范试点，研究制定加强民间融资管理的意见，促进民间融资规范发展。

四是创新民间财富管理服务。创新各类投资基金运作模式，鼓励和支持设立以服务海洋经济、战略性新兴产业等为主的产业投资基金，以上市公司并购重组及行业整合为主的产业并购整合基金，以产业升级为主的股权投资基金和并购基金等。积极推动债券市场发展，加大发行基础设施类债券的力度，吸引保险资金设立债权投资计划，积极支持经济效益好、信誉度高的大型企业发行企业债，鼓励上市公司发行公司债和可转换债，积极推广短期融资券、中期票据、中小企业集合票据等债务融资工具，推动资产证券化的创新发展，探索在全国银行间市场发行非公开定向债务融资工具等创新产品。创新发展不同层次的财富管理产品和服务。

五是支持民间资本进入金融领域。支持民间资本以入股方式参与城市商业银行、证券公司、保险公司的增资扩股，参与农村信用社等地方金融机构的改制。鼓励民间资本参与设立金融租赁公司、小额贷款公司、村镇银行、农村资金互助社等各类金融机构。支持民间资本发起设立各类创新金融组织和金融中介服务机构。

由此可见，浙江金融选择和确立"两个中心"发展战略，既是市场化的呼唤，更是经济转型的期盼。浙江无论是从经济活动的总量和金融需求的程度看，还是从金融市场的活力和金融创新的能力看，均已基本具备实施"两大中心"行动计划的天时地利人和之现实条件。而从成效上看，虽然"十二五"期间浙江与全国一样，经历了国际金融危机和国内"三期叠加"带来的经济金融风险，但浙江金融业依然"风景独好"，交出了令人满意的答卷，很多指标完成数据依然走在全国前列。

第三节　"十三五"撬动万亿金融产业

2015 年 5 月，习近平总书记在浙江调研时强调："干在实处永无止境，走在前列要谋新篇"，希望浙江努力在提高全面建成小康社会水平上更进一步，在推进改革开放和社会主义现代化建设中更快一步，继续发挥先行和示范作用。

习总书记对浙江的发展赋予了新使命、描绘了新蓝图，确立了新坐标、指明了新方向，这也成为编制浙江金融业"十三五"规划的根本遵循。随着经济发展进入新常态，金融产业进入了新阶段，金融产业在经济中的作用和地位将更加凸显，新金融正面临广阔的战略机遇和发展前景。遵循省政府关于"打造万亿级金融产业"的战略部署，省金融办承担具体编制工作，研究制定浙江金融"十三五"发展规划。

以省金融办为主体的编制工作团队，提出编制思路，设计编制流程，组织专家论证，宏观在胸，微观在握，以永无止境的追求、要谋新篇的担当，保持战略定力，追求更大作为，切实增强浙江金融体制机制优势和发展优势，全面提升理念思路、路径举措、发展水平，把继续干在实处、走在前列的要求贯穿整个编制过程，力求开辟金融改革创新在浙江实践的新境界。

金融业的发展规划自"十二五"起开始迈入正轨，形成了制度化、专业化和定期化的特点。重视调查研究，是谋划工作、科学决策的重要依据。规划编制必须首先摸清省情，做到"底数清，情况明"。为此，规划编制人员到省统计局、人民银行杭州中心支行等有关单位开展对接工作，着手大数据的分析和概括，摸清了浙江省金融产业的"家底"，在新的历史起点上谋求"十三五"更加灿烂的未来。

经过"十二五"时期的发展，浙江金融产业规模日趋扩展，金融机构体系日趋多元，区域发展特色日趋明显，金融业增加值、社会融资规模、存贷款规模和质量效益等主要指标均位居全国前列。

金融业规模增长迅速。2014 年全省实现金融业增加值 2934 亿元，同比增长 8.0%，占地区生产总值的比重达 7.3%，占服务业增加值的比重达 15.3%，已成为服务业的支柱产业。规模以上金融业营业收入超过 9000 亿元。全省社会融资规模增量为 7999 亿元，居全国第五位，与浙江经济总量在全国的地位基本相匹配。

行业竞争力日益增强。银行业金融机构存贷款规模保持平稳较快增长，2014 年末全省本外币存款余额、贷款余额分别为 79242 亿元与 71361 亿元，分居全国第四、第三位。证券期货交易规模较大，2014 年全省证券经营机构代理交易额 20.8 万亿元，居全国第四位，期货经营机构代理交易额 62.1 万亿元，位居全国前列，这两项交易额均占到全国总量的 10% 以上。保险业服务领域不断拓宽，2014 年全省实现保费收入、发生赔付支出分别为 1258 亿元、475 亿元，分居全国第四、第五位，同比分别增长 13.4%、5.2%；保险深度为 3.1%，保险密度为 2284 元 / 人。不仅如此，其他金融业态也呈现蓬勃发展的态势。2014 年末省内信托投资公司、金融租赁公司和财务公司资产总额达 1470 亿元，融资担保机构担保余额 792 亿元，在中国证券投资基金业协会登记的私募基金管理人管理资金规模达 780 亿元。

金融机构体系形成品牌亮点。素有"浙银品牌"之称的银行机构稳步发展，2014 年末全省银行业金融机构（含分支机构）达 12072 家，在浙银行机构的创新能力和风险处置能力在各大总行中享有较高声誉。证券市场"浙江板块"加速崛起，2014 年末全省有各类证券机构 637 家，境内外上市公司 336 家，累计募集资金 6404 亿元。保险业的"浙江亮点"逐步显现，农业保险、科技保险、小额贷款保证保险等业务创新发展，2014 年末全省有各类保险机构 3651 家。期货业"浙江军团"全国领先，2014 年末全省有各类期货机构 177 家，经营规模、业务创新在全国保持"领头羊"地位。"浙商系列"法人金融机构加快发展，2014年末全省已有十几家涵盖银行、证券、保险等各领域的"浙商系列"总部金融机构，13家城市商业银行在小微企业金融服务模式方面走在全国前列。扎根基层的81家"浙江农信"资产质量、综合效益等指标名列全国前茅。"浙江小贷"支农支小品牌名闻遐迩，2014年末全省有小额贷款公司344家、村镇银行71家、融资性担保机构486家、融资租赁企业105家、典当公司415家，成为基层小微金融的新生力量。一大批互联网金融企业开始涌现，成为全省金融体系的新兴力量。

金融要素市场建设步伐加快。区域性交易市场体系不断健全，搭建了涵盖股权、产权、金融资产、大宗商品等各类品种的交易平台体系，满足企业挂牌、股份流转、债券融资、金融资产转让等多方面需求。2014年末全省共有地方交易场所67家，当年交易额达29723亿元。债券市场融资工具利用力度不断加大，2014年共发行银行间市场债务融资工具金额1488亿元，发行企业债426亿元，发行中小企业私募债35亿元。民间金融市场规范发展，2014年末全省共有民间融资服务中心29家、民间资本管理公司19家，当年管理民间融资规模160亿元，新型平台作用逐步显现。

金融产业贡献度不断提升。2014年全省银行业金融机构净利润达875亿元，证券和期货经营机构利润总额63亿元。金融业税收688亿元，占全省税收总额比重达9.2%。全省金融业从业人员40万人左右。

"锐始者必图其终，成功者先计于始。"在规划编制过程中，既充分认识浙江金融业发展成绩的同时，也梳理了存在的问题和短板：一是金融产业地位仍有待提升。对金融的关注点主要集中在资金保障和服务实体经济的功能上，对把金融产业作为战略性产业培育发展的重视程度还不够。二是金融结构失衡仍然较为突出。大银行的金融组织体系与中小企业需求不完全匹配，中小金融机构仍然偏少、偏弱，支持中小企业发展的能力还不足；直接融资比例偏低；居民理财需求日益强烈，但财富管理业务发展仍然较为滞后，创新能力和风险管理水平还不高。三是地方金融总体实力仍然不强。与国内沿海主要省市相比，对金融业的政策扶持力度还不够，地方金融机构规模实力还存在较大差距，与浙江金融大省的地位还不相称。四是新型金融业态统筹推进仍有待加强。要占据未来新型金融业态发展的战略制高点，仍需进一步凝聚共识，从投资环境营造和政策措施扶持上进一步加大力度。

金融发展迎来新机遇

根据浙江省金融办的分析研判，随着国家金融体制改革力度的加大，"十三五"期间金融市场化改革将进一步深化，金融国际化进程将进一步加快，金融组织体系将不断演化创新，金融业发展将加快融入全球金融格局。在利率市场化、人民币国际化、资产证券化"三化"加快推进的大背景下，浙江金融产业正面临难得的发展机遇，金融产业仍有很大发展空间。同时，在经济发展新常态的大背景下，金融领域较易出现风险上升的阶段性特征，全省金融产业发展将经受复杂多变的严峻形势的考验。因此，加强规划引导，适应经济发展新常态，顺应金融发展新趋势，切实采取有力举措加快发展浙江金融产业，具有十分重要的战略意义。

在全面考量浙江金融产业发展的基础、挑战和机遇之后，省金融办建议："十三五"期间浙江金融产业的发展，应该围绕实施"八八战略"、建设"两美"浙江和干好"一三五"、实现"四翻番"的战略目标，坚持"结合经济看金融、结合国际看浙江，立足服务实体经济、立足创新提质发展"的原则，主动对接上海国际金融中心建设，密切关注纽约、伦敦、新加坡、香港等地国际金融市场发展趋势，构建适应经济新常态的新金融体系，以着力推进银行业、证券业、保险业提升发展为基础，以全力打造浙商总部金融、私募金融、互联网金融、草根金融等产业为新增长点，以加快建设金融要素市场等直接融资渠道为着力点，以科学布局区域特色金融产业为落脚点，力争把金融产业培育成浙江省战略性支柱产业和万亿级现代产业，把浙江打造成金融改革示范省、金融创新集聚地和金融生态安全区，推动经济金融双转型、双提升，为建设"两富"现代化浙江提供有力的金融支撑。

在发展目标方面，浙江省金融办建议：到2020年，基本建立全国领先的大金融产业格局、特色鲜明的金融产业功能体系、竞争力强的金融主导产业，金融业总收入达到1.6万亿元，金融业增加值占地区生产总值比重达到9%。

"十三五"浙江金融产业规划坚持战略性和可操作性相结合，既强调规划的宏观性、战略性、指导性，又突出规划的约束力和可操作、能检查、易评估，表现出可圈可点的特点——

金融产业更加多元。银行业、证券业、保险业发展水平继续保持全国领先地位，新型金融业态加快发展。到2020年，新型金融业增加值占金融业增加值比重提高到30%以上，综合实力和竞争力不断提升。直接融资规模进一步扩大，到2020年直接融资占比提高到30%以上。

机构体系更加完善。"中央＋地方""国有＋民营＋外资"的大中小金融组织体系基本形成，到2020年地方法人银行资产规模占比提高到40%以上。民间资本进入金融领域的渠道不断拓宽，专注支农支小的中小金融机构数量和服务水平加快提升。

产业贡献更加突出。金融业利润稳步增长，到2020年金融业利润达到2200亿元。金融业的社会贡献度进一步提升，到2020年金融业税收达到1000亿元，金融业从业人员达到50万。

服务实体经济能力更加强大。金融保障重大项目和重大平台建设力度加大，金融资源配置和产业转型升级的对接进一步加强，信贷投向和期限结构逐步优化。到2020年末金融机构本外币贷款余额达到10万亿元。普惠金融深入推进，小微企业和"三农"金融服务满足率大幅提高，"融资难、融资贵"问题得到较大改善。

构筑"五四三"大金融格局

金融是现代经济的核心，在很大程度上影响甚至决定着经济健康的发展。金融的发展不仅是自身行业的发展，它还是影响经济社会其他各个方面健康发展的一个非常重要的因素。所以，浙江金融的"十三五"规划是一个重要的风向标。未来经济要在提质增效、转型升级上下功夫，金融要担当更加重要的作用。

从改革开放30多年来的经验看，金融已成为深化改革的重中之重。虽然此前浙江也进行了多方面、深层次的改革，但它的发展和开放程度尚未与经济发展相适应。浙江省金融办向省政府建议："十三五"期间，必须着力构建五大金融产业、四大金融平台、三大区域金融布局的大金融产业格局（即"五四三"大金融产业格局），加快金融机构、金融市场、金融业务创新，进一步推进金融产业实力强和金融服务实体经济能力强的"金融强省"建设。

一是打造五大特色金融产业。充分发挥银行业、证券业、保险业三大金融产业的主力作用，发展壮大浙商总部金融、私募金融、互联网金融、草根金融产业，构建具有浙江特色的金融产业体系。

——做强做优持牌主力金融。充分发挥全国大型在浙金融机构的支撑作用，积极争取各大银行总行、证券和保险等总公司的金融资源配置，争取信贷资源、表外融资、资产处置、股权直投、金融租赁、资产管理、保险资金等资源，支持浙江经济社会发展，打造"资金洼地"和"资本高地"。吸引各类金融机构区域总部及业务总部入驻，推进设立中小企业专营机构或中小企业金融管理总部、财富管理或私人银行总部、消费金融中心、离岸金融中心、后台服务中心等。积极吸引各类外资金融机构入驻，引进先进的服务模式和管理技术，创新服务企业"走出去"模式。稳步推进企业跨境融资，支持企业运用境内境外两个市场、两种资源降低融资成本。进一步做强以银行业、证券业、保险业为主的基础性支柱产业，推进银行业加快转变发展方式，创新业务模式，到 2020 年末银行业金融机构总资产达到 16 万亿元；支持证券期货业多元化创新发展，做大资产证券化、融资融券、资产管理等业务，继续保持证券、期货交易额全国领先地位，到 2020 年占全国交易额比重分别达到 11% 和 12%；持续推进保险业创新，积极发展农业保险、责任保险、信用保证保险、商业健康养老保险等险种，加快建设现代保险服务业，服务社会治理体系现代化，到 2020 年保费收入年均增长 12%，保险深度达到 4%，保险密度达到 4000 元 / 人。规范发展融资租赁、典当、保理等业务，满足企业多元化融资需求。

——着力发展浙商总部金融。充分发挥浙江法人金融机构数量多、活力强、质量优的优势，按照行业发展前景、机构行业地位、核心竞争力择优培育，做强做大专注服务浙商经济的"浙商系列"总部金融机构，将浙商银行、浙商证券、财通证券、永安期货、浙商保险、浙商资产等打造成全省总部金融的旗舰企业，到 2020 年浙商银行资产规模达到 2 万亿元。做精做优专注服务中小企业的城市商业银行，杭州银行、宁波银行进入资产规模万亿级银行行列。做实做优专注服务"三农"的农村合作金融机构，打造形成 2 万亿元资产规模的"浙江农信"机构。新设民营银行 10 家左右，构建社区性金融服务体系。推动全省证券、期货公司壮大规模，扩大业务半径和品牌影响力，积极推动在宁波、温州、嘉兴、舟山设立专业性保险公司，推动信托公司、金融租赁公司、融资租赁公司、消费金融公司和企业集团财务公司等非银行金融机构发展壮大。鼓励省内金融机构开展战略性机构布局，积极推动金融机构"走出去"和加快国际化进程，充分发挥遍布全球的浙商网络优势，着力发展服务浙商经济的金融产业，加强对浙商"走出去"和"浙商回归"的金融服务，构建适应浙商总部经济特点的金融产业体系，打造浙商金融服务新高地、新品牌，增强浙商总部金融规模实力和影响力。

——大力发展私募金融。抓住私募金融大发展的有利时机，打造以产业链为纽带的"龙头引领、业态丰富、集群共进"的私募金融产业发展格局。引进培育私募金融机构，发展一批具有标志性、影响力的私募基金，提升全省私募金融产业的发展层次。积极引进国外私募基金先进的投资技术和管理经验，吸引全球知名金融机构及综合实力雄厚的大型企业集团在浙江发起设立或合作发展私募基金。支持条件成熟的私募金融机构向大型资产管理公司转型。推动形成私募金融产业链，发展并购基金、夹层基金、平行基金、天使基金等在内的多元化投资基金。鼓励私募理财、私募证券、私募对冲、私募期货、私募债券等多种私募金融业态发展，逐步形成具有较高层次和知名度的"浙江私募"系列品牌。着力优化私募金融生态圈，鼓励私募金融"募、投、管、退"形成专业化分工与合作，推动业务外包，依托浙江股权交易中心等平台，为私募基金、私募债及众筹等提供登记、结算、交易服务，促进私募金融产业集聚。适时组建"LP（有限合伙人）俱乐部"，成立私募金融研究院，发挥股权投资行业协会作用，举办中国（杭州）财富管理大会、全球对冲基金西湖峰会等具有行业影响力的峰会和论坛，营造私募金融发展的良好氛围。到 2020 年，全省私募基金管理资金规模达到 1 万亿元，百亿级私募投资基金 20 家以上，打造"全国私募金融集聚中心"。

——创新发展互联网金融。顺应互联网金融发展趋势，发挥浙江省信息经济、电子商务发展优势，坚持开放包容态度，加快信息技术与金融深度融合，鼓励互联网金融产品创新、服务创新、技术创新和业务模式创新，利用电子商务、第三方支付、社交网络形成的庞大数据库和数据挖掘技术降低交易成本，着力打造以支付宝、浙江网商银行为龙头引领的互联网金融新业态。积极引导互联网金融企业集聚发展，建设互联网金融企业孵化器，打造一批具有全国影响力的互联网金融集聚区。重点发展第三方支付、P2P、众筹、网络理财、网络小贷等业态，充分发挥互联网金融在改善信息不对称、提升资金配置效率和服务质量方面的作用，使互联网金融成为规范引导民间金融、发展普惠金融的重要力量。

优化互联网金融政策支持，加强行业监管和风险防控，营造扶优限劣的互联网金融发展生态环境。到 2020 年，培育 10 家以上具有全国影响力和引领带动作用的互联网金融企业，打造"全国互联网金融创新中心"。

——规范发展"草根金融"。坚持"小微化、普惠化"的发展定位，规范发展小额贷款公司、新型农村金融互助组织、民间融资管理创新机构等准金融、类金融的"草根金融"业态，深入实施普惠金融工程。支持小额贷款公司持续健康发展，形成一支扎根基层、服务草根的"支农支小"力量，进一步打响"浙江小贷"品牌。探索发展一批建立在"三位一体"农村合作经济组织基础上的农村资金互助组织，完善服务"三农"的农村金融合作机制。积极发展由龙头骨干企业和专业资产管理机构发起设立的民间资本管理公司，引导更多民间资金通过股权、债权等方式有序服务实体经济。加强信用体系和监管体系建设，提升"草根金融"规范水平和可持续发展能力。到 2020 年，"草根金融"的资产规模达到 5000 亿元左右，培育小额贷款公司 400 家、新型农村金融互助组织 200 家、民间融资管理创新机构 100 家。

二是建设四大金融产业平台。汇聚整合各方金融资源，发挥资源协同效应，着力建设支持全省大金融产业发展的四大平台。

——打造直接融资平台。推动省委、省政府重点发展的七大万亿产业中的龙头骨干企业到主板、中小板和创业板上市融资，加快省内法人金融机构上市步伐，助推不同行业、不同规模的企业在沪深交易所、新三板、浙江股权交易中心及港交所等境内外市场上市挂牌；依托资本市场开展国有企业混合所有制改革，在积极推进首发上市的同时，鼓励省内国有资本以上市资源为目标开展并购重组，实现间接上市。搭建上市公司并购平台，鼓励上市公司根据发展需要开展区域产业并购整合，推动以获取技术、人才、品牌、渠道等为主要目的跨国并购。大力拓展公司债、企业债、银行间市场债以及私募债等债券融资，满足企业中长期资金投入需求。充分发挥期货市场功能，鼓励企业运用期货市场管理价格风险。实施"资本市场万亿融资计划",到2020年境内外上市公司超过600家,其中千亿级市值上市公司10家以上,累计募集资金超过1万亿元,上市公司市值与地区生产总值的比值达到100%以上。

——打造产业基金平台。加快设立政府产业基金,组建浙商转型升级母基金、浙商回归基金、"浙民投"等一批百亿级规模产业投资基金,发挥杠杆效应,撬动更多的社会资本支持全省产业转型升级。积极发挥省创投引导基金、省海洋产业基金、省创新强省产业基金、舟山群岛新区海洋产业基金、省信息经济创业投资基金等一系列专业性产业引导基金的作用,引导更多资金投向浙江战略性新兴产业、现代服务业、传统产业改造升级等重点产业和领域,加强金融资本与产业资本的有效对接。到2020年,形成"百亿级产业基金群",管理资金规模超百亿元的产业基金达到10家以上,力争各类省级政府引导基金规模达到200亿元,吸引社会资本5000亿元以上。

——打造地方交易市场平台。统筹优化省内各类交易场所的区域布局和行业布局,积极探索交易场所的新业态、新模式,推动设立一批符合实体经济发展需求、风险管控机制较为健全、具有较强影响力和集聚力的交易场所。加快浙江股权交易中心、浙江金融资产交易中心、浙江产权交易所创新发展,充分发挥其推动企业"规改股""股上市"和规范企业治理、改善企业融资结构的重要作用。发展浙江舟山大宗商品交易所、宁波大宗商品交易所,着力提升市场价格发现、优化资源配置等功能。支持互联网金融资产交易平台等新型交易场所培育发展。开展排污权、碳排放权交易试点,支持华东林权交易所发展碳排放权交易市场。到2020年,打造5家左右具有全国影响力的万亿级交易场所。

——打造金融控股平台。把做大做强省金融控股公司作为整体提升浙江金融产业发展水平的重要抓手,充分发挥综合协同效应,整合推动法人金融机构发展。到2020年,力争省金融控股公司资产规模超过1000亿元。支持省属国有企业打造金融业务板块,加强省属国有企业金融和类金融机构股权整合。支持杭州、宁波、温州等有条件的地区发展金融控股公司。引进央企金融业务板块，吸引平安、复星等金融控股平台到浙江省开展机构和业务布局。支持有实力的民营企业发展产业金融控股集团，实现产融结合。支持省内金融机构根据自身风险管控能力和比较优势探索集团化发展，推动建立混业经营的浙江农信金融集团模式，深化浙江农信省县两级改革，强化管理和服务功能。

三是推进三大区域金融布局。按照"一区域一特色"的金融产业空间布局思路，着力打造两大金融核心区域、若干金融特色城市、一批金融特色小镇等三个层面的大金融产业构架，形成多层次金融产业空间支撑体系。

——打造杭州、宁波金融核心区域。推动杭州建设有特色优势的国内一流财富管理中心和互联网金融中心，充分发挥其承接上海、面向长三角的辐射带动作用，发展以私募金融为龙头，以场外交易市场和财富管理机构为两翼的财富管理产业，推动大众理财、公募理财和资产管理市场的发展，构建高效的资本转化机制和财富管理体系。加快建设宁波保险创新综合示范区和港口金融、航运金融区域中心，发展专业性航运保险法人机构，深化小额贷款保证保险、农村保险互助社等创新，发展一批服务海洋经济、科技型企业、中小微企业、"三农"及民生事业的重点保险产品，在运用保险机制创新社会治理、航运融资、离岸金融等方面形成特色品牌。到2020年，杭州、宁波金融业增加值占地区生产总值比重分别达到12%、8%以上，成为全省金融业两大核心增长极。

——打造区域金融特色城市。深化推进温州金融综合改革，以落实民间融资管理条例为抓手，完善民间融资的备案、发布、交易、征信查询等服务平台，大力发展民间资本管理公司等载体，推动定向债券融资和定向集合资金业务发展，扩大"温州指数"的影响力，打造民间金融改革创新"温州样板"。深化丽水农村金融体系建设，打造林权抵押贷款"丽水标准"，发展林权、土地承包经营权和农民住房财产权抵押贷款，积极推进信用户、信用村、信用乡和信用县建设，形成金融支农惠农"丽水模式"。推进台州小微企业金融服务发展，做深做实小微企业信用保证基金，拓展和提升信用信息共享平台，创新小微企业金融服务机制和模式，打造小微金融发展先行区和创新示范区。推动义乌贸易金融创新发展，拓展人民币跨境业务、外汇管理、贸易金融、供应链金融创新，构建与市场采购贸易方式相适应的金融特色体系。积极推进舟山海洋金融创新，建设嘉兴科技金融示范区，支持绍兴直接金融、衢州绿色金融、湖州生态金融发展。加快省长三角金融后台基地建设，引进金融业后台服务机构，培育金融信息处理、金融服务外包等新兴产业。

——打造一批金融特色小镇。按照"政府引导＋市场运作"模式，引入社会资本成立专业开发公司进行市场化运作。加强政府配套政策支持，建立"主导产业＋基金"的创业创新机制，引进、入驻一批国内外高端金融研发和管理团队，促进高端要素集聚，形成专业性功能型金融集聚地。到 2020 年，培育 4 个投资规模超千亿级、6 个投资规模超百亿级的金融特色小镇，重点打造杭州上城玉皇山南基金小镇、杭州运河财富小镇、宁波梅山海洋金融小镇、宁波鄞州四明金融小镇、嘉兴南湖基金小镇、义乌丝路金融小镇等金融主业突出、特色鲜明、具备一定行业影响力的示范型金融特色小镇。谋划发展金融服务外包产业园、天使投资人 LOFT 社区等一批具有广阔发展空间、易形成集聚效应的金融特色小镇。深入推进金融创新示范县（市、区）建设，加大在金融集聚平台、地方金融服务体系等方面的创新力度。

出"实招"力保"靴子"落地

"十二五"金融业发展规划制定之后，必须要有相应配套的路线图、任务书和时间表，还要出实招、出大招，"耳目一新、实用管用"才能使得规划这只"靴子"安然落地，进而落到实处、干在实处。为此，浙江省金融办提出了六项实质性的保障措施。

——加强对金融产业发展的统筹协调力度。成立浙江省金融产业发展领导小组，加强金融产业发展的顶层设计和统筹协调。把加快金融产业发展纳入各地、各相关部门工作目标责任制考核内容，积极出台支持金融产业发展的各项政策措施，加快推动全省金融产业发展。发挥相关协会、研究院和社会中介机构的作用，形成促进金融产业快速发展的合力。

——优化金融产业发展的法治和信用环境。加快出台《浙江省地方金融监管条例》，形成市场准入、日常监管、违规认定、风险处置的完整监管体系。发挥好政府推动和引导作用，探索引入"负面清单"模式，营造公平竞争的金融环境。完善融资增信体系，加强信用信息基础建设，培育和扶持征信机构发展壮大，进一步推动政府信息公开和企业信息公示，着力解决银企信息不对称的问题。

——完善金融产业的投入激励机制。完善金融产业发展的财政税收等相关配套政策，加大对区域金融、总部金融、互联网金融、金融要素市场等重点金融领域的扶持。加强财政资金引导，优化省金融发展资金的结构和用途，调动金融机构服务地方经济社会发展的积极性、主动性和创造性。进一步完善小企业贷款风险补偿、政府购买保险服务等制度，大力扶持融资性担保业发展，加快推进政策性担保体系建设，切实缓解小微企业和"三农"的"融资难、融资贵"问题。

——强化金融产业发展的人才支撑。加大政策支持力度，引进和培养与打造万亿级产业相适应的金融研究、创新、技术、市场等方面人才，制订实施金融人才专项工作计划，建立高素质金融人才库。加强新型金融业态海外专业人才引进，提高金融高端人才的占比。鼓励各级政府与金融机构开展双向挂职交流。加强与清华大学五道口金融学院合作，开展金融家研修班项目，建立清华五道口南方学院，推动与沪深交易所、港交所及相关机构合作，引进建设浙江省新金融学院，打造浙江金融高端人才培养基地。发挥省金融研究院、省金融业发展促进会作用，推进地方金融研究和人才培养。到 2020 年，组织培训 1000 名金融企业经营者和高级管理人才、5000名金融专业服务人才。

——建立金融产业发展的综合统计制度。科学设定金融产业的统计指标，建立金融产业的综合统计分析体系，加强对金融运行情况的分析研判，准确反映金融产业发展全貌以及对浙江经济的贡献度。建立全省金融运行综合信息库，逐步实现有关部门共享的金融数据传递和交换机制。构建有效的区域金融运行监测平台，加强金融运行情况监测。

——建立与金融产业相适应的监管体制。按照中央关于建立国家和省两级金融监管和风险承担责任体系的要求，根据国家赋予地方的金融监管职责，建立健全符合浙江实际的地方金融监管体制，形成省市县三级授权监管体系。按照"同一件事由同一个部门负责"的原则，优化整合地方金融管理的权力清单，形成市场准入、日常监管、违规认定、风险处置权责一致的管理体系。强化非现场监管信息系统建设，逐步将各类金融市场主体纳入监管范围。加强金融风险防范化解，完善风险预警机制，构建完整高效的金融风险防范处置体系。

2015年1月9日，省长李强主持召开浙江省政府常务会议，专题听取了省金融办关于《浙江省金融产业发展规划》编制情况的汇报，李强和常务副省长袁家军、副省长朱从玖等给予了高度评价和充分肯定。2015年6月11日，《浙江省金融产业发展规划》由浙江省人民政府办公厅正式发布实施。

第四节　"钱塘江金融港湾"呼之欲出

"蓝色港湾"共织中国梦与世界梦

纵观世界各大金融中心城市，无不与大河大湾有着深厚的渊源。无论是伦敦的泰晤士河，纽约的哈德逊河与纽约湾，抑或是香港的维多利亚港湾，还是上海的黄浦江，风景秀美的河湾港湾总是拥抱着这些城市最繁华、最核心的地带，而矗立其中最多的就是大型金融机构，正是这些港湾集中而繁忙的金融交易，巨量的资金汇流，瞬间的集散辐射，成就了这些城市在全球经济金融格局中的地位与影响。

浙江省因江而名，省内第一大河流钱塘江，经杭州湾注入东海，从南源头至河口入海口处全长612公里，均在浙江省境内，横穿孕育世界四大文明古国的北纬30度，蕴藏了丰厚的历史文化积淀和经济变迁奇迹。

以杭州为核心的钱塘江流域集聚的金融资源，为浙江经济社会发展提供了源源不断的"资金血液"。那么，浙江有无可能像国际知名的金融中心一样，依托浙江或杭州现有的经济金融基础，借助钱塘江得天独厚的人文景观和自然生态，在未来打造一个具有全球影响力的"钱塘江金融港湾"呢？——这正是时任浙江省省长李强于"十三五"开局前夕给浙江金融发展提出的战略命题。

这是中国梦与世界梦在浙江金融界的深度互动与生动实践，这是充满浪漫理想与怀抱坚定目标的进取方向，也是凝聚浙江"十三五"金融发展亮点的精彩开篇。

试看今日之全球，以"金融港湾"为核心的高端金融资源集聚区，背后无不有着优越的地理人文环境、发达的经济基础、浓厚的商贸氛围、大量集聚的高端人才、便捷的交通基础设施等要素的支撑。而以杭州为核心的钱塘江沿岸，正具备了诸如此类的有利因素——

独特的地理人文优势。浙江自宋代以来就形成了义利兼顾的"重商文化"，浙江人具有独特的"金融基因"和"理财天赋"，这也是浙江人古已有之的"文化标识"。改革开放30多年来，浙商创造了经济的奇迹，敏锐的经济金融思维伴随着800万浙商"走出去"而影响到全国乃至全球，创造了世人瞩目的财富和资金流。地理区位方面，以杭州为中心的钱塘江沿岸区域，经济发达、生态优美，沿岸历史古迹、山水景观星罗棋布，宜居宜游宜创业，具有吸引高端金融人才落户创业的独特优势。特别是杭（州）黄（山）高铁将于 2018 年前开通，将大大缩短杭州到钱塘江上游县（市、区）的交通距离，有利于金融要素资源实现沿江集中配置、梯度扩散，形成沿钱塘江两岸的资本密集带。

具有特色优势的金融基础。一直以来，浙江的金融业增加值、社会融资规模、存贷款规模和质量效益等主要指标，均位于全国前列，成为全国的"资金洼地"。2015 年浙江贷款余额高达 7.65 万亿元，还有巨量的民间资金，保守估计规模在 1 万亿元以上。银行、证券、期货、保险等持牌金融在浙江都形成了"品牌"和"亮点"。而且浙江区域金融改革走在全国前列，灵活的体制机制有力激发了金融体系的活力，大量民间资金进入私募投资、创业投资等新兴领域，对浙江乃至全国的创业企业形成了投入和辐射，成为中国的"资本高地"。杭州已拥有蚂蚁金服等一批优秀的互联网金融企业，在财富管理、私募金融、互联网金融等领域具有领先优势。因此，选择在以杭州为核心的钱塘江沿岸建设金融港湾，能够充分发挥浙江金融的特色优势，大大提升资本集聚能力和金融创新能力。

庞大的金融内生需求。2015 年全省人均 GDP 达 12466 美元，列全国省区第二位，迈入世界中上发达国家和地区水平，进入经济转型升级的关键阶段，需求结构、产业结构、企业组织形态、商业模式等正处于重大调整和转型阶段。服务业增加值占全省 GDP 的比重持续增加，增速高于 GDP，高于全国平均水平，上缴税收占全部税收收入的比重为51.5%，成为浙江经济增长的新引擎。在经济转型升级过程中，传统产业和传统模式的金融需求处于下降通道，而新兴产业，尤其是服务型经济、高新技术产业的发展，急需强有力的资本转化机制和新型金融服务支撑，对金融业的创新发展提出了迫切要求。因此，加快钱塘江金融港湾建设，既能顺应经济转型升级对金融创新发展的内在需求，又能为浙江金融产业自身转型发展打造更大的空间载体和平台。

精心擘画港湾蓝图

衡量一座城市的经济竞争力，很重要的一点，是看这座城市金融增加值的比重。数据显示，2015 年杭州市金融业实现增加值 978.03 亿元，占 GDP 比重达 9.7%，居全省 11 个市首位。

如何精心绘制钱塘江金融港湾的蓝图？浙江省金融办主要负责人带队调研走访钱塘江沿岸的富阳、桐庐、萧山等区县，还与浙江大学、浙江财经大学、省金融业发展促进会等机构的专家进行深入研究探讨。新的发展理念必将引领未来发展，一系列具有前瞻性、导向性、针对性的战略目标问题，正是在一系列深入扎实的调研中找到了答案。

2015 年 9 月 8 日，浙江省金融办向省政府呈报关于钱塘江金融港湾的初步规划和构想，并获得省政府的同意。

2015 年 11 月 17 日，浙江省金融办主持共商钱塘江金融港湾的具体规划与空间布局，与沿江 11 个区县领导进行关于钱塘江金融港湾建设的"隆中对"，而每个区县都把钱塘江金融港湾作为当地金融产业提升层次、加快发展的一个重大机遇，寄予了超乎寻常的期待。

2016 年 3 月 18 日，副省长朱从玖主持召开钱塘江金融港湾发展规划研讨会，杭州市市长张鸿铭与会，金融港湾的蓝图雏形初现。

2016 年 6 月 1 日，省金融办主持召开钱塘江金融港湾发展规划专家论证会。与会的有关政府部门与学界、业界的专家学者集思广益，凝聚共识，认为钱塘江金融港湾定位科学，对于指导浙江金融产业功能布局和创新发展，具有重要的战略意义。规划空间点面结合，功能布局层次分明，既有较好的可操作性，又有较强的创新性和引领作用。

众多专家在评述中寄予热诚的期待，他们认为，钱塘江金融港湾的构想之初，就是立足"走在前列"，向着国际化的金融港湾看齐。因此，钱塘江金融港湾的目标定位，自然是需要跳出浙江本土视野，站在全国乃至全球化的高度，进行前瞻性、全局性的谋划。钱塘江金融港湾的建设要依托浙江经济金融、地理区位发展优势，将市场自发性与政府推动力充分结合，实现金融港湾与当地经济、商贸、人文的高度融合。

正基于此，这份蓝图远非只是浙江金融业未来发展的一个重要功能区规划那般简单。可以说，钱塘江金融港湾不单单是浙江的金融港湾，更是全国乃至全球的金融港湾；钱塘江金融港湾不仅仅是浙江金融业创新发展的一个重要支点，有望成为未来一个较长时期内我国金融产业发展的战略之一；其规划涵盖时间段也并非只有五年，而是可以延续10年、20年甚至更长时间。从这层意义上看，打造钱塘江金融港湾不仅事关浙江金融业发展的战略全局，而且也决定着中国乃至亚太金融发展版图未来将诞生一个全新的"增长极"。

根据钱塘江金融港湾发展规划的预期目标，经过"十三五"时期乃至今后更长时间的建设，将在沿江构建金融机构总部、金融要素市场、私募基金、互联网金融、金融大数据产业协同发展的财富管理产业链和新金融生态圈，把钱塘江金融港湾打造成为有国际影响力、国内优势地位的，具有强大资本吸纳能力、人才集聚能力、创新转化能力、服务辐射能力的财富管理和新金融创新中心。这一带有明显差异化的特色定位，摆明了钱塘江金融港湾未来将在国内乃至亚太金融发展版图上努力实现与上海、香港等地的借力发展、特色发展、错位发展。

围绕这两大总体核心目标，必须具备三大功能性目标。

—— 一流的金融要素集聚高地。依托钱塘江沿岸优越的生态环境和经济金融基础，在以杭州为核心的钱塘江沿岸，形成金融机构、金融资产、金融市场、金融人才等金融要素的高度集聚，尤其是要集聚一批以高端金融人才为主导的总部金融机构、财富管理机构、私募基金、大数据和互联网金融机构。争取到2020年，推动全省金融业增加值占GDP的比重达到9%，钱塘江金融港湾主规划区范围的金融业增加值占全省的比重（集中度）超过25%，成为全国要素密集程度最高的金融集聚区之一；到 2025 年，钱塘江金融港湾范围的金融业增加值占全省的比重达到 35%。

—— 一流的金融要素交易中心。强化钱塘江金融港湾的金融要素流动功能，进一步提升其作为投融资中心和筹资中心的能级。争取将浙江股权交易中心打造成为支持创新创业的资本集聚与转化大平台，全国性中小企业股权投资和交易中心，构建全国领先的多层次资本市场体系；做大做强浙江金融资产交易中心、浙江互联网金融资产交易中心和浙商国际金融资产交易中心，争取成为全国性非标金融资产交易集聚地。同时，培育一批新型金融要素市场，包括区域性债券市场、中长期票据市场、场外商品及衍生品交易中心、私募股权二级市场及新型互联网金融交易平台。争取到 2020 年，钱塘江金融港湾形成 1 家以上万亿级、3 家以上千亿级的金融要素交易场所；到 2025 年，形成 5 家以上具有全国影响力的万亿级金融要素交易场所。

—— 一流的金融要素辐射能力。要通过集聚各种金融要素和专业化投资管理，探索市场化的高效配置转化机制，通过产融合作、投贷联动，发挥"互联网+"优势，形成对实体经济的持续辐射和投入；尤其是要通过私募股权、创业投资、产业基金等形式集聚全省乃至全国、全球的资本，投资于战略性新兴产业和成长型中小企业，形成金融与其他产业相互促进的格局。争取到 2020 年，钱塘江金融港湾集聚规模化私募基金及各类财富管理机构 3000 家以上，管理资产规模超过 1 万亿元；到 2025 年，集聚规模化私募基金及各类财富管理机构 5000 家以上，管理资产规模超过 2 万亿元。

聚焦"1+X"财富空间

根据规划，钱塘江金融港湾的规划空间主要以杭州市区为中心，包括钱塘江、富春江、新安江两岸 10 个县（市、区），东起萧山区，经下沙经济技术开发区、江干区、上城区、滨江高新区、西湖区、富阳区，西至桐庐县、建德市、淳安县，流域全程约 200 公里。

钱塘江金融港湾的空间布局形态是"1+X"，即核心区加若干金融小镇（金融集聚区）、由城市 CBD 型态到小镇型态"点面结合"的"1+X"有机空间布局。其中"1"是核心区，以杭州市区的钱江新城和钱江世纪城为中心，由中央商务区（CBD）向沿江两岸成片扩展。"X"是金融特色小镇和金融集聚区，以杭州市区沿"钱塘江—富春江"两岸为中心，适度沿江向上下游、离江向城市扩散的一系列各具特色的金融小镇为重点，形成适度分散又有机结合的多元空间分布。

功能布局上主要设立四大功能区块：

——钱江财富管理核心区。空间布局以杭州市区的钱江新城、钱江世纪城为中心。根据发展需要，未来可适当向上城区、高新区（滨江）的沿江区域延伸。区域总规划面积约 8.5 平方公里，可用及拟建建筑面积约 460 万平方米。钱江财富管理核心区重点集聚银行、证券、保险等传统金融机构总部，信托、基金、期货、资产管理公司等大型财富管理机构总部，上市公司及其投融资总部；重点发展地方资本市场和金融要素交易中心，集聚股权债权交易、金融资产交易以及其他各类金融要素交易场所；成为浙江省金融产业发展的龙头和高地，形成具有全国影响力的财富管理中心和金融要素交易中心。

——钱江私募基金走廊。钱江私募基金走廊主要由钱江财富管理核心区加上沿钱塘江、富春江两岸点链式分布的一系列金融特色小镇组成，以杭州市上城区玉皇山南基金小镇、西湖区云栖小镇、滨江区白马湖创意小镇、萧山区湘湖金融小镇、富阳区黄公望金融小镇、桐庐县健康金融小镇、建德市新安江财富小镇、淳安县秀水基金小镇等 8 个金融小镇，以及海宁市钱潮金融小镇等大钱塘江金融港湾范围的沿江金融小镇为主要载体，串联形成以各类私募基金集聚和特色金融服务创新为主要特征的金融集聚带。

——钱江金融大数据创新基地。钱江金融大数据创新基地主要以杭州市区钱塘江沿线为轴线，依托西湖区云栖小镇、高新区（滨江）滨江科技金融集聚区、上城区望江新金融集聚区、江干区钱江新城和钱塘智慧城、下沙金沙湖商务区密集分布的互联网金融大数据和云计算服务企业，形成独具特色和优势的金融大数据创新机构集聚带。

——钱江新金融众创空间。钱江新金融众创空间以杭州市区钱塘江沿线为中心，适当离江向城市重点区域延伸，依托商务区、高新区和特色小镇呈散点式、多空间分布。主要包括杭州市范围内核心区的江干钱塘智慧城、上城望江智慧城、滨江科技金融服务中心和海创园科技金融聚集区，以及西湖区西溪谷互联网金融小镇、以余杭区梦想小镇和未来科技城为重点的杭州城西科创大走廊、拱墅区运河财富小镇、萧山区湘湖金融小镇、滨江区白马湖创意小镇、下沙金沙湖商务区等。

蓝图甫就，只争朝夕——

2016年12月20日，省委副书记、代省长车俊主持召开浙江省政府第78次常务会议，听取了省金融办关于《钱塘江金融港湾发展规划》编制情况的汇报，审议通过了钱塘江金融港湾发展规划及配套的支持政策《关于推进钱塘江金融港湾建设的若干意见》。

仅隔六天，钱塘江金融港湾建设推进大会在杭州国际博览中心主会场隆重举行，省委副书记、代省长车俊出席并作重要讲话。

车俊指出，建设钱塘江金融港湾，是"十三五"时期浙江的一件大事。要以全球化视野科学谋划建设钱塘江金融港湾。在认识上要有高度，不能简单地把它看成金融业的一个功能区规划，而是要用全球化视野来审视。钱塘江金融港湾不仅仅是浙江创新发展的战略平台，也是与"一带一路"、长江经济带建设等国家战略无缝对接的开放性平台。它事关浙江金融发展全局，事关全省创新发展大局，将为中国金融版图填上一个充满希望的"增长极"。

车俊强调，要以财富管理中心和新金融中心为目标，全力推进钱塘江金融港湾特色化发展。要借鉴伦敦、纽约、香港、上海等全球港湾型金融中心发展经验，切实做好四篇文章：一是要紧扣"财富管理＋新金融"，抓好核心区和金融小镇建设。二是要紧扣"机构＋人才"，做好高端要素集聚文章。三是要紧扣"要素＋创新"，大力培育一批新型金融要素交易市场。四是要紧扣"资本＋实业"，构建金融与实体互动互赢的平台。

一锤定音，钱塘江金融港湾建设的大幕徐徐拉开。

第二章　保障给力
——金融与实体经济共生共荣

金融是现代经济的核心，本质就是实体经济投射在天际的影像，可谓"在天成象，在地成形"。可它并非虚无缥缈，两者往往互为因果，或彼此依存。金融业的引擎动力合着实体经济的节拍加油添薪，既有"锦上添花"，更须"雪中送炭"，而实体经济的蓬勃壮大，同样为金融业的"天马行空"注入强劲的原动力。其共生共荣的生态圈，就是一个公平竞争的市场环境。

第一节　"资金洼地"和"资本高地"

"金融搞好了，全盘皆活"

世纪之交，浙江省委、省政府提出从量的扩张向质的提高的经济发展指导方针，经济社会迎来了新一轮发展热潮。特别是党的十六大以后，时任省委书记习近平同志提出"八八战略"，推进"腾笼换鸟"、"凤凰涅槃"，经济发展的稳定性、协调性、均衡性和普惠性逐步增强。2000—2010年，全省GDP从6030亿元增加到27227亿元，是2000年的4.5倍，实现了"翻两番"的战略目标。经济增长带来的金融红利，吸引了各种类型的金融机构纷纷入驻浙江，加快布局发展，本土金融机构亦趁势崛起，迅速成长壮大。

到2010年末，全省共有3家政策性银行、5家国有大型银行、邮政储蓄银行、12家全国性股份制商业银行、11家外资银行、154家中小法人银行机构、4家资产管理公司、15家证券和期货类公司、491家证券和期货营业部及70家产险和寿险经营主体，基本形成了全国性、区域性、地方性机构协调发展的多元化金融组织体系。

由此可见，充裕的资金供给支撑了经济的快速发展，2000—2010年，是浙江金融保障规模快速增长的十年。正如邓小平同志所说的："金融是现代经济的核心。金融搞好了，全盘皆活。"金融对实体经济服务的特点，表现为以银行间接融资为主，2009年之前，全省间接融资比例高达90%以上。各家银行都将浙江当作信贷投放的"主战场"，全省每年新增的信贷规模一度占到全国新增规模的10%~12%，连续多年居全国首位。在各家银行机构的大力支持下，全省各项贷款余额从2000年末的5424亿元猛增到2010年末的46939亿元，一跃而居全国第二位，实现了8.7倍的增长，年均增速超过20%，远超同期GDP的平均增速，浙江成为名副其实的"资金洼地"。

这一时期，浙江经济增长与金融发展之间，逐步形成了一种互相促进的良性互动关系。浙江经济的迅猛增长，为金融发展提供了充分的资金去向、高质量的投资项目和广阔的市场需求，在此基础上，金融的迅猛发展也促进了全省经济又好又快地发展，其表现在：

一是金融机构经营理念逐步转变，并不断加强信贷管理机制和产品、服务创新，尤其是中小金融机构纷纷将拓展民营经济、中小企业、个人客户作为新的利润增长点，并根据需要，建立起适合新目标客户的信贷管理机制，推出众多适合不同对象的金融创新产品和服务。

二是为具有成长潜力的各类企业提供资金支持。经过这一时期金融的改革发展，浙江已初步建立了与区域经济发展相适应的金融体系，实体经济融资渠道不断拓宽，融资方式和工具日趋丰富，融资难问题得到有效缓解。

三是为企业提供高效支付结算和理财服务，为其跨省、跨国拓展市场、发展业务提供了良好的安全保证和效率保证，促进了企业扩大规模，在全国和全球范围内配置资源、组织生产经营活动，获取更高收益。

金融生态圈牵引市场良性互动

在这一时期，浙江金融呈现的另一个令人瞩目的特点，就是经济与金融良性互动带来的良好金融生态环境。一方面，全省金融机构盈利能力快速提高，形成了"来一家、赚一家"的"浙银品牌"美誉，浙江大部分银行的利润收益在本行系统内排名都是前三位，部分银行贡献的利润甚至高达20%。2010年，全省银行业金融机构的利润达1377.58亿元，约占全国的12%。另一方面，在贷款规模不断扩大的同时，全省银行不良贷款余额和不良率逐年"双降"，2010年末全省银行不良率仅为0.95%，贷款质量连续多年保持在全国最佳水平。当时，中国社科院对各省区金融生态环境进行综合评价，浙江省连年被评为首位；从城市排名来看，全省有六个城市排名进入全国前十位，其中杭州、宁波、温州被评为金融生态环境Ⅰ级（最高级）。同时，浙江也是全国唯一的信贷资产质量被评价为AAA级的省份。

没有信用就没有金融。信用是金融的立身之本，是金融的生命线。浙江区域信用环境的改善，对于进一步增强区域对金融机构吸引力产生了重要作用。早在2001年，浙江省委就提出建设"信用浙江"，开启区域信用体系建设，在全社会强调信用是市场经济的基石，是企业生命力所在。当时为人津津乐道的佳话是，温州一个企业家只要打个电话，当天就能融入上千万元的资金，而企业之间、银企之间的互信关系更为人称道。

　　而且，浙江地方政府涉及职能转型的行政改革、市场化执政理念的制度体现，也走在全国前列。大量金融机构集聚，必然带来激烈的竞争，全省各级政府对于市场环境的维护和公平竞争秩序的建立，使得无论是本地法人机构，还是异地机构在浙江的分支机构，都能拥有同样的市场准入机会。这种公平竞争的机会平等性，也是外省金融机构纷纷来浙设立分支机构的一个重要因素。

　　正是在这种良好的金融生态环境中，浙江实体经济的基本市场需求，乃至不断增加的对金融服务质量、效率和范围等金融服务需求，才会得到金融机构的积极响应。于是，浙江金融机构在市场竞争压力下，不断转变经营理念和经营模式，持续将全省当作其资源配置的主要区域，并不断创新信贷管理机制及相应的产品服务，为目标客户提供优质、高效、全面的金融服务。优质的金融生态环境，保证了金融系统对区域经济强有力的服务支持，从而使得金融发展与区域经济走上相互支持、相互促进、共同发展的良性循环轨道。

"金融海啸"之下的拯救行动

　　尽管这十年，浙江经济金融总体是快速增长，但也无可避免地遭遇了2008年国际金融海啸带来的重大冲击，自此改变了浙江经济发展走向，不得不从连续十多年的两位数高增长，"拐点"进入个位数的中高增速区间。浙江作为外向型经济省份，对外贸出口依存度很高，国际金融危机则首当其冲，全省经济面临严峻的挑战。形势逼人，浙江上下统一认识，迅速行动起来——

　　2008年1月27日，金融业支持浙江省经济社会发展恳谈会在北京举行。省委书记赵洪祝、省长吕祖善、常务副省长陈敏尔、省委秘书长

李强等出席恳谈会。中国人民银行、银监会、证监会、保监会分管领导到会讲话，各大金融机构负责人出席会议并发言。

赵洪祝指出，近年来，浙江金融系统按照党中央、国务院的部署，在国家各主管机构的正确指导下，深化改革、加强监管、推进创新、改善服务，充分发挥金融在全省经济发展中的核心作用，有力地支撑了浙江经济持续快速健康发展，进一步巩固和发展了经济和金融良性互动的局面。2008年是充满希望的一年。浙江希望得到中央金融管理部门以及各大金融机构更大的支持。希望金融界能够更多地关注浙江、支持浙江。我们坚信，在大家的共同关心和支持下，浙江的金融事业将蓬勃发展，浙江的经济社会发展将更上一层楼。

吕祖善在讲话中介绍了浙江省经济社会发展情况和今后几年的主要思路，以及浙江金融业发展的基本情况和主要特点。他说，浙江经济社会发展成绩的取得，离不开中央金融管理部门和各金融机构长期以来的关心和支持。做好2008年及今后几年的工作，保持浙江省经济社会又好又快发展的好势头，更需要中央金融管理部门和各金融机构的指导、支持和帮助。希望"一行三会"继续指导浙江金融各项改革创新，各大金融机构进一步加大对浙江的支持力度。

2009年初，浙江省委、省政府明确把巩固金融保障作为金融工作的首要任务，推出"拯救行动"的四大举措——

抓信贷规模挖潜。金融机构要加强与总行的沟通，积极争取总行信贷计划的倾斜性配置，争取扩大信贷新增计划，努力防范因信贷规模管理加强而削弱对经济发展的金融保障现象的发生。

抓存量结构调整。要顺应产业结构的优化升级，适时适度地把存量资产从产能过剩、高耗能、高污染企业中位移出来，以盘活存量贷款来换取信贷增量，将有限的信贷资源更多地配置到优先发展的企业和行业中去。

抓融资渠道拓宽。要加大银团贷款和资产转让业务力度，积极争取北方和中西部资金相对宽松金融机构的信贷资金，以加大对省内项目和优质企业的支持。在市场有需求、风险可控、管理规范的前提下，有计划适度放开银行承兑汇票、国际国内信用证、内保外贷等表外信用产品业务，以弥补表内信贷资产规模的不足。

抓信贷均衡投放。金融机构要加强信贷需求的排摸，动态调节客户需求与规模的匹配关系，把握好信贷投放节奏，保持信贷投放的连续性、稳定性和有效性，力争信贷投放平稳协调，避免贷款增长的异常波动。

按照浙江省委、省政府要求，省金融办面对复杂多变的经济金融形势，沉着应对，群策群力，指导全省银行机构努力做好资金保障，积极帮助企业渡过难关，力保全省经济在艰难中平稳发展，得到了省委常委、常务副省长陈敏尔的高度认可和充分肯定。

确实，2009年写下了浙江金融史上最为浓重的一笔。这一年，全省新增贷款9597亿元，贷款投放创下历史纪录，此后浙江单年的新增贷款数量一直没有刷新这个纪录，贷款余额、新增额也是在这一年跃居全国第2位。全省金融机构本外币余额存贷比达到86.9%，新增人民币贷款占全国新增贷款的比重达到9.4%。尽管多年之后，坊间对当年全国巨量的信贷投放带来的负面影响尚有质疑，但在当时国际金融危机骤然冲击的紧急关头，巨量的信贷投放从某种程度上避免了经济增速突然"断档"。对此，浙江经济界和金融业感同身受，其经验和成效值得记取。

"浙商经济"模式下的"双向"流动

改革开放以来，一直有"浙江人经济"或"浙商经济"一说，而且"浙江人经济"远远大于"浙江经济"的范畴。800万浙商"走出去"在全国各地创业，其创造的经济财富和资金流，显然要远远超出浙江本土范畴。尽管没有详尽的统计数据，但毫无疑问，浙江的GNP要远远大于浙江的 GDP。与此伴生的一个金融现象，就是与"浙商"一起"走出去"的还有大量的资金。所以，作为各家金融机构资金投放的重点区域，浙江金融业便形成了这样一种独特的资金流向特征：全国各地的资金通过银行体系以信贷方式流向了浙江的企业，而浙江的企业主体又将资金以投资的方式流向了全国各地。

省委书记夏宝龙多次指示，要深入研究信贷资金外流的特殊现象。省金融办遵嘱研究发现，信贷资金流出省外是由浙江发展阶段、经济结构和资源条件等各种因素所决定的。

从经济发展层面看，根据"投资发展周期"理论，人均 GDP 超过 4750 美元后，对外净投资开始扩大。浙江 2007 年跨过这一门槛后，大量资金要素以资本形态对外进行实业投资和产业转移。有关资料显示，浙江不少企业自 2004 年以来，通过到省外购置土地、外迁生产基地等形式进行产业转移。当中，也有企业炒作省外不动产、矿产或大宗商品等，这必然带来信贷资金的外流。

从金融发展层面看，得益于浙江经济高速增长与良好的金融生态环境，各家银行总行都对浙江进行信贷规模和政策倾斜，导致贷款增量和总量长期居于全国前列，形成了全国的"资金洼地"，自然而然转为向全国输送资金进行投资的"资本高地"。

从企业发展层面看，浙江生产资源相对贫乏，经济先于全国发展，后续发展空间相对狭小，商务成本相对过高，倒逼了部分企业外迁至能够降低生产成本和交易成本的省外地区。如新疆以其丰富的棉花资源，就曾吸引萧山、绍兴等地一些企业前去投资建厂。

不容忽视的是 2009 年信贷大投放的刺激作用，致使大量项目集中上马。从资金外流的主体和渠道看，主要有三种：一是省内大型跨省集团公司，通过资本金形式使资金流入在外省设立的子公司、项目公司；二是将信贷资金借给省外关联企业使用，"母贷子用"、"兄贷弟用"；三是通过应收应付等关联往来，将信贷资金转移到外地。

省金融办的调研认为，对于信贷资金外流现象带来的利弊因素，需要理性客观看待。一方面，由于信贷资金外流有一部分是投入到大宗商品、房地产炒作等虚拟经济领域，成了游离在实体经济之外的"游资"，加剧了这些领域的波动和风险。同时，信贷资金伴随浙江企业对外投资而外流，随着全国性经济周期下行，在一定程度上造成了浙江与全国其他地区风险的交叉影响，加大了风险处置化解的难度。但另一方面，资金外流的积极效应也很明显。从金融角度看，信贷资金外流是遵从市场发展规律，有助于在更大空间内实现资源优化配置，使得浙江银行业近些年快速发展获得巨大盈利；从企业角度看，将信贷资金投到外地，可以促进企业拓展生产基地和产品市场，进一步提升企业发展空间；从地区经济发展看，相当一部分信贷资金外流是伴随一些低端产业转移形成的，有助于"腾笼换鸟"，为浙江产业升级提供空间，促进产业升级换代。

第二节　"锦上添花"与"雪中送炭"

资金投向优化支持经济转型

资金作为一种重要的生产要素，资金的流入和退出对于不同产业的发展具有重要的撬动作用。在资金保障方面，浙江省委、省政府一直强调要按照经济转型升级的要求，以产业政策为导向，以重大项目为重点，坚持有保有控，切实发挥信贷杠杆对经济转型升级的引领和支撑作用。近年来，浙江金融机构围绕转型升级，为重点领域、重点项目、重大产业提供了重要的资金保障支持。

2011年，浙江省获得国务院批复，成为国家级海洋经济发展示范区。

同年 5 月 24 日，工商银行、农业银行、中国银行、国家开发银行，中国人保、平安保险及中国国际金融股份有限公司、中国投资有限责任公司等 28 家全国性银行、保险、资产管理机构齐聚杭城，与省政府签署战略合作协议，大力支持这一重大战略的实施。各家金融机构在资金保障等方面，全力支持浙江发展海洋经济，这也成为全国性金融机构总部与省级政府合作规模最为盛大的一次合作签约仪式。

在各大金融机构总部的支持下，浙江省金融机构加大资金投入，加快金融创新，发展海洋经济多种融资模式，建立金融支持海洋经济长效机制。除了与省政府签约的 28 家机构外，其他金融机构也将海洋金融列为业务发展的战略重点，积极制定具有针对性的海洋金融发展规划和管理制度，建立海洋金融专业服务团队，完善金融支持海洋经济的长效机制，突出对海洋经济重点领域的信贷投放和金融支持。

从 2013 年起，浙江省委财经领导小组每年年初都要听取全年资金保障总盘子的测算，省金融办每年根据省委、省政府确定的经济增长目标和投资计划，测算全年的资金需求。推动金融机构加强全省重大战略项目的信贷支持。省金融办在对银行机构的考核评价中，这一块的系数占比较高，从而激励银行机构从组织领导、政策倾斜、制度保障、产品设计等各方面落实措施，全力支持浙江省重大战略，主动对接当年重点投资计划。

党的十八大以来，浙江省委、省政府加快推进"两美"浙江建设，首战之役就是"三改一拆"和"五水共治"，不失时机地打出转型升级组合拳。全省金融机构主动对接各级政府部门，签订战略合作协议，提供一揽子、长期性的资金支持，有 17 家省级金融机构与 52 个重点项目进行对接，签约融资总额达 4995 亿元。如国家开发银行浙江省分行与杭州市棚户区改造一期工程签约 200 亿元；中信银行杭州分行与余杭区棚户区改造工程签约 40 亿元；工商银行浙江省分行与全省水利工程建设项目签约 300 亿元，华夏银行杭州分行与苕溪清水入湖河道整治工程签约 10 亿元；浙商银行与萧山湘湖金融特色小镇项目签约 180 亿元等。还积极拓宽重大项目的直接融资渠道，杭州、宁波、绍兴、湖州、丽水等市的城建投资公司，累计发行70亿元债务融资工具，融资利率最低仅为3.46%。正是金融机构对重大战略的大力保障，有力地支撑了浙江经济转型升级。

"锦上添花"固然喜人，"雪中送炭"更显珍贵。当经济发展遇到局部或暂时的风险困难时，浙江金融机构果断调整政策，坚持稳中求进、改中求活、转中求好，把金融服务送上门、做到家，为实体经济"雪中送炭"。2011年夏天，温州出现了部分企业资金链断裂风险。这一风险至2012年波及全省其他地区，"资金链、担保链"风险成为困扰浙江金融的一大难题。2012年3月27日，省政府高规格地召开了全省银行业机构座谈会，及时给"面有难色"的银行机构鼓劲加油。省委常委、常务副省长龚正在会上希望各家银行机构清醒认识和准确判断当前形势，坚定信心、迎难而上。既要争取规模、做大总量，又要保重点、优结构；既要加大对企业的帮扶力度，又要全力防范金融风险，确保合理的资金需求得到有效满足。

"输血"培育小微和"三农"

浙江企业以中小微民营企业为主体，90%以上的企业属于小微企业，浙江金融机构对小微企业的支持力度也是全国领先。2013年，国务院出台《关于金融支持小微企业发展的实施意见》，提出了要确保实现小微企业贷款增速和增量"两个不低于"的目标，加快丰富和创新小微企业金融服务方式，着力强化对小微企业的增信服务和信息服务等要求，而这些要求正是浙江一直以来先行先试的实践取向。

浙江小微企业贷款余额连续多年保持全国第一。2015年4月，省委、省政府提出"小微企业三年成长计划"，省金融办随即制定了金融支持小微企业成长发展的12项措施，助推小微企业由"低小散"向"高精优"迈进。截至2015年末，全省小微企业贷款余额27590亿元，位居全国第一；小微企业贷款户数 142 万户，比年初增加 18.9 万户；小微企业申贷获得率为 89.4%，比上年同期提高 2.4 个百分点。在如此高基数上仍然继续保持稳定增长，贷款覆盖面和可获得性仍然明显提升。在小微企业金融产品、服务及机制创新方面，浙江小微企业抵押方式创新也走在全国前列，专利权、商标权、应收账款等无形资产质押融资位居全国前列。截至 2015 年末，全省专利权、商标权质押贷款余额 24.5 亿元，同比增长近一倍，应收账款质押累计成交金额 988 亿元。金融机构开发了针对科技型小微企业的投贷联动产品，开发了针对小微电商企业的"电商贷"，开发了基于小微企业 POS 交易记录的信用贷款。推动小微企业金融服务创新，如浙江泰隆银行推行营销批量化，通过批量获客、综合授信等方式，降低小微金融服务成本；台州银行将客户经理的风控经验转化为模块化、标准化参数，导入计算机系统，实现小微企业风控信息化。

如何破解小微企业融资面临两大问题的制约，即信息不对称和风险分担机制缺失，浙江的改革探索同样走在全国前列。2012 年，浙江省政府批准在台州设立"浙江省小微企业金融服务改革创新试验区"，省市联动探索小微企业金融服务改革路径，形成全国领先的小微企业金融服务体系、特色鲜明的小微企业金融服务模式。特别是信用保证基金、信用信息平台等改革创新举措取得明显成效，成为全国小微企业金融服务改革创新的先行区。台州的这些做法也多次得到国务院副总理马凯的批示。这些经验也被复制推广到温州、义乌、绍兴等地。

在金融服务最大的短板——"三农"金融服务方面，浙江的成绩有目共睹。截至 2015 年末，浙江省涉农贷款余额 3.04 万亿元，继续位居全国第一。浙江大力推动农村产权抵押融资，解决抵押担保缺乏问题，首先是把农村的产权盘活。早在 2006 年，丽水市就开始探索林权抵押贷款。在 2012 年成为人民银行总行和浙江省政府共建的农村金改试点后，丽水市逐步形成了以林权、农村土地承包经营权、农民住房财产权为主体的"三权"抵押贷款模式，还创新推出了茶园、石雕抵押、农副产品仓单质押等各类金融产品创新，探索了 12 种农村产权的抵押贷款。除了丽水之外，全省共有 37 个县市区开展了农村承包土地经营权抵押贷款业务，53 个县市区开展了农民住房财产权抵押贷款。2015 年，经全国人大授权，浙江省有 10 个县（市、区）列入全国农村承包土地经营权抵押试点，4 个县（市、区）列入全国农民住房财产权抵押试点。全省农村"两权"抵押贷款余额以及林权抵押贷款余额，居全国首位。

与此同时，浙江大力开展农村信用体系建设。丽水市是全国第一个所有的行政村都完成农户信用等级评定的地级市，率先建立了农户信用信息数据库。这一经验同样推广到了全省各地。到 2015 年，全省已经为 900 多万农户建立了信用档案。信用等级的拥有，大大有利于促进农户获得金融机构的信贷支持。结合农村信用体系建设，浙江还推广"整村批发，集中授信"业务，就是对"信用村"进行整体授信。而且全省农村金融基础设施、基本金融服务覆盖面广，尤其是通过丽水的金改试点，把便民金融支付大大地往前拓展了一步。

在新设银行网点方面，浙江实行两个 80% 原则：即 80% 以上为小微企业专营机构、80% 以上设在县域及城郊结合部。着力完善农村基础金融服务网络，推动助农服务终端、惠农通、助农 POS 等各类机具"村村通"。2013 年丽水市在全省首创农村金融服务站模式，短短三年时间，全市已有近 2000 家多功能农村金融服务站，还首创了加载农村电子商务服务功能的农村金融服务站，这个模式得到了世界银行国际金融公司的充分肯定。

以问题与效果导向破解融资贵

充足的信贷资金保障反映在企业财务报表上，就是资产负债率偏高。在经济上行时期，较高的杠杆率支撑了企业快速扩张，而在经济下行时期，企业效益变差之后财务负担也随之加重。2011 年以来，随着经济转型调整，实体企业经营难度加大，"融资难、融资贵"问题凸显。2012年，由省纠风办牵头、省金融办参与的为期一年的全省银行系统行风评议活动，旨在改进银行服务作风，纠正银行捆绑搭售、以贷转存、存贷挂钩、浮利分费等不合理行为，对银行收费也进行了严格的规范和监管。接着，省金融办牵头制定出台《关于贯彻落实〈国务院办公厅关于多措并举着力缓解企业融资成本高问题的指导意见〉的实施意见》，推出了12条降低企业融资成本的举措，包括抑制金融机构筹资成本不合理上升、缩短企业融资链条、清理整顿不合理收费、优化贷款审批发放流程、完善商业银行考核评价指标等。这些举措都直指融资过程中的时弊，为实体企业"雪中送炭"。

2013年以来，无论是资金价格指标、结构指标还是总量指标，都显示着企业融资成本的快速下降。一方面，作为最主要的资金价格指标，银行贷款利率明显下行。随着央行贷款基准利率的多次下调以及银行机构主动让利，近两年浙江省银行贷款利率水平明显下降，全省一般贷款加权平均利率从2012年的7.56%下降至2015年的6.53%。另一方面，成本较低的直接融资占比扩大。全省直接融资（企业债券＋股票融资）占社会融资比重逐年上升，2013年直接融资占比为12%，2014年上升为21.7%，2015年进一步上升到32.2%。

能够直接融资的企业一般都是优质企业，其综合融资成本一般比间接融资低。2015年全省发行银行间市场债务融资工具2241亿元，其中短期融资券加权平均发行利率仅为4.49%，低于同期贷款平均利率2.04个百分点。而上市股权融资更是无需还本付息，只要支付上市的费用，其成本相对更低。因此，直接融资占比的提升，使得企业融资结构明显优化，企业融资成本相应下降。而企业财务费用更是印证了融资成本下降的趋势，2013年，浙江规模以上工业企业财务费用同比下降2.5%，而全国是增长6.1%；2014年，浙江增长3.5%，全国增长11.2%；2015年，浙江大幅下降9.6%，而全国同比仍增长1.1%。

这一期间，企业反映较多的"先还后贷"续贷方式，很大程度上增加了企业融资成本。通常企业贷款一般以1年期流动资金贷款为主，每年为了归还到期贷款，有些企业提前好几个月就得开始准备资金，若到期资金不足只能借助民间融资。比较规范的民间融资公司提供的转贷资金利率为每天1‰、3天起算，且超过约定期的话要加收50%的滞纳金，不规范的民间借贷利率则更高。而且转贷过程中抵押资产要再次评估、再次进行抵押登记，都增加了转贷成本。有企业测算，若将转贷期间的成本折算进去，总融资成本至少增加2个百分点。

针对这一问题，浙江省金融机构在2011年就在全国率先开展了小微企业还款方式创新，推出"无还款续借"、"年审制"、期限拉长法、现金流匹配法、额度循环法等创新产品，减少了不必要的资金"通道"和"过桥"环节，降低了企业续贷成本。这些做法被银监会推广到了全国各地。

第三节　"危"中寻"机"与化"危"为"机"

挤压泡沫回归理性增长

与2000—2010年全省银行贷款高达20%的年均增速形成较大落差的是，2011—2015年这五年，随着经济转型调整，银行贷款增速出现了明显放缓的势头。浙江贷款余额同比增速从2011年的13.4%下降至2015年的7.1%，年均增速只有10%左右。对此，社会上也出现一些质疑的声音，认为浙江不再像以前一样是金融机构重点支持的区域了，区域金融生态环境恶化，对区域经济的保障力度下降。面对这些负面的声音，副省长朱从玖与省金融办调研后认为，外界只看到数字表面，并没有看到背后真正的原因：尽管表面上浙江信贷增速放缓，但其他渠道的资金供给力度却空前高涨，全省融资结构正迅速发生变化，正在往更合理的方向演变。

2016 年 7 月 27 日，副省长朱从玖召集省金融办以及省金融业发展促进会会长单位，商议解决问题的对策。近几年全省信贷增量和增速明显下降，与全国尤其是广东、江苏等沿海省市相比存在较大差距，如何判断分析这些现象？是什么因素导致了这种变化的产生？金融供给结构发生了哪些变化？这些变化带来了哪些影响，是否有利于实体经济转型发展？尤其是在"三去一降一补"①的大环境下，浙江的金融供给是否与实体经济的需求相匹配？浙江存在多年的"资金洼地、资本高地"现象是否已经出现了变化？

为了解答这些紧迫的现实问题，省金融办牵头，与人民银行杭州中心支行、工商银行浙江省分行、建设银行浙江省分行、浙商银行、浙商证券、永安期货、天堂硅谷、人保财险浙江分公司组成重大课题调研组，纵向横向梳理全省面上的数据，与兄弟省市数据进行详细比对，各家金融机构也从自身角度层层解剖。随后，又赴全省有关市县开展实地调研，分析数据和典型案例，形成建议性意见。在各家单位具体而专业的子报告基础上，省金融办完成总报告《浙江融资结构变化及对策建议》，副省长朱从玖对此两次作出批示，强调只有充分认识浙江融资结构的变化，把握住浙江省融资结构的新特征及其动向，才能更好地把握下一阶段金融工作的重点和方向，在坚持风险防范的前提下，引导金融业深化改革创新、顺应浙江经济需求，抓好金融精准服务，积极助推经济转型升级迈上新台阶。

这份翔实的调研报告表明，尽管浙江信贷账面增速放缓，但与前十年相比有一个很大的变化：2012 年以来，随着"两链"风险暴露和不良贷款上升，浙江不良贷款处置的规模也逐年迅速扩大，自 2011 年至

---

① 去杠杆、去产能、去库存，降成本，补短板。

2015 年全省累计处置的不良贷款高达 4543 亿元，而且 2015 年还开启了地方政府债务置换，当年就置换了 2294 亿元，若将这些不可比因素折算回去，每年信贷增速至少能提升 2~3 个百分点，仍然保持适度高于经济增速。

从长远来看，在经济结构转型调整阶段，贷款增速放缓不是一件坏事。长期以来，浙江企业融资过度依赖银行贷款造成了债务持续攀升，杠杆率高企，2015 年之前全省规模以上工业企业资产负债率一直高于全国平均水平 2~3 个百分点，担保贷款比例也高于全国 8 个百分点。随着经济调整下行，过度融资、过度负债、过度担保迅速转变为风险暴露出来，浙江"两链"风险先于全国爆发、不良持续上升，正是缘于这种融资结构性矛盾的深层次暴露。

资金保障与风险处置的这番"碰撞"，无论是政府、企业，抑或金融机构，都从中上了深刻而沉痛的一课。贷款增长并不是越快越好，而是要与实体经济的有效需求相匹配，若资金供给超过有效需求，进入产能过剩行业、高投机性领域，反而容易加剧金融风险。全省贷款增速放缓，相当一部分因素是投机性融资需求泡沫的挤出，是贷款虚增的正常回归，说明企业投资、融资行为趋于理性，盲目担保、过度融资等现象已经减少。而且经过本轮风险教育，银行放贷也逐步转变了过度依赖抵押担保的传统信贷模式，更注重企业自身造血功能和第一还款来源。因此，在这一阶段银行贷款增长放缓不失为一个理性现象。

多元化服务换来"及时雨"

银行作为资金保障的主力军，也从原来主要依靠贷款逐渐转为多样化的方式服务实体经济。工商银行、建设银行、交通银行、浙商银行等机构反映，这几年新型表外融资增长迅速，金融供给的方式和产品日趋丰富，在支持地方经济中发挥越来越大的作用。新型表外业务主要包括资产管理、投行、直投、租赁、银团、债券承销、资产证券化等，这几年快速发展，正成为表外业务的主要增长动力，各大银行都在向综合金融服务转型。2015年，工商银行浙江省分行全部表外各项融资余额约占整个融资余额的30%，而表外融资中，资管、公司、投行等三类新型表外融资余额更是占全部表外业务的70%，比2012年末提高22个百分点。交通银行浙江省分行表外各项融资占比40%左右，浙商银行表外融资占全部融资余额比重达35%。

如永康市步阳集团是国内最大的安全门生产和出口基地之一，曾计划2014年下半年在银行间债券市场发行短期融资券，金额5亿元，主要用于补充流动资金及置换存量债务。但由于"超日债"事件等因素的影响，当时民营企业发债价格持续保持高位，步阳集团面临不小的融资压力。工商银行鉴于其是优质发债客户，且一直保持良好的业务合作关系，因此采取了表外专项融资模式为其提供定制化服务，即通过工商银行表外渠道（理财资金、私人银行等）发放专项表外融资3亿元，期限不超过12个月，担保方式为信用，并允许步阳集团视后续发债情况进行归还，从而解决了实体企业阶段性资金需求。

直接融资"八仙过海"

在贷款保持合理增速的同时，浙江省直接融资的发展令人瞩目。全省直接融资占社会融资规模的比重不断上升，从2010年末的7.8%上升至2015年的32.2%，比全国平均水平高8.2个百分点，比广东和江苏分别高9.6个和4.8个百分点。可以说，长期以来间接融资占大头的浙江融资结构发生了堪称"革命性"的变化。

从直接融资总额来看，更是迅速增长。2010年，当年全省直接融资总额仅为同期新增贷款的15%左右，而2015年当年直接融资总额已经接近同期新增银行贷款。2015年当年全省直接融资总额（包括首发、增发等股权类融资，公司债、企业债、银行间市场债等债券发行）达到4643 亿元，略低于同期新增贷款，同比增长 46%，2009—2015 年七年平均增速达 48%。

2011 年以来，随着金融新业务、新业态的快速发展，新的融资渠道不断拓展。如保险业对实体经济除了创新风险保障方式、履行赔付责任之外，各大保险公司还积极引入总部资源，直接以债权或股权形式投入资金参与浙江省重大项目建设。2015 年全省保险业赔付支出 558.8 亿元，2016 年上半年赔付支出 329.4 亿元；自 2012 年以来，保险机构投入 600 多亿元资金参与浙江重大项目建设。小额贷款公司尽管体量小，截至 2016 年 6 月末，贷款余额也有 770 亿元，其中种养殖业及 100 万元以下贷款余额占比 59%。还有期货业，尽管不直接为企业提供资金支持，但通过开展仓单服务、套期保值等风险管理业务，也为实体企业提供了金融保障。

浙江私募基金行业近年发展迅速，成为创业创新型企业的重要融资渠道。据不完全统计，截至 2015 年底，全省私募基金管理机构有2000 多家，基金数量 5400 余只，管理规模超过 8000 亿元人民币。其中，已在中国证券投资基金业协会注册的浙江省私募基金管理人共有 1747家，在国内仅次于北京、广东、深圳、上海，排名第五位。据清科统计，2015 年底，浙江有天使、VC、PE 等各阶段的私募股权投资机构 970家，管理资金规模 2160 亿元。从 2015 年的投资情况看，总共发生投资 647 笔，总投资金额 430.4 亿元。从投资的行业看，约 40% 的资金投向了互联网行业。由此可见，私募股权投资对于支持新兴产业发展发挥着重要作用。

与此同时，浙江省政府大力出资设立一批政府引导型产业基金，据统计，2015 年新设政府产业基金规模 728 亿元，包括规模为 200 亿元的省政府产业基金，还有规模均为 100 亿元的浙商转型升级母基金、浙民投母基金以及浙商成长基金等。截至 2015 年底，全国共有 800 只政府引导基金设立，其中浙江省有 109 只政府引导基金设立，数量位居全国第一。

此外，值得一提的是互联网金融，尽管对这个业态争议声不断，但不可否认的是其中发展较好的互联网金融企业都有自己的特色，为部分难以从银行获得贷款的小微企业提供了融资渠道。据网贷之家统计，截至 2015 年末，浙江共有 P2P 网贷平台 309 家，贷款余额 327 亿元。

融资结构转型汇聚"洪荒之力"

2010 年以来，浙江经济仍保持了平稳增长，这说明当前资金保障能满足实体经济发展需求，也标志着资金使用效率不断提升。在信贷保障仍然有力的同时，银行表外融资、银行间市场债、公司债、IPO[①]、增发、私募股权等多种融资工具的发展，极大地丰富了社会融资渠道，使得社会资金供给更为充足，不仅是各级政府融资平台、大型企业，乃至部分小微企业、创新型企业和初创型公司均能借助新型融资渠道获得资金。

IPO、增发、PE、VC 等股权类融资，尤其需要企业建立规范的股权结构和现代财务制度。因此，这类直接融资的发展，对于提升企业的现代性有正面影响，而且有效增强了企业资本实力，提升了企业竞争力和发展力。可以说，直接融资渠道运用得更充分、对接资本市场走在前列的地区，往往也是企业制度现代性程度高、转型升级比较成功的地区。而且 PE、VC 和天使投资等各阶段的私募股权投资作为"高能资本"，与贷款相比具有更强的抗风险和吸收风险能力，不仅为初创期、发展期的企业提供了资金支持，还能提供一揽子的综合服务，有效扶持了创新创业企业、高科技企业的发展，对于培育新兴产业、推动经济转型升级

---

① 新公司上市首发。

具有不可替代的重要作用。浙江互联网产业发展如此迅速并成为新的经济增长极，也与各类风投机构的支持密不可分。

从绍兴市上虞区的实践看，其融资结构变化支撑的经济结构转型让其成为全省的"翘楚"。作为上市公司较为集中的区域，上虞的社会融资结构明显以直接融资为主。在全区社会融资余额近2000亿元的大背景下，上市公司的直接融资达到了社会直接融资总量的60%以上。募集资金的去向包括扩大在建项目、创新项目投资等方面，由此成为上市公司引领区域经济转型升级的样本和典范。直接融资比重大幅上升，从源头上"补强"了企业资本实力，有助于增强区域经济转型升级的能力，这正是上虞的成功之道。

由此可以得出判断，浙江省信贷增速放缓，表外融资、直接融资、私募股权等多元化融资渠道快速发展，这种变化方向总体上是积极的、有利的，是对前些年过度依赖银行信贷融资、企业股本普遍不足的一种"纠偏"和"调适"，也是浙江持续推进一系列区域金融改革的重要成果，既丰富了实体经济的融资渠道、降低了企业融资成本，又适应了新经济、新业态发展的金融服务需求，为推动经济转型升级发挥了重要作用。

回顾风起云涌的浙江金融发展进程，浙江省金融办对未来金融的实体经济保障有着清晰的构想，那就是要主动适应新常态，继续走在前列，把发挥、培育和转化优势作为着重点，按照供给侧结构性改革和经济转型升级的方向，更有效地推动融资结构优化升级。

当务之急要积极创新抵质押担保方式，大力发展信用贷款，降低保证类贷款占比，扩大企业股权、债券融资规模，改善企业资本实力和负债结构。有保有压推进全省信贷结构优化，用好增量、盘活存量，加强对关键领域、重大项目和薄弱环节的支持，严控对"两高一剩"等落后产能的信贷投入。进一步提高直接融资比重，积极对接多层次资本市场，推动优质企业在境内外和新三板上市，支持上市公司再融资和并购重组。

大力发行银行间市场债、公司债和企业债，扩大发行绿色债等新型债券品种。发挥政府引导基金和产业基金的撬动作用，鼓励民间资金进入创业投资领域，支持新兴产业发展，发挥好政策层面的协同支持作用，为供给侧结构性改革提供良好的政策保障和外部环境。

第三章　舟行中流
——地方金融改革风起云涌

舟行中流，不进则退。浙江的区域金融改革一直走在全国前列，一系列诞生于融冰破土的创新之举，从一开始就讲"方言土话"，情系乡土，造福乡亲，呈现出强烈的区域特色与破土精神，渗透着敢为人先的非凡基因，持续焕发着根深叶茂的旺盛生命力。因为，它们根植在浙江这一片神奇的土地，迎着骀荡春风，一有雨露就发芽，一遇阳光就灿烂……

第一节　农村金融改革的"丽水样本"

农村金融改革波澜壮阔，蕴涵极其宽广，既包括农村政策性金融、商业性金融、国家对资金流动的引导、农村融资媒介的创新和发展，也包含农村金融机构的退出机制以及订单农业、农产品期货市场、农业保险的发展等问题，是当前我国金融改革最具挑战的课题之一。同时，农村金融改革也是农村改革的一个重要部分，单纯考虑农村信用合作社的

改革难以解决农村金融市场的根本问题，必须推进农村金融体系的全面改革。

丽水市作为经人民银行批准设立的全国首个且唯一的农村金融改革试点地区，体现了人民银行、浙江省委省政府对"三农"发展的关心和支持，也是对多年来丽水因地制宜、积极探索农村金融改革创新工作的肯定和信任。2012年11月，中国人民银行行长周小川在国际金融论坛上，将丽水农村金融改革试点与上海国际金融中心建设、珠三角金融对外开放试点等并称为"十大自下而上的金融改革"。

开启行省共建模式

2012年3月30日，中国人民银行与浙江省政府联合印发《关于在浙江省丽水市开展农村金融改革试点工作的通知》，并同意实施《丽水市农村金融改革试点总体方案》。试点工作采取人民银行总行和省政府"行省共建"模式，围绕"创新农村金融组织体系、丰富农村金融产品体系、强化金融惠农政策体系、健全农村金融市场体系、完善农村金融信用体系、搭建金融服务平台体系、改进农村支付服务体系、优化农村金融生态体系"等八个方面进行先行先试，人民银行杭州中心支行和丽水市政府共同负责推动落实有关工作。

央行支持。在人民银行的指导帮助下，人民银行金融研究所编制了《浙江省丽水市农村金融改革试点规划（2013—2017年）》五年规划，并制定了《丽水市农村金融改革试点推进三年行动方案》和14项农村金融改革的具体实施办法及逐年工作计划，将改革试点任务项目化、重点项目指标化。人民银行还明确将丽水列为金融支持家庭农场等新型农村经营主体发展试点、国家农村信用体系建设示范区；对丽水的小额贷款公司、融资性担保公司接入征信系统实行优先准入等。国家外汇管理局将丽水列入本外币特许经营试点城市，在全国创新推出多用途个人外汇贷款，推动设立全省首批本外币兑换公司，并创新设立了全国首个村级外币兑换点。2012年以来，人民银行给予村镇银行贷款规模扩大、合意贷款限额和支农再贷款额度倾斜等优惠政策，增加地方法人金融机构信贷规模50多亿元，进一步增强了涉农金融机构支农资金实力。

四级联动。充分发挥"行省共建"模式作用，推动浙江省政府和人民银行成立丽水农村金融改革试点工作领导小组，由分管副省长和人民银行分管副行长共同担任组长，定期召开领导小组成员会议，并设立了领导小组办公室和六个协调推进组，形成了国家、省、市、县四级联动的改革试点工作推进机制。

部门协作。2012年6月12日，丽水市委、市政府成立市农村金融改革试点工作领导小组，由市委、市政府和人民银行杭州中心支行、人民银行丽水市中心支行主要负责人任正副组长，31个相关部门负责人为成员；领导小组办公室设在人民银行丽水市中心支行，作为常设性机构具体负责协调推进改革试点工作。同时设立金融创新组、金融市场组、信用建设组、金融机构组、保险创新组、政策保障组等6个协调推进组，其中人民银行丽水市中心支行牵头负责金融创新、金融市场及信用建设等方面工作，市委政研室牵头负责政策研究工作，市金融办牵头负责保险创新工作，丽水银监分局牵头负责金融机构发展工作，全市9个县（市、区）全部成立相应的组织机构。

三大亮点吸人眼球

——信贷支农：林权抵押贷款喝下"头口水"。丽水市有林地面积2100多万亩（约占全省1/4），森林覆盖率达80.79%，林木蓄积量3811万立方米（约占全省1/3），素有"浙南林海"之称。从2006年开始，丽水市将金融创新与深化集体林权制度改革有机结合，在浙江全省率先全面推进林权抵押贷款工作。

多平台建设。根据林权抵押贷款的特点，制订了丽水市森林要素流转平台建设方案，推动政府设立市、县两级林权管理中心、森林资源收储中心、林权交易中心和森林资源调查评估机构的"三中心一机构"，建立起从林权评估、登记、抵押担保到发生不良贷款处置的一整套制度。

多品种覆盖。在全省首创了林农小额循环贷款、林权直接抵押贷款和森林资源收储中心担保贷款三种林贷新模式。

多机构参与。推动财政贴息、风险补偿、税费减免和林业保险等政策措施到位，有效激发了金融机构的参与积极性。

试点启动以来，丽水通过引导相关部门和金融机构进一步完善政策制度、增加放贷主体和拓宽贷款投放渠道等措施，持续推动林权抵押贷款实现扩面增量，不断加大金融支农力度。截至2015年12月末，全市累计发放林权抵押贷款14.53万笔、141.01亿元，贷款余额50.31亿元，居全省首位，惠及林农20余万人，不良贷款率仅为0.12%。以林权抵押贷款为突破口，进一步拓宽涉农抵押担保范围，创新推出以茶园、农副产品仓单、小水电股权等为抵质押担保的支农产品。林权抵押贷款经过多年的发展推动，取得了"叶子变票子、青山变金山、资源变资本"的成效，走出了"全国林改看丽水"的创新发展之路。

——信用惠农：开启农村信用体系建设的"金钥匙"。长期以来，由于银农信息不对称，农村信用体系不健全，农民贷款难问题普遍存在。为此，自2009年起，丽水市按照"政府支持、人行主导、多方参与、共同受益"的工作思路，在辖区全面组织开展了农户信用等级评价工作，建立健全农户信用信息数据库，强力推进农村信用体系建设。

建立四级联动的工作机制。充分借助地方政府的行政推动力，在市、县、乡三级分别成立由政府主要领导任组长、人民银行行长任副组长、涉农部门、金融机构、财政等部门组成的农村信用体系建设工作领导小组，将工作纳入各级党委、政府年度工作考核机制，形成了市、县、乡、村四级横向到边、纵向到底的工作网络体系。

把好农户信用信息采集、评价和应用"三关"。丽水在全市范围抽调 1.7 万多名机关干部、金融系统员工等，以行政村为单位，成立 3453 个信息采集小组，上门逐户采集农户信息，并推行行政村初评、乡镇农户信用等级评价小组复评、县级农户信用等级评价指导小组终审的三级评定办法，确保农户信用评价结果客观公正；最后，实行信用贷款、抵押贷款、联保贷款"三联动"，建立评价成果运用机制。

构建农村信用体系建设长效机制。由市、县政府列出专门的人员编制和工作经费，组建九家市、县两级金融服务中心，专职负责农村信用体系建设的日常管理、农户信用信息数据库的运行维护等工作，并强化信息数据和评价成果的应用，帮助各涉农金融机构简化贷前调查、资产评估等环节的工作及提高贷款发放速度。

试点启动以来，在全面做好农户信用信息数据更新的基础上，丽水市积极推进农户、社区居民和中小企业"三位一体"的社会信用体系建设，探索开展"城乡一体化"的信用体系建设。截至 2015 年 12 月末，全市已成功创建市级信用村（社区）905 个，信用乡（镇、街道）38 个；评定信用农户 41.3 万户，其中，共有 35.53 万信用农户累计获得 386.32 亿元贷款。

——支付便农：农户取款足不出村。随着国家扶农惠农政策力度的加大，涉农补贴范围不断扩大，补贴品种不断增加，丽水市享受各种涉农补贴的农户已达 60 多万户，年发放涉农补贴资金 8.42 亿元，就近便利地支取各种涉农补贴等小额资金，已成为当前农村最广泛、最频繁、最迫切的一项基本金融服务需求。丽水市于 2010 年 7 月经人民银行总行批准，在全国率先开展了在农村地区布放专用 POS 机终端，为借记卡持卡人提供账户查询和小额取款的"银行卡助农取款服务"，并于 2011 年率先在全国实现"银行卡助农取款服务"农村全覆盖，有效帮助农村居民实现小额提现"不出村、零成本、无风险"，取得了"农户如意、商户乐意、银行愿意、政府满意"的多方共赢，得到了人民银

行总行领导和浙江省委、省政府主要领导的批示肯定，荣获"浙江省2011年十大民生工程"项目推荐奖。

试点启动以来，丽水市制定印发《银行卡助农取款服务终端联网通用实施方案》，率先实现银行卡助农取款服务终端联网通用。并积极推进涉农补贴资金发放"一卡通"和协调纳入全市"村邮站"建设，依托全市助农取款服务点网络优势，同步实施了农村反假货币、国债宣传服务、民间借贷监测、金融知识普及、金融消费者权益保护等工作网络建设，进一步优化了农村金融生态环境。

"丽水经验"的普适价值

自试点工作开展以来，国务院总理李克强，副总理汪洋、马凯，浙江省委书记赵洪祝与省领导夏宝龙、李强等先后作出指示和批示，对丽水农村金融改革试点寄予厚望；副省长朱从玖和人民银行负责人多次来丽水调研指导农村金融改革工作，对丽水金改给予充分肯定。中央电视台、《人民日报》、《金融时报》、《中国经济时报》等先后多次报道丽水农村金改经验。

2009年4月，人民银行、财政部等五部委联合在丽水市召开了全国金融支持集体林权制度改革与林业发展现场会，推广丽水林权抵押贷款工作经验，并在现场讨论制定了《关于做好集体林权制度改革与林业发展金融服务工作的指导意见》。

2010年8月，人民银行牵头22个部委在丽水市召开全国农村信用体系建设工作现场交流会，"丽水模式"的农村信用体系建设走出全省、推向全国。

2013年6月，人民银行和浙江省政府联合在丽水召开丽水农村金融改革推进会，推广丽水农村金改经验。

2014年4月22日，在国务院召开的全国农村金融服务经验交流电视电话会议上，丽水作为唯一的地级市代表交流丽水农村金融改革工作经验。

2014 年 10 月，丽水受邀参加人民银行与世界银行合作举办的"中国农村金融供给与需求调研国际研讨会"，在会上介绍丽水农村金改经验。

2014 年 10 月，丽水受邀参加人民银行在广州举办的全国性区域金融改革经验交流会，交流丽水农村金改经验。

第二节 小微金融改革的"台州试验田"

台州是全国小微金融服务的先行区之一，是全国为数不多的拥有 3 家以民资为主体的城市商业银行的地级市。多年来，台州致力于探索小微企业金融服务改革创新，已逐步形成与以民营经济为主导、小微企业为主体的实体经济相匹配的金融服务体系，创出特色鲜明、在全国具有广泛影响的"台州小微金融品牌"，出现了三个"50% 现象"，即小微贷款占全部贷款的比例在 50% 左右、法人机构小微贷款占全部小微贷款的 50% 左右、小微贷款中保证方式占比超过 50%；一个"99% 现象"，即小微贷款的授信户数占全部企业授信户数的 99%。

小微银行上演"三国杀"

台州银行、浙江泰隆商业银行、浙江民泰商业银行均脱胎于城市信用社，民资占比都达到 95% 以上，堪称是原汁原味的"草根"银行。三家城商行诞生之初面对的是小企业融资之痛：小企业数量众多，金融需求旺盛，却因风险大、成本高、信息不对称等原因不为大银行所关注。三家银行看到了其中巨大的业务发展空间，坚持把市场定位确定为小微

金融，持续 20 年专注于此。这一细分市场定位，为其在竞争中获得了生存"蓝海"并迅速发展壮大。泰隆银行被国务院总理温家宝称赞为"中国的尤努斯"。

持续的良性发展源自于先进的理念、良好的机制和过硬的技术。在长期的小微金融服务实践中，三家银行逐步形成了自身的核心运营模式，主要有四个方面——

注重创新，纾解抵押难。为了破解小微企业缺少抵押物、信息不透明的难题，三家银行摒弃"抵押为王"的传统做法，强调第一还款来源和企业主还款责任，注重客户经营活动现金流量分析。一方面通过密集走访和频繁接触客户，加强对客户多方位信息的收集，尽可能做到对客户信用及经营状况了如指掌，较好地破解信息不对称问题；另一方面，不断创新担保方式，推行多人保证、亲属保证、将企业主追加为贷款担保人等方式，降低担保条件，提高小微贷款担保的可获得性。如泰隆银行融合中国传统文化中"伦理"和"知耻"的精华，要求客户的亲人友人恩人作为担保人，推行"道义担保"，稳妥地解决了担保难问题。

构筑半小时服务圈，最大限度方便客户。坚持"客户至上"的服务理念，按照客户需要调整服务方式是三家银行的共性之处。根据小微客户开业早、歇业晚的特点，柜面业务实行错时当班弹性工作制，营业时间从 7：30 持续到 19：00；在国内率先推出"金融夜市"，便于客户存放隔夜资金；推行"客户经理制"，将客户经理的服务半径圈定在半小时以内，主动上门提供"家门口"的金融服务；针对小微贷款"短、小、急、频"的特点，下放审批权限，改进信贷流程，实行贷后检查和贷前调查合并作业等方式，实现了"三三制"服务承诺，即对老客户办理信贷业务 3 小时内完成，新客户申请贷款业务 3 天内给予答复。

"三品三表"，守住风险底线。三家银行不良贷款率低于浙江银行业平均水平，其成功的秘诀在于其独创的信贷技术，如获银监会充分肯定的"三品三表"信贷技术（小微客户的"人品、产品、抵质押品，水表、电表、海关报表"）、受到银监会主席尚福林高度评价的"三看三不看"（不看报表看原始记录、不看抵押看技能、不看公司治理看家庭治理）信贷技术、实行"四眼原则"①的贷款决策机制等。不过，基于小微企业的高风险特征，三家银行并不追求"零风险"，而是放宽小微企业不良容忍度，如台州银行对微贷信贷员有2%的笔数逾期率容忍度，一个信贷员的不良率在2%以下时免于处罚。

降低门槛，践行普惠金融。为使更多小微客户能享受正规金融的服务，三家银行通过理念和技术的创新，不断降低门槛，以满足更小市场主体的金融需求。如民泰银行面向失地农民、失业青年、个体工商户等群体推出了便民小额贷款，帮助8336名客户走上了致富道路；台州银行"小本贷款"客户中，失土、离土和在土创业农民占比达94%以上，成为支持当地农民创业的金融源动力；泰隆银行推出了国内首款小企业固定资产中长期贷款产品，较好地解决了小微企业的技术更新、产业升级的金融需求。

小微金融看台州

2012年国务院批准设立温州市金融综合改革试验区。作为与温州共享"温台模式"的台州，由于与温州地缘相近、发展模式相同，温州金改的启动实施给台州金融改革带来了溢出效应，也提出了新的课题。台州金融服务有着省内其他地市无可比拟的优势，业内有"全国小微金融看浙江，浙江小微金融看台州"的说法，台州小微金融最显著的特色，就是形成了多层次的小微金融生态群落，并在各自的生态圈中服务相应的实体企业——

第一层次：具有全国影响力、专营小微金融业务的民营城市商业银

---

① 即至少有四只眼睛同时盯住一笔业务，强调有两只眼睛来自于市场拓展系统，有两只眼睛来自于风险控制系统。

行。台州银行、泰隆银行、民泰银行三家银行户均贷款均在50万元以下，实现了"民营资本兴办银行、民营银行扶持小微企业"的良性互动局面。当地也涌现出一批杰出的全国知名的小微金融人才，延伸出学院式的人才培养机制，台州的运作模式得以在浙江其他地市以及北京、上海、江苏、深圳等地成功复制，证明了其经验的"普适性"。

第二层次：勇于探索农信系统及其他新型金融组织的发展路径。全市农合机构以"综合金融不出镇、普通金融不出村"、户均贷款不到20万元的信贷模式，助推普惠金融发展。浙江首家村镇银行（玉环永兴村镇银行）、全国首家依托农民专业合作社成立的农村资金互助社（临海忘不了资金互助社）均在台州成立，并设立33家小额贷款公司。

第三层次：创出了国有商业银行和股份制商业银行小微金融特色品牌。到2012年底，全市有221家小微企业金融服务专营机构，在全国同等城市中独占鳌头，其中工商银行等国有控股银行在台州设立60多家小微企业金融服务专营机构，有10家成为总行和省行小微企业金融服务试点行。

三大"板块"分层次服务、分等级竞争，形成了台州专注服务小微企业的金融服务组织体系。

基于台州小微金融的特色优势和现实条件，通过深化地方金融改革，进一步推进小微金融服务改革创新，为全省乃至全国小微企业金融服务探索和积累更多的新经验、新模式。2012年底，浙江省政府批准台州市为浙江省小微企业金融服务改革创新试验区。2013年10月8日，省政府下发《浙江省小微企业金融服务改革创新试验区实施方案》，总体目标是构建与台州民营经济相匹配的小微金融服务体系，创建社会信用良好的小微企业金融服务环境，大幅提高小微企业金融服务的满意率和满足率。主要任务是"创新五大体系，构建四大平台"，即创新多层次的小微企业金融服务组织体系、创新民营城市商业银行支持体系、创新小微金融产品和服务体系、创新小微企业多渠道融资体系、创新小微企业融资风险共担体系，构建信用信息共享和服务平台、构建小微金融服务的政策支持平台、构建小微金融发展合作交流平台、构建地方金融生态环境建设平台。

深耕细作"试验田"

台州小微金改试验区自设立以来，按照浙江省委、省政府"大胆创新、先行先试"的工作要求，以构建两个中心、两大平台为突破口，以创新四大体系为支撑点，着力破解小微金融服务的体制机制难题，取得了一系列基础性、关键性、首创性的改革成果，得到了国务院总理李克强、副总理马凯和省委书记夏宝龙、省长李强、常务副省长袁家军和副省长朱从玖等领导的批示肯定。

从台州小微金改整体推进过程来看，主要呈现以下特色：

政府引导，市场运作。在浙江省政府的领导下，在省金融办、"一行三局"等部门的指导下，台州充分发挥政府作为试验区建设的倡导者和组织者的作用，加强担保和信用体系建设，完善风险补偿、创新激励等一系列政策措施。发挥市场配置资源的基础性作用，坚持以市场化为导向，尊重市场选择，完善经营机制，提升服务能力。

立足台州，探索经验。立足台州实际，积极开展小微企业金融服务改革创新；探索小微企业金融服务的可持续发展经验，通过模式复制、人才培训、机构延伸，辐射、带动、引领并惠及其他地区，为全国实践积累经验。

先行先试，重点突破。以满足小微企业金融需求为目标，大胆突破小微金融发展的体制机制性障碍，积极破解小微企业融资难题，探索更高效、更便捷、可持续、可复制的小微企业金融服务模式；对重点改革项目，由点及面，重点突破。

"台州经验"亮点纷呈

亮点一：搭建全国领先的信用信息共享和服务平台，破除信息

"孤岛"。

银企之间的信息不对称往往会增大银行的筛选成本和监督成本，成为小微企业融资约束的核心问题。台州坚持行政化推动与系统性创建的原则，通过搭建小微企业信息共享平台，将原本散落在不同政府管理部门的小微企业信息通过平台，整合为银行可知、可用的信息，原本的信息"孤岛"转变为正常、稳定、统一的信息获取渠道，大幅降低了银行审贷的成本，并为银行服务小微企业从零售型向批量化转型打下基础。2014年7月，台州启动金融服务信用信息共享平台。平台有效整合税务、环保、电力等12个部门的5100万条信用信息，覆盖50余万家企业与个体工商户。信息平台具有评级、预警功能，评级达到90分以上的企业，银行放贷基本不必特别调查；企业有欺诈、违约等信息，平台会在第一时间预警。借助这一平台，银行的贷前调查、贷中审批和贷后管理效率大幅提高。此外，台州还搭建了小微企业信贷产品查询服务平台，发布了34家银行有代表性的233款小微企业贷款特色产品，畅通了产品信息传递渠道，拓宽了小微企业主获取信息的途径，提高了银行服务的精准度。

亮点二：首创小微企业信用保证基金，破解担保难瓶颈。

台州小微企业信用保证基金借鉴台湾地区小微企业信用保证基金建设的有益经验，形成了政府为主出资并提供后续资金支持、不以盈利为主要目标、对担保额度和费率进行合理限制、明确风险预警和分担机制等运作模式。2014年台州在国内地级市中率先设立小微企业信用保证基金。首期基金规模5亿元，撬动社会资本150亿元，定向支持优质成长型小微企业。企业有良好信用作保证，无须物权担保就能获得500万元以内的信用贷款。值得一提的是，与担保行业一般要求小微企业提供反担保措施不同，台州信保基金无需贷款企业追加抵押或第三方担保，减轻了小微企业负担。与担保行业较多实行全额担保不同，信保基金与银行确定8：2的风险分摊比例，形成"小微企业—增信服务机构—商业银行"利益共享、风险共担的机制，降低了业务合作银行因担保产生的道德风险。而且信保基金这种模式一旦获得成功，将会形成一种正反馈机制，信保基金集聚的信息越充分、准确，"信息集聚地"的品牌增值效果将会越明显。

亮点三：发挥两岸小微金融论坛品牌效应，打造小微金融深度合作交流平台。

台州在成功举办两届海峡两岸小微金融发展论坛的基础上，搭建了双方小微金融深度合作交流的平台载体，在人才引进、技术交流、产品创新等多个领域取得实质性成果。其中，信用信息共享平台、信保基金等都得到台湾方面的帮助和支持，信保基金和小微金融研究院均聘请台湾有关专家。路桥农村合作商业银行引进台湾微贷技术，组建小微贷款中心，仙居农信社也在与台湾中介机构开展微贷技术的合作。

亮点四：设立浙江（台州）小微金融研究院，打造小微金融改革理论研究平台。

研究院实行"外引内联、多方合作、共建共管"的模式，由重点高校、地方政府和地方院校三方共建，邀请周其仁等九位国内知名专家担任特约研究员，成为全国首家专门从事小微金融研究的学术机构。加强与浙江工商大学合作，推进"小微金融指数"研究，充分运用信用信息共享平台的大数据，深入分析小微企业运行情况，为指数建模提供支撑。目前，指数框架已基本形成，设置了一个总指数，下面包含成长指数、服务指数、信用指数等三个二级指数。2015 年 11 月在海峡两岸小微金融发展论坛上，首次正式对外发布"小微金融指数（台州样本）"。

台州破解小微企业融资难，积累了宝贵经验，全市小微企业增速连续三年位居浙江前列。2015 年底，国务院常务会议决定，建设台州市小微企业金融服务改革创新试验区，通过发展专营化金融机构和互联网金融服务新模式、支持小微企业在境内外直接融资、完善信用体系等举措，探索缓解小微企业融资难题。

第三节　贸易金融改革的"义乌经验"

小商品搅动专项金改

义乌中国小商品市场是全球重要的小商品出口基地和国际贸易窗口，每年前来采购的境外客商超过 40 万人次，在义乌设立的涉外经营主体已达 5624 家，其中外商投资合伙企业 2497 家，占全国的 80%，常驻外商人口超过 1.3 万人，商品出口辐射超过 200 个国家和地区，直接带动了周边 20 多万家中小企业的蓬勃发展。由商务部主持编制的"义乌中国小商品指数"定期向全球发布，成为全球小商品价格变动的"风向标"。

随着国际国内经济形势的变化，义乌外贸出口中的一些深层次矛盾和问题日益凸显，尤其是与贸易相关的金融领域的发展亟需解决诸多重要问题，包括与国际贸易相适应的金融及相关服务机构体系，整体金融产品单一，不能与现行的国际贸易融资发展需求相接轨，社会直融比例相对较低等。

2011 年 3 月 4 日，国务院批复《浙江省义乌市国际贸易综合改革试点总体方案》。这是继国家设立九个综合配套改革试验区之后，经国务院批准设立的又一个综合改革试点，是浙江省第一个国家级综合改革试点，也是全国首个由国务院批准的县级市综合改革试点。国务院批复的总体方案明确要求在健全金融机构体系、提升金融服务能力、改善金融环境等三个方面建设义乌现代金融服务体系。义乌金融体制改革势在必行。制定金融专项规划、加快金融改革创新是落实总体方案各项任务的必要路径。同时，金融专项改革也为义乌在 2020 年成为"转变外贸发展方式的示范区、带动产业转型升级的重要基地、世界领先的国际小商品贸易中心和宜商宜居的国际商贸名城"提供强有力的金融支撑。

义乌市场和产业的特色决定需要有特色金融服务。对接资本市场成为金融改革最为关键的推动力。义乌的金改目标是使义乌的金融机构体系更健全,通过完善金融布局规划、服务设施和政策体系,吸引更多的金融机构、投资机构来义乌发展,加快培育金融中介服务机构,壮大金融体系,提高金融体系的市场效率和服务能力,优化金融生态,改革完善金融监管体系,强化金融执法,创建金融人才服务平台,优化以人为本的金融人才环境。

“量身打造”贸易金改

从总体方案到金融改革专项,时间跨度有两年多,方案也几上几下。2011 年 3 月,总体方案批复后,义乌市委、市政府立即着手义乌市国际贸易综合改革试点金融改革方案的起草工作,市政府委托国务院发展研究中心金融研究所开展课题调研,经过反复论证、修改和完善,于 2012 年 1 月 15 日完成最终稿,并提交浙江省政府审议。

2013 年 8 月 23 日,经国务院批准,由人民银行会同中编办、发改委、财政部、商务部、银监会、证监会、保监会、外汇局等九个国家部委,联合发布浙江省义乌市国际贸易综合改革试点金融专项方案的通知。2013 年 9 月 16 日,《义乌市国际贸易综合改革试点金融专项方案》对外公布,方案重点涉及七方面任务,主要目标是通过加快金融改革创新,积极推动人民币跨境业务、外汇管理和民间资本管理创新,探索贸易金融新模式。努力形成多元化金融组织体系、多层次金融市场体系和便利化贸易金融服务体系,创建规范有序的金融发展环境,力争到 2020 年基本形成与义乌经济社会发展相适应的金融体制机制,在推动国际贸易发展、经济结构调整和转型升级中发挥重要作用。

与温州金改、丽水农村金改等相比,义乌金改的目标具有鲜明的义乌特征，即解决国际贸易中的金融短板，实现贸易金融创新，让义乌成为人民币国际化的先试先行地区。这一金融专项改革方案获批后，省政府高度重视，2013 年 9 月 12 日，副省长朱从玖作出批示，要求义乌金融专项改革一定要突出贸易金融创新，为贸易便利化服务。并成立义乌金改促进小组。

2013 年 11 月 18 日，副省长朱从玖在听取义乌市金融专项改革推进工作情况和下一步实施计划专题汇报时强调，"义乌金改"要切实服务于实体经济，需要强化义乌推进市场主体的信用评级工作，完善市场主体的征信体系建设。义乌市场要不断推进转型提升发展，多样化发展各种贸易组织形态，这是金融改革的前提和基础。"义乌金改"既要加强顶层设计，又要与"摸着石头过河"相结合，要通过推进好每一项改革，汇集提升整体的金融专项改革。

2014 年 3 月，浙江省政府办公厅复函原则同意《浙江省义乌市国际贸易综合改革试点金融专项改革 2014—2016 年实施计划》；随后，浙江省金融办全文印发。

2014 年 4 月 4 日，浙江省金融办牵头召开义乌国际贸易综合改革试点金融专项改革 2014 年工作推进会暨促进小组第一次会议。

省金融办对义乌金融专项改革提出了三方面要求：一是要紧紧抓住重点领域和关键环节的改革，全面启动义乌金融改革；二是要注重分类推进和统筹实施相结合，大胆突破和探索创新相结合，争取支持和先行先试相结合；三是要紧紧抓住服务国际贸易发展的自身特色，把便利结算、汇兑和支付、降低融资成本和优化贸易金融生态作为核心内容，充分学习借鉴上海自贸区、深圳前海等地方的改革创新举措，丰富充实改革内容，与时俱进地赋予义乌金融改革新的内涵。同时要多方联动，合力推进，义乌市政府要发挥改革主体作用，职能部门要牵头协调推动各项改革任务的落实，金融机构要创先争优，努力使更多的金融产品、改革措施在义乌先行先试。

"吸睛"更要"吸金"

为扎实推进义乌市国际贸易综合改革试点，进一步提升金融在推动国际贸易、开拓国际市场、转变外贸发展方式等方面的积极作用，根据《国务院关于浙江省义乌市国际贸易综合改革试点总体方案的批复》和中国人民银行等国家九部委印发的《浙江省义乌市国际贸易综合改革试点金融专项方案》要求，浙江省金融办牵头制订了三年规划，提出了主要目标和七项 22 条主要任务。

三年中，义乌金融专项改革在浙江省金融办、义乌市政府等的不懈努力下，较好地发挥了金融支持地方经济发展、服务国贸改革的重要作用，初步完成了三年规划提出的各项任务，在金融创新、金融集聚、产融互促等方面不断取得新突破、新进展。

与国际贸易相配套的外汇管理机制不断完善。一是继续深化贸易便利化结算试点，在全国率先开展实施的个人贸易外汇管理改革试点，为市场采购新型贸易方式打开了结汇新通道。2015 年辖内 19 家银行累计为个人办理结汇 76.01 亿美元。二是探索推进跨境电子商务结算业务。积极与境外金融机构、第三方支付机构对接开展跨境收付业务。2015 年与贝宝（PayPal）、盛付通等六家国内外机构累计实现跨境收付超 153 亿元。三是扎实推进跨境人民币业务。积极引进第三方支付平台与本地银行机构开展跨境人民币集中收付业务，2015 年全市金融机构累计办理个人跨境人民币业务 416.1 亿元，浦发银行的跨境兑、农业银行的跨境参融通等业务为向全国复制推广积累了丰富经验。四是打造区域性跨境结算高地。以浦发银行、平安银行、交通银行、招商银行为代表的离岸业务创新中心相继成立，其中浦发银行正式升格为分行。2015 年全市离岸业务（OSA/NRA）结算量达 233.1 亿美元。

与金融服务国际化相接轨的贸易金融产品不断创新。一是贸易融资产品持续创新。信用证融资、出口保理、内保外贷、跨境保函等贸易融资产品不断涌现，国际陆港旗下的义乌保税港联合发展有限公司，结合海关"分送集报"业务与银行开展关税保函、信用融资等产品，浦发银行对应收账款的出口保理已累计办理 26.5 亿元。二是供应链金融平台不断涌现。全市有"国贸通"、"义乌通"、"义网通"等各类供应链融资平台 12 个，其中"国贸通"已为 1343 户小微企业提供授信 12.53 亿元，累计发放贷款 8804 笔，共计金额 9.2 亿元；"义乌通"整合物产集团和中海运集团优势，为海外仓量身定制"壹仓通"金融产品，有力促进了义乌市场"走出去"的步伐。三是"互联网＋金融"快速发展。引进大数据金融服务龙头企业杭州云算信达数据技术有限公司开展"云贷 365"电商贷款，已累计发放贷款 30 余亿元，电商贷、网商贷等本土互联网企业不断壮大，其中电商贷已在全国电商百强县的 11 个城市中布局，累计为中小电商企业发放贷款 1.8 亿元。

与促进实体经济相匹配的资本市场不断丰富。一是推动民间资本管理创新。国资控股的民间融资服务中心已完成筹建开业；开展民间资本管理创新试点，共培育民间资本管理公司两家，已累计投资项目 62 个，累计投放金额超 1.5 亿元。二是拓展多层次资本市场。积极推动企业挂牌上市、发展债券融资和基金产业，全市共培育上市企业六家，2015 年新增两家 IPO 报会企业，新增两家新三板企业，浙江股交中心新增挂牌企业六家，上海股交中心新增挂牌企业六家。三是创新企业融资担保方式。积极推动"转贷通"、"助保贷"、政策性融资担保公司等融资担保方式，通过扩大融资增信减少互保互联；拓宽融资渠道，开展农村"三权"（农村宅基地产权、土地承包权、农村合作社股权）抵押、商标权质押等融资试点。四是创新小微企业金融服务。积极开展服务小微的小额贷款保证保险试点工作，有效帮助小微增信，2015 年共服务小微企业 1640 家，融资额 4.65 亿元；针对小微企业抵押难、担保难等问题，创新开发"质押＋信用"、"质押＋担保"等产品，创新小微企业贷款及还贷方式，加大信用贷款推广力度，2015 年底全市小微企业贷款余额 1136.37 亿元，信用贷款余额达 86.33 亿元。

与集聚地方金融产业相适应的金融生态不断优化。一是完善建设金融产业集聚发展平台，以丝路新区的金融商务区为核心规划丝路金融小镇，出台《义乌市促进丝路金融小镇发展若干意见》，加速金融机构在小镇的集聚。二是加快布局引进各类金融机构，设立惠商紫荆母基金等各类股权投资基金和产业发展基金，稠州商业银行发起设立金融租赁公司，民营商贸银行已由浙江省政府向国务院递交申请并由国务院转批至银监会，引进外资银行美国国泰银行的工作也取得重大进展，丝路新区管委会已开展富有成效的对接，消费金融公司、财务公司等非银行业金融机构正在稳步洽谈中。三是积极探索社会信用体系建设。围绕争创国家发改委的社会信用体系建设示范城市试点，启动"义乌市公共联合征信平台"建设，组建商城征信公司，主动申报个人征信牌照，整合对接市场采购联网信息平台与征信平台数据库，搭建统一征信平台。四是完善提高金融监管职能。组织开展打击恶意逃废债的"秋耘"专项行动，配合公安部积极开展"9·16"地下钱庄专案线索摸排工作；加强与中编办、国务院等中央职能部门的汇报衔接，推动人民银行义乌市支行、义乌市银监办升格，提升金融监管机构的监管层级和监管权限。

第四节　政保合作"琴瑟和鸣"

政保"姻缘"一线牵

浙江保险业在"十一五"期间的保费规模就已翻了一番，每万人所拥有的保险机构数量已接近发达国家水平，承担的风险保障额度超过

15万亿元，年均赔款和给付已达全省生产总值的1%。浙江保险业在支持地方经济建设、服务"三农"和中小企业、保障出口等方面发挥了积极的作用，有特色、有成效，有创新思路和办法。浙江保险业积极引导保险资金投资基础设施项目、参与金融企业改制，为地方经济建设提供了长期、稳定的资金来源，拓宽了直接融资渠道；坚持经济效益和社会效益并重，以"政府引导、市场化运作"为基本原则，开展各类支农支小的保险服务，为农村经济的健康稳定发展提供有力的风险保障，中小企业保险也取得了突破性的进展；运用"大树法则"来分摊损失，运用经济杠杆作用来化解矛盾，在灾害救助、调节社会纠纷、保障社会民生等方面具有不可替代的重要作用；2008年启动的被称为"宁波解法"的医疗责任保险制度和与人民调解相结合的医疗纠纷处理新模式，已在全省公立医院全面铺开，有效缓解了医患矛盾。全省大力推广的校（园）方责任保险，覆盖了全省在校学生总数的94%，在维护校园安全方面发挥了积极作用。

为了进一步发挥保险应有功能和作用，更好地服务全省经济社会发展，经浙江省政府同意，2009年省金融办与浙江保监局启动了保险创新试验区的申建工作，争取中国保监会能够安排保险改革创新的相关政策在浙江先行先试。2010年2月，浙江省被国家发改委确定为转变经济发展方式联系点。经与中国保监会沟通协商，将"保险支持经济发展方式转变"作为省部合作主题，以更好地推进浙江省综合配套改革试点工作，研究起草《中国保监会和浙江省人民政府关于推进保险业改革创新，支持浙江省转变经济发展方式的合作备忘录》，并报省政府和中国保监会同意。

2011年3月24日，浙江省政府与中国保监会在杭州签署《关于推进保险业改革创新，支持浙江省转变经济发展方式的合作备忘录》（以下简称《合作备忘录》）。浙江省省长吕祖善与中国保监会主席吴定富出席签署仪式并致辞。省委常委、常务副省长陈敏尔主持仪式。

吕祖善指出，省部携手开展合作，推动保险改革创新，是在浙江经济转型升级、产业结构调整的关键时期作出的重要举措。下一步，省政府将继续加强与中国保监会的交流与合作，全面落实《合作备忘录》的相关内容，加大力度推出符合浙江特色需求的保险产品和服务，加快建立保险行业与地方经济互动发展的长效机制。

吴定富指出，《合作备忘录》的签署，是新时期深入学习实践科学发展观的重要举措，也是现代保险与地方经济互动发展的一次有益探索。下一步，保监会将坚持高起点规划、高标准建设的原则，加快落实《合作备忘录》的约定项目，全力推进此次保险支持经济发展方式转变合作，以有效的措施助推浙江经济实现又好又快发展。

根据《合作备忘录》的约定，双方将建立工作联系机制，重点在保险服务领域、保险资金运用、保险管理模式、保险发展环境等方面取得突破。合作中，浙江省政府将加大对保险业发展的支持力度，更加主动地运用保险工具改进社会管理和公共服务；中国保监会将安排保险业改革创新试点政策在浙江先行先试，支持在浙江保险企业加快建立特色保险产品服务体系。

签约仪式上同时还签署了三个配套项目协议：中国出口信用保险公司浙江省分公司与舟山市政府签署了支持海洋经济发展的合作协议，中国人寿浙江省分公司与衢州市政府签署了城乡居民养老保险服务合作协议，中国平安保险集团与淘宝网签署了网络保险合作协议。

为贯彻落实《关于推进保险业改革创新，支持浙江省转变经济发展方式的合作备忘录》精神，交流各地政府开展保险工作的有效做法和经验，推动落实一批支持我省转变经济发展方式的重点保险合作项目，浙江省政府于2011年8月4日在杭州召开全省保险工作经验交流会暨首批保险合作项目签署仪式。省委常委、常务副省长陈敏尔出席会议并讲话。会上，富阳市、慈溪市、嘉善县、义乌市、景宁县围绕运用商业保险促进公共管理、健全政保合作机制、服务地方经济发展等方面作了典型交流；人保财险浙江省分公司、中国人寿浙江省分公司就配合地方政府开展工作、投身地方经济社会发展事业进行了交流。

会上签署了首批七个保险合作项目，涉及保险资金运用、保险参与社会民生建设、社会管理及承保重大工程建设等领域。同时，筛选了一批涉及基础设施建设、产业集聚区、海洋经济、保障性住房等领域的保险资金投资项目，总融资额超千亿元，并专门邀请了14家保险总公司和保险资产管理公司到会并予以推介。

"省十条"筑起"婚介"平台

2013年浙江省金融办会同浙江保监局、浙江大学经济学院、中国人保浙江分公司、中国人寿浙江分公司组成课题组，着重围绕保险服务经济转型发展、社会风险管理、民生保障等领域的焦点和难点问题进行了调查研究，提出相关政策建议，完成《保险支持浙江经济社会发展研究》报告。

课题组研究认为，全省保险业快速发展，近五年全省保费规模年均增长14%，2012年保费收入达到984.6亿元，居全国第四位，保险资产已突破1000亿元，保险市场体系逐步健全，风险保障和服务能力不断提升，在全国率先采取共保体模式开展政策性农业保险，承保险种为全国最多；率先开展小额贷款保证保险试点工作，探索出政府、银行、保险合作解决中小企业及创业者抵押担保难的融资模式；率先成立了全国第一家农村保险互助社。同时，通过试点开展承运人责任险、校（园）方责任险、医疗责任险、环境污染责任险、补充养老保险和补充医疗保险等，在社会风险管理和民生保障领域引入保险机制。

不过，总体上浙江保险业的发展质量不够高，保险深度低于全国平均水平，行业仍处于粗放式发展、同质化竞争的阶段，车险占财产险的比例高达76%，责任险、信用险等险种发展滞后，保险参与养老、医疗等社会保障体系建设的层次偏低，保险功能尤其是风险管理和保障功能发挥不够，对地方经济社会发展的融合度、服务能力不足，亟需通过强化政府引导和行业提升发展，推动保险业在现代金融体系、社保体系、农业保障体系、防灾减灾体系、社会保障体系等五大体系中发挥作用，更好地服务全省经济社会发展大局。

随着经济社会体制改革和转型发展的深入推进，保险作为市场经济体制下风险管理的基本手段，面临着广阔的发展空间和更高的发展要求。一方面保险行业自身要深化改革，更主动地将行业创新发展与地方经济社会发展融合起来；另一方面各级政府要懂保险、用保险，更好地利用保险的市场化机制来提升社会管理水平。因此，课题组建议浙江省政府制定出台《关于加快保险业改革发展支持地方经济社会建设的实施意见》，进一步明确保险在地方经济社会建设中的特殊作用，重点在农业保险、责任险、医疗和养老保险、巨灾保险、服务中小企业和科技企业的保险创新产品、保险资金运用等领域提出有较强操作性的政策意见，加强政保合作，推动保险产品创新，拓宽保险服务领域。

在前期系统调研的基础上，浙江省金融办牵头研究起草《关于加快保险业改革发展　支持地方经济社会建设的意见》，于2013年12月报经省政府办公厅发文立项同意。

2014年8月国务院印发了《关于加快现代保险服务业健康发展的若干意见》，简称"新国十条"，从国家层面对保险业改革发展作出顶层设计。根据"新国十条"精神，9月2日浙江省政府下发《关于进一步发挥保险功能作用促进我省经济社会发展的意见》（简称"省十条"），成为全国第一个出台贯彻落实"新国十条"的省份。

"省十条"的主要内容是：

——强化一个共识。主要体现在第一条"充分认识保险业在支持我省经济社会发展中的重要作用"，即要进一步明确保险作为市场经济条件下风险管理的基本手段，在经济转型升级、社会治理创新、民生改善保障中的重要作用，促进政府、保险机构、社会公众等各方形成共识、凝成合力，将保险机制纳入到全省的综合治理体系，更好地运用保险工具来增强政府和各市场主体管理风险、履行责任的能力。

——明确一批重点项目。即立足浙江的实际情况，推动在社会公众迫切需要但又无法完全商业化运作的领域开展政保合作项目，这是推动保险纳入全省社会治理体系的具体抓手。具体包括：

完善农业保险机制，加强"三农"保障。深入贯彻落实《农业保险条例》，完善农业保险机制，重点推进地方特色农产品种植、农业设施、水产养殖等领域的保险，着力提高农业保险的覆盖面和风险保障额度；完善构成多元、覆盖面广、管理规范、工作经费支持的农业保险基层服务体系，进一步完善各级地方财政对农业保险给予保费补贴的方式、品种和比例。

大力发展责任保险等险种，促进社会治理体系创新。采取市场运作、政策引导、政府推动、立法强制等方式，大力发展责任保险，逐步建立起公共风险社会共担和市场化补偿机制。制定出台环境污染强制责任保险工作的实施细则；以地市为单位建立医疗责任保险体系；在全省公共聚集场所和易燃易爆危险物品生产、储存、经营等单位中全面推广公众责任保险；积极推动食品安全责任保险试点工作；开展社会治安综合保险试点。

充分发挥商业保险功能，完善多层次社会保障体系。支持保险机构通过经办、承保等方式积极参与医疗、养老等社会保险体系建设，积极发展各种补充医疗、补充养老保险产品。提高保险业参与新型农村合作医疗、城镇居民医疗保险的水平和深度；以地市为单位统筹开展大病保险；鼓励保险机构发展工伤等补充医疗保险，开发各种创新型补充医疗保险；完善城乡居民养老保险服务；完善农村居民、外来务工人员、未成年人、残疾人等群体的保险保障体系。

开展保险产品创新，促进经济转型升级。在全省范围内推广小额贷款保证保险，重点在产品开发、风险管理、专业化人才队伍建设、风险补偿方面加大工作力度、完善工作机制，扩大覆盖面；探索为私募债等提供担保增信机制；大力发展出口信用保险，探索建立由商务、海关、外管、信保等相关单位联合参与的信用风险预警信息平台；深化科技保险创新试点，继续推进重大装备及首台（套）产品质量保险和产品责任保险试点工作；探索建立区域性巨灾保险制度；引导、鼓励保险机构开发服务于专业市场、产业集群的保险产品，创新发展互联网保险。

推动保险组织创新，完善保险市场体系。完善并落实相关政策吸引各类资本参股或设立总部在浙江的保险法人机构，引导建立区域性、专业性保险公司。利用海洋经济发展示范区国家战略举措的资源、政策优势，争取设立专门服务海洋开发的综合性、专业性保险法人机构。争取设立专业性农业保险法人机构，扩大种植业、林业、畜牧业和渔业保险的覆盖面，提高保险服务能力。引导、支持省内已有的保险法人机构完善法人治理结构，增强综合实力，提升保险机构总部的集聚功能。稳步扩大农村保险互助社试点。吸引中小企业保险、互联网保险、保险资产管理等专营机构及地区总部、研发中心等入驻浙江，引进责任保险、养老保险等专业性保险公司在浙开设分支机构。探索发展相互保险公司、自保公司、保险合作社等新型保险业态。

拓宽保险资金投资渠道，提升保险资金运用水平。积极引入保险资金为全省重点项目建设和产业转型升级拓宽中长期直接融资渠道。建立保险资金投资项目资源库，形成保险资金与全省重点投资项目的常态对接机制。吸引保险资金以股权、债权、资产支持计划及参与或发起设立股权投资基金、产业投资基金等方式参与全省经济社会建设。探索保险资金通过投资私募债、优先股等新型金融工具，为全省实体经济提供中长期融资。建立多元化的保险资金投资增信机制，提高保险资金运用水平。

——建立一个机制。即在政府层面，各级政府和有关部门要加强领

导和协调，积极推进保险服务地方经济社会发展的相关工作，对每个重点政保合作项目，都明确牵头部门，同时加强保险的宣传教育工作，加大政策支持力度，完善法制环境；在保险行业层面，在浙各保险机构要增强服务地方经济社会的责任感，加大创新力度，提高服务能力，加强行业自律。

"政保合作"渐行渐近

为了贯彻落实国务院《关于加快发展现代保险服务业的若干意见》和浙江省政府《关于进一步发挥保险功能作用促进我省经济社会发展的意见》，立足于运用保险机制推动完善现代金融体系、促进经济转型升级、创新社会治理方式、提升民生保障服务，浙江省提出了十项举措及17个重点政保合作项目。保险作为风险管理的基本手段，推动开展政保合作既是深化保险业改革的着力点，更是创新社会治理体系、促进政府职能转变的重要抓手。2015年省金融办会同浙江保监局通过建立保险专家库和政保合作项目省级牵头部门联络人制度、召开保险专家对接会、开展摸底调研等工作，推动建立以政府引导和市场运作为原则、以具体项目为纽带的政保合作机制，更好地发挥保险服务经济社会转型发展的功能。

保险专家库制度和省级牵头部门联系人制度，是政保合作重要对接平台。各个保险专家项目组主动上门与牵头部门对接，提供保险专业方面的技术支持，牵头部门通过联合保险专家共同调研，组织课题研究，召开政保对接会、培训会等多种方式，为保险机制和政府的公共管理需求对接搭建平台，为开展政保合作打下扎实基础。截至2015年末，17个重点政保合作项目基本都已实现政保对接。

鉴于政保合作主要针对社会公众迫切需要但还不具备商业化运作基础或目前基础薄弱的保险业务领域，因此制定完善相关的政策意见、加大政策引导和支持非常重要。目前，农业保险项目已实现立法，2015年3月1日《浙江省实施〈农业保险条例〉办法》出台实施，成为全国首个地方版农业保险规章；生猪保险与无害化联动、环境污染责任保险试点、食品安全责任保险试点、大病保险、出口信用保险、首台（套）重大技术装备等六个项目相继制定出台相关的政策意见，巨灾保险、小额贷款保证保险等两个项目完成相关政策意见的起草工作，农业互助保险、高危行业安全生产责任保险、社区居家养老服务机构综合保险、残疾人保险等项目相关政策也在研究制订当中。这些政策意见，除了明确总体的政策框架和工作要求外，工作措施扎实有力，包括建立联席工作会议制度、确定试点方案、给予财政补贴等，其中在省级层面明确给予财政补贴的有农业保险、渔业互助保险、出口信用保险、气象指数保险、大病保险、小额贷款保证保险等六个项目，食品安全责任保险试点工作还被纳入了省政府对各地政府的责任考核体系。

2015 年农业保险、出口信用保险、医疗责任保险、城乡居民大病保险等四个险种已经实现或基本实现全省全覆盖，其中农业保险共有44 个险种，是全国险种最多的省份之一；小额贷款保证保险经过四年的试点之后将在全省进行推广；水产养殖互助保险、环境污染责任保险、安全生产责任保险、食品安全责任保险、政策性养老机构综合责任保险、残疾托养服务机构综合责任保险、首台(套)重大技术装备保险、专利保险、气象指数保险等九个项目已经开展试点。有的政保合作项目更是全国首创，形成了较好的示范效应，如生猪保险与无害化处理联动工作是浙江农业保险创新的一项重要成果，国家工信部、财政部和保监会依据浙江的试点经验制定了首台(套)重大技术装备保险补偿机制的相关办法，在全国给予推广。

根据分管副省长指示，浙江省金融办会同浙江保监局研究建立了全省保险专家库工作制度。经过多轮的讨论筛选，最终确定 77 名推荐人选进入首批保险专家库，并根据专业领域划分为 18 个项目小组（包括

17个重点政保合作项目小组及一个法律专家组），确定组长和联络员。

2015年12月9日，召开全省重点政保合作项目保险专家对接会，介绍全省重点政保合作项目保险专家库制度，交流了政保合作项目工作经验，并请各省级部门明确了牵头政保合作项目的联系处室和联系人，为各省级部门和保险专家搭建沟通对接平台。

首批全省保险专家库成员主要来自保险总公司、保险省公司、在浙高校及律师事务所等。从专业结构看，涵盖责任保险、信用保险、巨灾保险等相关领域，基本能够满足全省重点政保合作项目技术支持需要。从地域范围看，既有省内保险专家，也有省外专家、国内知名学者，符合专业领先、理论丰富、熟悉省情的基本原则，有利于专家咨询工作的开展。从职业特征看，既有保险从业人员，也有学者和律师，具有较高专业知识水平和丰富实践经验，能从多层次、多角度提出政策意见。

保险专家库工作职责，主要是负责协助相关厅局开展政保合作项目的调研工作，并提出建议和对策；为推进重点政保合作项目提供政策研究、产品设计、项目运作和事后评估的专业指导和技术支持；参与政保合作项目的宣传、教育和培训工作；参与省内保险重大课题研究及评审工作等。

保险专家库定期召开全体成员会议，研究、安排、总结专家组工作；与政保合作项目的牵头部门积极沟通、对接，组织开展调研、研讨活动，并提出建议和对策；建立信息通报机制，专家组开展工作所形成的调研报告、研讨意见和决策建议等，及时送相关部门参阅，并将专家组工作开展情况和有关成果通报省金融办和浙江保监局；专家组组长负责召集会议，协调日常工作；设联络员若干名，负责日常内外部联络工作和信息报送工作。

凸显"压舱石"效应

自2013年起，浙江省金融办已连续三年牵头召开全省政保合作对接会和推进会，推动发展一批政保合作示范区，为政保合作项目的有效落地提供条件。由于政保合作牵涉面较广、政策性较强，在落实过程中，不仅需要职能部门的积极推动，还需要地方党委、政府的大力支持。2016 年宁波已成为全国首个国家级保险创新综合示范区，嘉兴的科技保险、丽水的民生保险、义乌的国际贸易保险都在积极推进中。下一步，将突出重点区域，引导、支持发展一批具有特色的政保合作示范区，通过召开现场会、交流会等方式及时推广示范区的经验，逐步连点成片、覆盖全省。

紧扣现代金融体系建设，发挥保险业优化金融资源配置、推动经济提质增效升级的作用，支持转型升级"组合拳"。2009 年宁波、舟山率先在国内开展小额贷款保证保险试点工作，到 2015 年，全省 60 余个县（市、区）已开展该项工作，已累计帮助近 3 万家次小微企业、城乡创业者获得贷款 224.3 亿元。同时，积极探索农村"三权"保证保险贷款、电商渠道保证保险等多种模式的信用保证保险，为小微企业、城乡创业者提供融资增信服务。2014 年保监会在宁波召开了保险业支持小微企业发展暨"宁波经验"交流会，2015 年保监会再次召开保险业支持小微企业经验交流会，浙江省作交流发言。中国出口信用保险公司浙江分公司与 29 个县级政府开展小微企业联保合作，并探索为杭州跨境电子商务试点及义乌通等外贸平台提供保险保障，2015 年以来出口信用保险支持了 498 亿美元的出口值。率先开展首台（套）重大技术装备保险补偿工作，给予最高 80% 的保费补贴，并大力发展专利权质押保险，服务全省创新驱动战略。同时，积极争取保险资金支持经济建设，全省累计有保险资金债权投资计划 27 项，投资规模达 592.3 亿元。

紧扣社会保障体系建设，发挥保险业丰富社会保障层次、实现可持续发展的作用，促进公共服务均等化。建立全省统一的覆盖职工、城镇及农村居民的大病保险制度，并将 15 种大病治疗必需且疗效明确的高值药品纳入报销范围，有效提升保障程度。2015 年全省承保人数超过

2500万人，覆盖71个县（市、区），累计为8万多人次赔付4.5亿多元。报销比例在基本医保基础上提高了10~20个百分点，综合报销率能达到80%以上。在巩固现有960家社会养老机构综合保险基础上，着手开展社区居家养老服务机构综合保险试点，争取2017年实现全覆盖。残疾人意外伤害保险项目已覆盖60个县（市、区）34.4万名残疾人。老年人意外险项目已覆盖6个地市15个县市28万人。

紧扣现代农业服务体系建设，发挥保险业分散农业经营风险，促进农民增产增收的作用，支持"三农"发展。加强农业保险制度创新、品种创新和模式创新，着重推动扩面提标增品。浙江省出台《浙江省实施〈农业保险条例〉办法》，成为全国首个地方版农业保险规章；在全国率先启动茶叶低温气象指数、杨梅采摘期降水气象指数保险，新增10多个地方特色农业保险品种，成为全国农业保险品种最多的省份之一；农业保险共为385.5万户农户提供风险保障354.5亿元。同时，农机保险、家庭农场综合保险等涉农保险都在积极试点推广。2011年宁波成立了全国第一个农村保险互助社，村民投保率已达到70%，全国首家服务农民专业合作、供销合作、信用合作"三位一体"农村合作体系的农村保险互助社试点在瑞安正式获批开业。

紧扣国家灾害救助体系建设，发挥保险业防灾减灾，促进灾后损失分散的作用，提升灾害应对和救助能力。应对2015年的"灿鸿"、"苏迪罗"、"杜鹃"等强台风，全省保险业（不含宁波）灾前实地排查2万余户企业，发送各类预警信息1000多万条，使企业减少损失近4.2亿元，灾后及时定损3亿多元，为灾区恢复生产生活发挥了重要作用。宁波市积极开展巨灾保险试点，财政出资3800万元购买了6亿元的公共巨灾保险保障，在应对"灿鸿"台风中累计赔款2900多万元。在宁波试点基础上，浙江省研究提出巨灾保险试点方案，探索建立健全台风洪涝等灾害的巨灾风险分散机制。

紧扣社会管理体系建设，发挥保险业促进公共服务创新、维护社会和谐稳定的作用，加强和创新社会治理。在巩固环境污染责任保险、医疗责任保险等基础上，从百姓关心的"舌尖上的安全"入手，开展食品安全责任保险试点，为全省 5125 家食品生产、流通企业及餐饮食堂、农村集体聚餐点等单位提供风险保障 62.9 亿元。生猪保险与无害化处理联动"龙游模式"成为了全国典范，2015 年新扩面了八个县（市、区），从源头上有效杜绝了病死猪随意抛弃的行为。大力推广保险业参与交通事故调解"余杭经验"，成为新时期学习"枫桥经验"的先进典型。在全国率先探索保险纠纷诉讼与调解对接机制，浙江省被最高人民法院和保监会联合授予全国保险纠纷诉讼与调解对接机制建设示范单位。

第五节　县域金融创新发展的"浙江经验"

为了推进县域金融创新，根据浙江省政府办公厅《关于开展金融创新示范县（市、区）试点工作的意见》、省金融办《开展金融创新示范县（市、区）试点工作实施方案》，从 2010 年开始，浙江先后推出 12 个县域金融创新示范县（市、区），进行县域金融改革创新探索，各试点县（市、区）在金融领域纷纷探索适应本地经济发展实际的发展模式，形成了各具特色的金融发展之路。

余杭打造科技金融小镇

杭州市余杭区是阿里巴巴西溪园区的所在地，引领全球电子商务发展，同时也是众多科技型企业的集聚地，入驻的行业龙头企业有中国移动 4G 研究院、中国电信创新园、亚信联创等。2015 年 3 月，首届中国

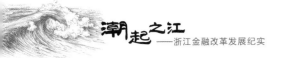
杭州财富管理论坛在余杭区召开，并成为这一论坛的永久举办地。

余杭区因地制宜，以章太炎故居所在的仓前古街作为核心区块，打造"天使小镇"，力求形成千亿级产值、以科技金融为重点的现代科技服务业基地。天使小镇将以培育和集聚天使基金为主要特色，重点发展科技金融、私募金融、互联网金融，构建覆盖企业各个发展阶段的金融服务体系。计划到2017年，将力争集聚互联网创业项目2000个，集聚基金（管理）及相关机构300家以上，实际资产管理规模达到1000亿元，金融资产总额超过3000亿元。

慈溪主打保险"创新牌"

慈溪市在农村大力推行保险互助社，向村民提供保险互助服务。经保监会批准，2011年9月，慈溪市龙山镇西门外村启动为期两年的农村保险互助试点，成立全国首家农村保险互助社——伏龙农村保险互助社，对村籍人口实现了全覆盖。互助社注册资本10万元，营运资金100万元，提供意外伤害险、家庭财产险、补充医疗险等三个险种服务。2015年伏龙农村保险互助社意外伤害险累计实现参保3608人、保费收入4.11万元，共理赔1笔，赔付0.1万元；家庭财产险实现参保1736户、保费收入4.92万元，共理赔4笔、赔付3.84万元；补充医疗险实现参保421人、保费收入1.05万元，共理赔31笔、赔付3.01万元。保险互助社运行稳健有序。

在总结西门外村试点经验的基础上，慈溪市在2013年7月进行保险互助社升级扩面，在龙山镇成立了首家镇级保险互助联社，同时将村级保险互助社拓展到下属八个村，实现从"点上试验"到"面上推开"的跨越，保险服务的受益人群和覆盖范围得到拓展。保险互助联社提供意外伤害险、家庭财产险等两个险种，2015年保险互助联社意外伤害险累计实现参保5076人、保费收入25.38万元，共理赔33笔、赔付3.2万元；家庭财产险实现参保 1762 户、保费收入 30.95 万元，共理赔 64 笔、赔付 28.89 万元。

慈溪市、龙山镇两级政府为互助社试点提供了一系列补助政策，如提供总额超过 500 万元的营运资金和开办经费，为居民参保互助保险提供每年 100 万元、为期两年的保费补贴，壮大互助社规模实力。

德清建设金融后台基地

德清县金融业有其鲜明的特点——

金融后台基地初具规模。德清县 2013 年 8 月被批准为浙江省长三角金融后台基地，并成功列入省第三批现代服务业集聚示范区，现已列入浙江省"十三五"规划重大项目。到 2015 年末，德清已引进浙江省农信联社金融后台基地、浙江农信学院、浙江省农信联社客服中心、工商银行浙江省分行业务处理中心、招商银行杭州分行金融服务支持中心等银行后台，IBM 全球融资部中国再制造中心、中国联通华东数据中心、德微淡竹软件园等金融后台支撑机构；已培育浙江普惠金融服务有限公司、德清民间融资规范管理中心有限公司、浙江佐力资本管理股份有限公司、湖州升华金融服务有限公司、德清县中小微企业转贷中心、浙江升华互联网金融服务有限公司、五农一体·丰收驿站等地方金融组织。

小额贷款公司率先境外上市。德清县选择上市公司的控股股东作为主发起人，设立五家小额贷款公司，总注册资本 22.08 亿元，2015 年累计放贷 46.22 亿元，贷款余额 25.18 亿元。同时积极利用资本市场做强做优做大，2015 年 1 月 13 日，"佐力科创小贷"在香港 H 股成功上市，成为全省第一家境外上市的小贷公司，也是国内第一家在香港 H 股上市的纯主营小贷业务的公司，"升华小贷"成功发行全国首批 5000 万元小贷公司定向债，并在全省率先发行 5000 万元资产证券化产品。"佐力科创小贷"获浙江省金融办及香港联交所批准，在全省率先开展小贷公司互联网金融试点。

嘉善引领县域科学发展

嘉善县创新农村产权"三权三抵押"金融支农机制，研发农村集体经济股权、农民住房财产权、农村承包土地经营权"三权"于一体的农村综合产权抵押产品。在农村三权"确权、登记、颁证"三到位的同时，同步实现了"权可抵押、权随人走、带权入城"，让农民权益在改革过程中不受侵犯。截至2015年底，已累计发放抵押贷款172笔，金额达2.005亿元，有效激活了农村沉淀产权。

在"三权三抵押"中，最具特色的是农村集体经济股权抵押贷款。全县117个村级组织完成集体经济股份合作制改革，对12.15亿元的集体资产进行清产核资，全面推行股权静态管理，并发放股权证，12个经济强村率先开展收益分配，年度分红总额达到1580万元。

南湖基金小镇

创建特色小镇，基金小镇先行。2010年12月，嘉兴南湖区获批成为全省首批七个金融创新示范区试点单位之一。南湖区委、区政府决定将要素需求较少、产出效应明显的股权投资行业，作为推进金融创新示范区建设的主导产业，并提出打造实体基金集聚地——"基金小镇"，在全国最早提出"基金小镇"的概念。

南湖基金小镇总规划面积2.04平方公里，位于嘉兴市东南区域核心地块，距嘉兴高铁站、沪杭高速公路出口均约2公里，区位优势明显。小镇重点以汇集创业投资企业、私募股权投资机构、投资人为主要招商目标，建立以股权投资基金为主体，银行、证券、保险、信托以及互联网金融等创新型金融机构并存的多元化金融组织体系。通过金融产业发展，带动基础设施联动，形成"基金小镇+财富聚集区"两个中心，配合"金融服务支持+综合服务支持"两个配套，着力承接上海金融服务业转移，打造长三角地区特色金融服务业集聚高地。南湖基金小镇在吸引投资产业集聚、服务区域实体经济发展等方面已经取得成效，截至 2015 年底，小镇已累计引进投资类企业 1282 户，其中投资类管理公司 210 户，注册资金 39.39 亿元；投资类合伙企业 1072 户，认缴资金 1500 亿元。

临海践行普惠金融

临海市积极培育新型农村金融机构，创新农村金融产品，建设便农服务网点，全面推进农村金融改革。2013 年 3 月，在涌泉镇梅峁村设立全国首家"农村小微金融便利店"，提供取款、存款、查询、咨询、贷款受理"五位一体"服务，村民办理基本金融业务不出村。同年 10 月，东塍镇岩二村开办第二家"农村小微金融便利店"。2014 年 2 月，开通了台州首辆金融流动服务车，通过 3G 无线专网平台，消除偏远山区柜面和自助金融服务空白，真正打通了农村金融服务的最后一公里。

第四章　钱江潮涌

——培育资本市场的"浙江板块"

最先的股份制改革还只是初露头角，远远望去不过是跃动于远方天际线的排浪，如同钱塘江口飘来一道似有若无的白练。然而，浙江金融业改革敢于弄潮，敢为人先，扣准"白练"隆隆推进的时辰，率先扑向波浪之巅。于是，当"白练"涌至眼前，变成"壮观天下无"的澎湃大潮时，幸运的弄潮儿奋然勇立潮头，昂首扛起了金灿灿的"浙江板块"大旗。

第一节　企业上市的"浙江加速度"

股改发轫"小试牛刀"

改革开放初期，各种形式的企业制度创新频频推出，亟待在坚持全民所有制或集体所有制的前提下推进国有企业改革。1992年邓小平南方谈话后，政府和社会各界达成共识：要想搞活国有企业，必须从产权制度入手，从所有制入手。而股份制是其中最有效的、最能被社会各界接受、实践中也最为可行的一种制度改革。自此，股份制改革开始从理论探讨真正进入大规模实施阶段。

浙江资本市场的起步，得益于股份制改革的先行和先试。浙江是股份制改革的发轫之地，一直走在全国前列。温州、台州是全省最早的股份合作制试验区。《公司法》颁布后，浙江大型企业股份制改革与中小型企业有限责任公司改制可谓风生水起、蓬勃发展。这与浙江市场化改革起步早的先发优势是直接相关联的。

从1992年国家出台《股份有限公司规范意见》和《有限责任公司规范意见》后，浙江省率先批准了首批九家规范化股份制试点企业，到年底批准设立了60家试点企业。1994年7月，又有63家企业改组为股份有限公司。1994年7月1日，国家颁布《公司法》，企业步入与国际惯例接轨的规范化管理时期。《公司法》在总结"两个规范性文件"的基础上，吸纳全国改革改制经验，对公司的设立条件、组织机构、股份的发行和转让、公司债券、破产清算程序及法律责任等作了较为详尽的规定，还规范了有限责任公司和股份有限公司法人治理结构，为股份制企业改制和资本市场发展奠定了制度性基础，大大推进了浙江省的股份制改制进程。

浙江省政府成立了股份有限公司改制领导小组，股份有限公司的成立需要省政府审批同意，并且严格限制在省一级的工商注册登记。自此，股份公司成为所有公司中最高层次、最新的组织形态，享有很高的社会地位。其他的中小企业则按照属地化，参照《公司法》的规范要求，实行有限责任公司改制。全省进入大规模实施县以下国有集体企业产权制度改革阶段。海正药业、华东医药等规模大、质量高的企业，先行选择股份有限公司作为组织形态进行股改。

其时，浙江的股份制改革呈现出以下特点：

——国有集体改革充分释放活力。产权制度的根本性改革，结合《公司法》颁布后尝试新组织形态的积极性，成为县域范围内企业微观主体走在全国前列的重要保障，成为浙江经济增长的强劲微观基础，发展动力、活力得到释放，奠定了体制性、机制性优势基础。

——"戴红帽子"企业的股改取得新突破。过去大多数借助国有或集体所有制优势或政策性限制设立起来的企业，重新进行历史还原和"脱帽子"工作，构建了产权清晰、明确的新型公司制度，在集体、企业、员工之间建立了以股权关系为基础的产权利益关系，逐步卸下历史包袱谋求新发展。

——探索构建工作推动机制。在培育后备企业资源工作中，一方面支持与鼓励龙头骨干企业加快股份制改造，另一方面加快建立后备企业资源库。各级政府深入一线、深入企业商讨指导，举办各种类型的培训、推介活动，加强与政府职能部门和境内外交易所、证券机构沟通联系，为企业上市融资牵线搭桥，扫除障碍。

——紧跟国家政策抓股改。1997 年科技部提出，在当前经济背景下要更注重科技企业的发展，并提出了"双高"论证制度，由科技部和中科院共同认定的符合"高科技、高成长性"的企业属于高新技术企业，高新技术企业发行上市不占计划指标。浙江省委、省政府高度重视这次机会，给当时的证券委办公室拨资金、扩人员，大力支持上市推进工作。由地、市、县推荐优质企业，证券委办公室工作人员进驻企业进行一对一辅导。各省上报的企业，由科技部、中科院等国家部委技术专家组成的"双高"论证审核委员会进行审核，取得"双高"资格的企业再进行股改上报证监会，证监会进行合规性、合法性的审核。

——上市工作初见成效。"双高"论证制度的实行把企业上市指标从行政审批转为半市场化，对企业上市也提出了公开的门槛要求。经过多方努力，浙江分两批一共上报了 12 家企业，分别是浙江阳光、上风高科、海正药业、浙江水晶、华海药业、新安化工、卧龙电器、天通股份、横店东磁、新合成、三花、万峰，审核通过了 11 家企业，占全国"双高"论证制度下上市企业总数的 1/7 左右。"双高"论证制度下,浙江大量优质企业的上市迅速提升了浙江企业在资本市场中的地位,民营企业上市发挥了典型示范带动作用,给浙江经济发展奠定了坚实的基础。

千方百计"开渠引水"

2000 年 8 月 7 日,浙江省政府企业上市工作领导小组办公室成立,这标志着全省企业上市工作迈上新的台阶。浙江上市办的主要工作围绕抓股改、抓上市培育、抓海外并购展开。

2003 年 5 月 26 日,时任浙江省委书记习近平到省体改办(省上市办)调研,他充分肯定全省上市工作成绩,提出要积极拓宽上市渠道,在国内外资本市场融资,这充分表明习近平同志的高瞻远瞩和浙江省委、省政府对上市工作的高度重视。从此,浙江上市工作驶入了快车道。

此时的中国股票发行制度也在发生历史性的变化,正式启动了以市场保荐制为主的核准制。核准制的实行标志着"双高"论证时代的结束,企业上市自此告别了行政色彩浓厚的审批制,一系列制度创新向民营企业伸出了橄榄枝。蓄之既久,其发必烈。作为民营企业集中而需求旺盛的浙江,因渠道逼仄、指标限制而长期酝酿、长期积蓄的上市热情空前迸发,一大批优质企业争先恐后地进军资本市场。

浙江省抓住契机,积极推动企业股份制改造,大力培育上市资源。一方面简化股份有限公司的设立审批手续,提高办事效率,另一方面大力举办各种上市推介活动。2002 年省政府主办了浙江省地方金融国际合作推介会。会上 60 多家境外知名金融、证券机构与省内金融、证券机构及优秀民营企业进行对接交流,不少项目达成了合作意向。自 2000 年以来,全省平均每年设立股份有限公司近百家,股份有限公司和拟上市公司家数位居全国前列。

虽然我国证券市场的发展几经起伏,但是浙江省企业上市保持了不

断增长的好势头。当国内 A 股市场发展低迷时，浙江上市工作部门提出"多渠道上市融资"，较早地实施企业上市"走出去"计划，引导民营企业赴中国香港、新加坡、美国、英国等地上市融资。

核准制推出后，浙江抓住核准制的机遇，积极推动企业主板直接上市。结合浙江民营经济发达的特色，选择条件成熟的重点联系企业，实行全过程跟踪指导服务。在推进上市过程中，充分利用全国各大券商的通道，使全省企业上市在核准制的条件下有了新的突破。

2001 年证监会出台了上市公司退市制度。退市机制的出台，让各省市上市公司的资产重组掀起了新一轮高潮，这为浙江企业买壳上市带来了难得的机遇。到 2003 年初，全省就有 14 家企业通过收购省内和海外上市公司，实现间接上市的目的。而且大部分企业买壳后，都注入了优质资产、高新技术和发展前景好的项目，实现了脱胎换骨的实质性重组。

此外，浙江还抓住海外上市的机遇，开辟企业进入国际证券市场的通道。培育了一批赴中国香港、新加坡乃至其他海外市场上市的企业。浙江省政府与中国香港、新加坡、纽约等多地签订了合作备忘录。先后举办了香港"浙江周"、美国加拿大证券市场上市融资研讨会、浙江·伦敦交易所上市推介会、东京交易所上市说明会、新加坡上市融资研讨会等海外上市活动，积极探索、开拓境外上市新渠道。2001 年浙江玻璃在香港成功上市，成为境外上市第一家民营企业。在浙江玻璃的上市带动效应下，出现了绍兴杨汛桥海外上市现象——一个乡镇，一下子冒出三家上市公司，而且都在海外上市，这在全国都是"第一"。2004年 5 月，稽山控股在新加坡主板市场成功上市，成为浙江省第一家在新加坡直接上市的上市公司。

第二节 民营企业蓄势待发

主动对接抢抓机遇

2004 年 6 月 25 日，深圳证券交易所推出"中小板"，这是我国资本市场发展史上具有里程碑意义的重要标志，也预示着资本市场由主要面向国有企业转向了国有和民营同步上市的新阶段。在中小板首批上市的八家企业中，浙江占了三家，而且都是民营企业。深圳证券交易所借中小板推出之机，将首期"地方政府上市企业培育工作经验交流会"特意放在浙江举办，以此表明对浙江上市工作的充分肯定和支持。

2005 年 4 月 29 日，中国证监会发布《关于上市公司股权分置改革试点的通知》，宣布中国资本市场开启股权分置改革。由于股权分置改革涉及多方重大利益，牵一发而动全身，其复杂性和难度有目共睹。浙江龙盛等 10 家上市公司进入第二批股改试点名单，拉开了浙江上市公司股权分置改革的序幕。浙江上市公司监管部门面对困难，尽力争先，使得股权分置改革在艰难的环境中实现突破，其中传化股份成为全国第一家完成股改的中小板上市公司，浙江中小板上市企业也成为全国最早完成股改的上市公司群体。

浙江作为民营经济大省，民营企业的发展一直走在全国前列，可以说撑起了浙江经济的半壁江山。浙江民企上市成为中国资本市场上一道靓丽的风景线。2005 年至 2008 年，浙江资本市场喜事不断，亮点频出。2005 年全省上市公司突破 50 家，2008 年突破 100 家。截至 2016 年底，浙江共有上市公司 411 家，其中境内 A 股上市公司 329 家，境外上市公司 82 家。A 股上市公司家数占全国的 12.7%，居全国第二位。

同时，出现了多个资本市场"第一"。2001 年 1 月，天通股份发行 4000 万股，成为中国第一家自然人控股的上市公司。由此，浙江在证券市场上以民营为题材出现了多个"全国第一"：第一个以自然人作为发起人的上市公司"浙大海纳"；第一个以自然人控股发起上市的公司"天通电子"……民营企业成了浙江拟上市企业的主体，民营概念成为浙江板块中最引人注目的亮点。

尤其值得称道的是，2014 年 9 月 19 日阿里巴巴在美国纽约证券交易所成功首发上市，融资额约 250.3 亿美元，一举创下了全球有史以来最大规模的 IPO，刷新了中国农业银行 2010 年创造的 221 亿美元的纪录。阿里巴巴也成为仅次于谷歌的全球第二大市值互联网公司。可以说，浙企上市历史上迄今最为浓彩重墨的一笔是由阿里巴巴写下的，同时这也见证了浙企境外上市的辉煌时刻！

自 2008 年国际金融危机以来，浙江经济发展进入了阶段性的结构调整期，经济发展的内在机理和外部环境发生重大变化。浙江作为资源和市场"两头在外"的省份，受国际金融危机冲击最早、影响最大、范围最广，也最为持久。症结在于浙江产业结构层次不高、企业规模偏小、产品层次偏低、生产力布局分散以及落后产能过剩和创新能力不强等矛盾和问题十分突出，尤其是前几年部分骨干企业受房地产和虚拟经济的诱惑，忽视主业发展和技术创新，深陷资金链、担保链困境而不能自拔，经营风险迅速暴露。从根本上看，这些问题都与公司制改造不彻底、股份制固有的功能性优势得不到充分发挥直接相关。

2009 年 10 月 30 日，筹备已久的创业板正式开板，首批 28 家企业集体亮相。浙江的银江股份、华星创业、华谊兄弟三家公司成功登陆创业板，跻身首批创业板上市公司行列。创业板的推出对浙江经济发展意义重大，可以说为浙江省委、省政府"创业富民、创新强省"发展战略注入了新的动力，为浙江产业优化、转型升级搭建了新平台。其不仅为一批优质企业开辟了新的融资渠道，筹措了发展资金，通过新兴行业龙头企业的上市，也带动了全省相关产业发展和转型升级。通过创业板上市，华谊兄弟、华策影视、宋城演艺、开山股份等浙江企业都成长为市值超百亿元的上市公司。

上市热潮的制度推手

浙江省委十三届二次全会作出了"干好一三五，实现四翻番"决策部署，提出了"经济持续健康发展"的战略要求，打造浙江经济升级版是实现这一决策和要求的重要支撑和保障。从浙江改革开放 30 多年来的实践经验看，经济的转型升级必须首先要实现企业主体的转型和升级，即必须建立在企业规范发展、结构优化和产业提升的基础上，这也是经济持续健康发展的基本前提。其时，浙江经济转型升级还缺乏一个领先型、支撑带动型龙头企业群体的引领和支撑。而这样的龙头企业群体必然是一批与资本市场接轨的规范运行的公司制企业，且绝大多数是上市的公众公司。

浙江省委、省政府提出的"大平台、大产业、大企业、大项目"发展战略，其核心正是连接一个"大企业"群体。没有大企业，就不可能有大项目落户，没有大项目支撑，真正的领先型、支撑型产业也无从形成。而没有大的产业、空有土地，资金也形不成真正的产业大平台。因此，抓住了龙头骨干企业群体，就抓住了经济转型升级的"牛鼻子"，而深化这一群体的股份制改造，充分发挥股份公司的制度优势，无疑是做大做强龙头企业群体的不二法则，堪称是如虎添翼之举。

在这样的背景下，浙江省金融办联合相关职能部门，召开全省深化股改现场会，深入做好典型宣传和面上推动工作。广泛收集具有代表性的股改案例，汇编成册，下发企业，信息共享，切实做好股改典型引导工作。以浙江股权交易中心为依托，开展企业股份制改造及区域性股权交易平台托管挂牌工作的培训会，邀请专家为相关企业负责人讲授股份制改造业务知识与优惠政策等。

同时，积极发挥券商、会计师及律师事务所的作用。发挥中介机构的主观能动性，借助专业及综合服务优势，支持证券公司、会计师事务所、律师事务所参与企业股改工作，各中介机构在提供高质量服务的同时，在服务性收费方面作适度的让步，与企业建立良好的合作关系，为后续进入资本市场提供相关专业服务。

用好私募股权及创投、风投机构的力量。股权投资具有的专家理财、战略发展及积极股东主义倾向，是促进股改深化，取得股改成效的重要保证。因此，做好与浙江股权交易中心的对接不可或缺。作为区域性场外资本市场，浙江股权交易中心是量大面广的优质中小企业投融资的主战场，切实发挥其中小微企业的集聚地、投融资行为集聚地、信息披露集聚地以及企业品牌宣传集聚地等独特优势，引导和支持会员单位积极投身股改工作。发挥浙江股交中心工作协调、业务指导、专业培训等功能，为会员单位提供强有力的支持与服务。

浙江省先后出台一系列政府法规，培育推动成长性好、发展潜力大的企业通过证券市场做大做强。其中，省政府在 2003 年出台了《关于加强证券工作的指导意见》；2004 年省政府办公厅转发省上市领导小组《关于进一步发展资本市场若干意见》；2008 年省政府又出台《关于进一步加强我省企业上市工作的意见》；2015 年为贯彻落实国务院《关于进一步促进资本市场健康发展的若干意见》（新国九条）文件精神，进一步发挥资本市场助推经济转型、产业升级的重要作用，省金融办联合浙江证监局出台了《关于发挥资本市场作用助推经济转型升级的若干意见》。

与此同时，充分发挥省级引导功能，根据资本市场改革发展需要，指导各市、县政府不断加大政策扶持力度，将原来仅针对上市的扶持政策拓展到股改、挂牌、上市、再融资及并购重组等各个环节，提高政策针对性和有效性，起到了很好的政策引导和保障作用。

全省各地市根据实际情况，先后推出促进企业改制上市的扶持政策，内容涉及资产确认、过户费用减免、优先享受国家及地方财政贴息贷款和技改贷款、政府对改制上市企业进行奖励等鼓励措施，加大税收减免等具体的支持措施，为企业上市建立绿色通道，分层、分批、分阶段辅导引导，形成了培育和推进企业上市的有效机制和良好氛围。

第三节　并购重组的前行逻辑

顺时借势推并购

根据全球企业发展转型的实践经验，企业转型可以分为内生转型与外生转型两类。内生转型，是指企业通过自主创新和自身力量实现产业转型，是一种渐进式的转型；外生转型，是指企业借助外部力量和外部创新资源实现产业转型。大范围的产业转型，主要通过政策引导、发挥市场机制和市场力量来推动，国际上大多数上市公司均通过并购进行资产重组的方式来实现外生性产业转型。

随着生产要素约束增强，劳动力成本不断提高，浙江大量中小企业价格竞争及供给过剩，导致平均利润不断下降。依靠劳动力低成本和产品低价格的传统中小企业，可持续发展的问题无疑更加突出。在经济发展转型和产业结构调整中，大量传统中小企业既面临如何维持生存问题，又面临如何实现有效转型的问题。近年来，相当多的传统中小企业难以依靠自身力量实现转型升级，中小企业转型升级需要外部力量推动。在产业结构调整中，中小企业转型升级的外部力量，一是依靠政府政策推动，二是依靠龙头企业和上市公司对存量资产重组推动。显然，鼓励浙江上市公司充分利用资本市场功能，充分发挥上市公司的技术优势和综合实力，对浙江产业集中度低的中小企业的存量资产进行并购重组，扩大企业生产经营规模，实现规模报酬递增，提升产业集中度，提高产业

整体经营管理水平的时机已经成熟。

一方面，伴随经济发展阶段从日用消费品加工业向重化工业转变，一部分传统行业中的中小企业已面临很大的生存压力。继续以原有高消耗、低工资、低价格取胜的模式已经难以为继，亟需寻求新的出路。对这些企业经营者而言，如何保证来之不易的创业资产保值、增值已成为最为紧要的事情。只要能做到这一点，企业哪怕是出让控股权或将资产拍卖变现也往往在所不惜。

另一方面，经过30多年的市场快速发展，在浙江各行业中已成长起来一批具有相当强的行业竞争力、规模和效益居行业前列的优质龙头骨干企业。这些企业借助于各种发展优势，特别是资本市场上市发行股票的先发优势，迅速迈上新的台阶，具备了展开行业性资产购并整合所需要的资本、资金、管理、品牌及人才等诸多优势。浙江已经具备大范围开展以上市公司这一优势企业群体为核心载体的产业购并重组的基本条件。

通过上市公司与非上市公司之间、上市公司与上市公司之间的兼并、联合、重组、参股、控股，使产品发展前景好、效益高、实力雄厚的企业得以向外扩展，增加生产能力，形成规模经济，改变产业组织结构，提升产业绩效，促进整个产业结构的存量优化。通过产业结构的存量调整，帮助衰退产业的资源有序地转向高增长产业部门，摆脱衰退产业的困扰，使产业结构尽快升级换代。同时，在增量调整、总量既定的情况下，加快高增长产业部门的扩张速度，以求加快产业结构的优化进程。

深化股改再出发

自2012年初，浙江省委、省政府提出"个转企、小升规、规改股、股上市"的系列市场主体升级工作举措，围绕提高"现代性"、"规范性"新要求，省金融办结合多层次资本市场建设需要，积极谋划、推动深化股改和对接多层次资本市场工作。

推动温州率先示范。2013 年温州市委、市政府制定出台一系列股改政策举措，全年新增股份制企业超过 100 家，占到全部股份制企业的 75%。至 2014 年末已新增股份公司超过 350 家，在全省形成良好的示范作用。

依托浙江股权交易中心平台推动股改。把股交中心企业挂牌范围从股份制企业扩展到非股份制企业，发挥股交中心会员集聚及专业优势，推动 100 多家挂牌企业股改、规范提升，其中挂牌企业长兴仁恒科技到香港联交所上市。2014 年在股交中心挂牌的企业超过 1500 家，其中成长板 220 家。

加快全省面上推动。2014 年 4 月，浙江省政府在温岭召开全省深化企业股改暨对接多层次资本市场推进会，总结交流股改工作经验与做法，提出全省企业股改三年工作目标任务和工作要求举措等，当年共新增 695 家股份公司（其中温州 230 家、杭州 150 家），新三板挂牌企业 71 家。每年制定下发年度工作要点，引导推动市县政府工作开展。截至 2015 年底，全省约 1/3 的市县对原有上市政策进行修改完善，加大对股改、挂牌上市及再融资、并购各环节的政策扶持力度；省、市县每年举办多轮股改、挂牌、上市及并购方面业务培训等活动；温州、衢州、丽水等把股改对接资本市场作为提升经济发展后劲、根本解决"两链"风险的重要举措；杭州、宁波、温州、金华制定对接资本市场三年或五年规划；宁波、绍兴、嘉兴、金华把并购重组纳入政府补助范畴。同时，各级金融办强化上市过程中的同意函、产权确认等服务，帮助协调解决上市困难和障碍。2013 年至 2016 年上半年，全省共新增股份制企业 2198 家，新增数占目前全省累计家数的 2/5；新增境内外上市公司 106 家，新增融资额 6778 亿元，是 2012 年底累计额（2915 亿元）的两倍多，且新增上市公司多数属于战略性新兴行业，具有很强的新经济带动力；全省新三板挂牌企业 668 家，浙江股权交易中心股挂牌企业 3331 家。

另外，上市储备资源丰富，在会审核加辅导企业有 230 余家。

新形势下，浙江推进股改深化主要突出以下着力点：

——着力于改善股东、股权结构。合理的股东与股权结构是企业规范管理、稳健经营的重要保证。借助股改深化，吸收企业中高管及骨干员工入股，吸引与公司业务发展紧密相关联的产业链上下游伙伴参股，既可增加企业的资本金规模，更重要的是可以发挥股东功能，保障后续股份注入的能力。得益于新资本注入，可以大大降低企业资产负债率，提升企业的信用等级，增强企业的财务安全性，提高企业抗击宏观调控和周期性波动冲击的能力。

——着力于完善公司的法人治理结构。以公司股东会、监事会、董事会和经营层为主要内容的法人治理结构，是龙头骨干企业规范运行、避免重大决策失误的重要保障。

——着力于推动企业与多层次资本市场的有机融合。企业做强做大做优，要真正实现跨国经营，离不开资本市场强有力的支持，这也是发达国家企业成长史上的重要经验。在股改的各类企业中，最强有力的一类，就应积极争取进入 A 股市场或有影响力的境外资本市场。暂不具备上市条件，推动其抓住"新三板"进一步扩容、区域性股权交易市场加快建设的历史性机会，主动争取成为其中一员。由此，省政府明确把浙江股权交易中心打造成为功能完备的区域性资本市场主平台，使之成为上市后备企业的集聚地。

——着力于企业发展和产业转型升级。股改要服务于企业发展，服务于地方经济的转型升级。对有一定规模但经营压力较大的企业，由地方政府统筹协调，发挥区域龙头企业及省内外上市公司的优势，围绕扩大规模、产业链延伸以及转型发展需要，支持其参与股改，通过控股、参股等方式实现对存量有效资产的整合。

——着力于增强企业股改的自觉意识。前一轮以明晰产权为主要目标的股份制改革，解决了谁所有、为谁干的问题，激发了企业主改制意识和经营热情。以上市为目标的改制，更唤起了企业主及管理层股改的主动性、创造性。

在 2012 年之后的新形势下，以培育大企业、提升现代性、增强企业核心竞争力为主要目标的股改，弥补了长期困扰骨干企业发展的股权结构、治理结构及发展模式等方面的缺陷，推动民营企业由传统家族管理模式向现代科学管理转变，解决其长期存在的长而不大、大而不强的现实问题。

搭建平台强服务

自 2013 年至 2016 年，浙江省政府连续四年召开全省上市公司并购重组推进大会，省政府主要领导和分管领导出席会议并作主旨演讲。同时会上进行并购重组政策解读，上市公司董事长现身说法典型并购案例，进一步营造浓厚的并购重组氛围，积极搭建平台推进并购重组工作。

——政策平台推并购。省级政策先行。浙江省政府积极营造氛围，借势借力，加强引导指导，推动上市公司并购重组次第展开。2010 年浙江省在全国较早出台了支持和引导上市公司并购重组的政策意见，强化工作引导和政策支持。2012 年以来，省政府连续三年召开专题会议加以推动，营造氛围、案例示范、搭建平台、强化服务，坚持股改并购两手抓，取得明显成效。

2015 年为贯彻落实国务院《关于进一步促进资本市场健康发展的若干意见》文件精神，进一步发挥资本市场助推经济转型、产业升级的重要作用，省金融办联合浙江证监局出台《关于发挥资本市场作用助推经济转型升级的若干意见》，在利用资本市场加快并购重组方面，提出要强化上市公司区域经济发展主力军作用，鼓励开展以整合资源、获取技术、人才、品牌、渠道为主要目的的并购重组，加快国有控股上市公司整体上市进程，依托资本市场发展混合所有制经济，提高证券化率。通过资产注入、置换等方式，引导可持续发展能力弱的上市公司进行主动重组，改善上市公司存量结构。鼓励民营龙头企业发起设立产业并购基金，发挥其资金、产业及管理的核心优势，积极鼓励省外浙商资本参与。对有利于区域产业整合提升的重点并购项目，各级政府要给予生产要素及政策支持。

市级政策叠加。在省级政策指导下，各级政府也不断加大工作推动力度，全省 11 个市级政府根据当地实际情况，纷纷制定专门政策和举措加以推动。比较典型的有：杭州对上市公司实施并购重组，并达到证监会关于《上市公司重大资产重组管理办法》规定的重大资产重组标准的，给予一次性 150 万元补助；宁波对上市公司开展并购重组补助标准为不超过企业所得税、增值税、营业税新增税收市级财政地方留成部分；温州鼓励民营龙头企业和域外温商资本参与设立产业并购基金；嘉兴明确上市公司采取定向增发等方式向控股股东购买关联资产且并购资产总额或资产净额或营业收入达到《上市公司重大资产重组管理办法》规定比例的，可享受当地企业上市相关政策；绍兴明确市区企业在其改制上市（或场外市场挂牌）过程中，因会计调整增加利润从而增加的税收，市本级地方留成部分给予全额资助。

——对接平台扶项目。突出项目对接和精准服务。在政府引导、专题会议动员等基础上，发挥政府公信力作用，牵头组织并购项目对接撮合和服务。依托国内外投行、股权投资机构、会计师事务所、律师事务所等在项目筹备和专业方面的优势，走出去、请进来相结合，每年分行业、分机构组织类型多样的并购项目对接洽谈活动。根据企业需求，2016 年 4 月，朱从玖副省长带队 40 多家省内上市公司和机构负责人，专程赴英国、德国和以色列进行项目洽谈和对接，组织了多场针对性项目对接活动，取得实质性成果。浙商创投在以色列项目路演时，就对其中一个医药生物项目感兴趣，当场深度洽谈合作方式，回国没多久就签约，交易金额 3000 万美元。赛伯乐与德国最大的风投机构 MIG 签订成立一亿美元的中德产业基金。政府组团大大提升境外并购交流规格和层次，有利于全面系统了解所在国产业、技术、法律等并购环境，同时借助政府公信力增强合作诚意、增加谈判成功率。

积极引进、培育各类市场主体。并购兴起最终要靠市场化力量。在省政府引导推动的同时，还积极鼓励国内及境外并购中介机构来浙江开展业务，与高盛、摩根、凯雷和中金、中信、华泰、财通、浙商、浙江股交中心等省内外机构开展广泛的业务合作。支持中国并购公会在浙江设立分会并开展交流服务活动，活跃并购市场。在组团出访基础上，组建由 10 个专业协会发起的跨境并购综合性服务平台——浙江省投资并购联盟，发挥资源和信息、专业优势，为上市公司境内外并购提供全方位、一条龙服务。

——组建产业整合平台。加快组建"浙商转型升级母基金"、"浙民投"、"浙商成长基金"等大型产业并购平台，按照政府引导、企业自主、市场运作原则，发挥政府、股东、产业及资本等综合集成优势，引导上市公司开展海内外产业整合并购。

2015 年 6 月，浙商转型升级母基金（简称"母基金"）揭牌成立，管理规模为 100 亿元，首期认缴 40 亿元。母基金是在浙江省委、省政府的部署下，由中国工商银行、浙江省金融控股有限公司及浙江省交通投资集团公司共同设立的。设立母基金的初衷是浙江省希望通过市场主体升级和上市公司的并购重组来实现提质增效，迈向中高端发展。母基金及其被投资子基金将推动产业并购重组，优先投资高新技术企业，包括医药健康、节能环保、消费升级、先进制造和互联网等行业，以及产业整合及并购项目和国有企业改革项目。

浙江民营企业联合投资股份有限公司（简称"浙民投"）是一家集聚浙江省优秀民营企业资本、金融资源的大型股份制产融投资公司。由浙江省工商联牵头，省金融办指导，工商银行浙江省分行配合落实，由八家浙江民营龙头企业和国内最大的基金公司之一工银瑞信于 2015 年 4 月共同发起创立，开启了浙江省民营资本在投资领域抱团发展、跨界经营的先河。

"浙民投"创始股东包括正泰集团、富通集团、巨星控股集团、卧龙控股集团、万丰奥特控股集团、奥克斯集团、圣奥集团、杭州锦江集团、工商银行旗下工银瑞信投资管理有限公司共九家企业，涵盖智能电器、新能源、通信、机械制造、汽配、家电家具、环保、医疗、金融等多个领域。首期注册资本 50 亿元，计划未来几年内分期增资，逐步增资到 300 亿元。

"浙民投"凭借强大的产业资本、金融资本和人才资本等多重资源，专注于先进制造业、高端装备业、新能源及环保、消费品及连锁服务业、医药及健康服务业等领域，采用"项目直接投资＋母基金投资＋市场化基金"的创新投资模式，撬动金融杠杆，与国内外著名投资机构合作，通过帮助企业兼并重组和产业链整合、直接参与国有企业混合所有制改造、培育战略性新兴产业等方式，逐步打造成为依托股东、立足浙江、面向全国及全球的大型产融投资集团。

2014 年以来，根据浙江省委、省政府"浙商回归"工作部署和要求，浙江省金融办联合省工商联等部门大力推动由复星集团发起设立浙商成长基金工作。该基金定位于产业引导母基金，通过嫁接复星集团海外投资能力和浙商的产业落地能力，积极参与浙江省产业投资，同时也作为浙商全球投资的"助推器"，帮助浙商出海。2015 年 9 月，浙商成长基金在杭州正式成立，该基金目标管理资产规模为 100 亿元人民币，首轮封闭规模 80 亿元，汇聚了政府引导资金、海内外知名浙商商会、浙江省行业龙头上市公司以及国内顶尖金融机构，其余部分于半年之内募集到位。

同时，浙江大力推动组建行业性并购基金，国务院国资委国新控股的国新国同基金、"浙民投"主发起设立的浙江丝路产业基金、迪安诊断主发起的大健康并购基金、浙商创投主发起的海吉康产业基金等，不断为全省并购市场注入新的市场化推动力量。

透视"上虞样本"的财富之谜

从 2000 年 3 月上风高科登陆深交所开始一直到 2015 年底，绍兴市上虞区 11 家上市公司和 4 家新三板挂牌企业市值达 1830 亿元，区域证券化率达 252%。上虞上市公司的经济数据彰显了它对上虞经济的卓越贡献。以 2015 年为例，上市公司地方税收占财政总收入的 29.5%，上市公司利润占规模以上企业利润总额的 48%，上市公司销售占规模以上企业总额的 32.2%，上市公司用工占规模以上企业总用工数的 36%。在上市公司的引领和带动下，2015 年上虞实现地区生产总值 725.94 亿元，同比增长 8.4%，增幅高于全省平均 0.4 个百分点，高于绍兴市平均 1.3 个百分点，居绍兴市所辖五县市区首位。实现规模以上工业总产值 1730 亿元，增长 8%；固定资产投资 485.06 亿元，增长 18.6%，其中，工业生产性投资 287.27 亿元，增长 18%。地区生产总值、规模以上工业总产值、固定资产投资、工业生产性投资、自营出口、工业用电量等主要经济指标增速居省市前列。上市公司已成为上虞区域经济增长和产业转型升级名副其实的"主引擎"。

上虞区内上市公司借力资本市场，紧紧围绕主业开展上下游整合，快速扩大资产规模，有效提升技术创新和管理水平，累计实施并购项目 63 个，涉及金额 135 亿元，卧龙电器、浙江龙盛、上风高科、世纪华通等境内外并购成效显著，成为区域经济乃至浙江经济的顶梁柱，在推动板块经济向集群经济演变过程中扮演着重要角色。上虞区在发挥上市公司主力军作用、推动区域经济转型升级方面进行了探索和实践，取得了明显成效。2015 年 5 月，浙江省政府确定上虞区作为全省上市公司引领产业发展示范区，进一步发挥上虞现有优势，集聚省内外更多资源，走出一条上市公司引领经济转型、产业升级的新模式来，并进行全省推广。

——借力"资本+"：以资本为纽带，以并购重组为手段，以提质增效为目标，加速市场化资源配置进程。截至2015年底，上虞上市挂牌企业完成并购重组项目64宗，总金额139.4亿元。其中，收购区内项目14宗、13.6亿元，收购境外项目7宗、29亿元，收购境内区外项目43宗、96.8亿元。呈现出以下几个特点：

并购重组规模大幅提升。从总量看，从2002年的6499万元大幅增长到2015年的139.4亿元。从增幅看，从2002年的6499万元增长到2015年的45.66亿元，2015年是2002年的70倍，13年间年均增长38.7%。

并购重组的形式和行业多样化。一是实施龙头协同式并购，做强做大主业。立足主业，实施精准并购，提升企业国际化和高端化水平。二是实施智力捆绑式并购，集聚高端要素。把目光聚焦在高端要素、智力资源的获取上，引进全球先进的技术、优秀的人才、高档的品牌专利。三是实施链条整合式并购，有效拓展市场。把握市场机遇，通过并购拓展市场、整合产业链，推动企业做强做大。四是实施跨界融合式并购，加快产业创新。主动适应"互联网+"的新经济形态，通过并购重组，推动跨界融合式发展。

并购重组的地域半径不断扩大。一方面立足上虞，利用上市公司自身优势，收购兼并本地企业，收购频次达15次，占总次数的23%；另一方面，以开放的视野走出上虞，走出浙江，走向境外，收购兼并香港地区企业2家，意大利企业3家，德国、印度企业各1家。

——聚焦证券化：上虞将企业规范化股改作为基础性工程，把企业梯队培育作为战略性重点，安排专项资金，扶持企业持续发展。从2014年开始实施创新成长型企业倍增计划，目标为年销售收入5亿元以上工业企业五年翻一番，扩大上市后备企业。目前上虞区被列入2个省级规范化股改重点推进县（市、区）之一，全区有股份制企业 55 家。

上虞一方面对接多层次资本市场，建立上市企业后备库，进行动态培育管理，2015 年启动实施企业上市挂牌三年倍增计划，全区现有 10 家企业启动上市准备，15 家企业启动新三板挂牌，58 家企业在浙江股权交易中心挂牌。另一方面，对接沪深交易所、银行间市场、区域资本市场等开展直接融资。三年目标为区域经济证券化率达到 300% 以上。设立 50 亿元产业并购基金，打造一批"顶天立地"的大企业大集团。目标到 2020 年培育营业收入 500 亿元级上市公司 3 家、100 亿元级上市公司 6 家，培育 3 ~ 5 家具有较强国际竞争力的全球行业龙头企业。

第四节　"浙江板块"的新景观

浙江上市公司姓"民"居多

截至 2015 年末，浙江省共有境内外上市公司 379 家，总市值 5.7 万亿元，累计通过境内外证券市场募集资金 8421 亿元。其中境内上市公司 299 家，数量居全国第二位，总市值 4.1 万亿元，累计募集资金 5122 亿元；主板 122 家、中小板 127 家、创业板 50 家，数量分别居全国第五、第二和第四位。

分城市来看，省内杭州市以 88 家的上市公司数量，列全国第四位，低于北京市、上海市和深圳市，宁波市以 45 家的上市公司数量与武汉市并列排名第九位。排除直辖市，浙江省是全国唯一有两个城市上市公司数量排名进入全国前 10 位的省份。全省共有 135 家上市公司，总市值超过 100 亿元，数量远超 2014 年（54 家），家数排名全国第三位，低于广东省的 222 家、北京市的 179 家。135 家上市公司分布在 27 个行业，其中电气设备、汽车、医药生物、化工、传媒和计算机行业均有 10 家以上（包含 10 家），海康威视以 1399 亿元的总市值高居省内上市公司榜首。

浙江省境内上市公司上市地点主要集中在深交所，共有 191 家选择在深交所上市，占比达 64%，截至 2015 年底，省内在深交所上市的公司总市值为 26438 亿元，占省内上市公司总市值的 64%。上市板块方面，省内共有 127 家公司选择在深圳中小板上市，占比 42%，122 家公司选择在沪深主板上市，合计占比 41%，50 家公司选择在深圳创业板上市，占比 17%。总市值方面，沪深主板以 17402 亿元的总市值排名前列，占比 42%，略高于中小板 42% 的占比。浙江省境外上市公司上市地点以亚洲为主，占比 66%，其他依次为北美洲和欧洲，在亚洲地区中，选择中国香港上市的公司最多，为 44 家，占比 56%，其他依次为新加坡、中国台湾和韩国。

2015 年浙江省政府提出发展信息、环保、健康、旅游、时尚、金融、高端装备制造等七大万亿产业，加快形成以高端制造业和现代服务业为主体的产业结构。截至 2015 年底，浙江进入七大产业的上市公司近 150 家，集中分布在医药生物、电子、传媒等行业，前五大行业占比达 54.%。2015 年七大产业实现营业收入 6504 亿元，以 49% 的数量占据了全省 58%；以 49% 的数量实现了 54% 的净利润。

省内上市公司以民营企业为主体，民营企业不论是在上市公司数量还是在营业收入等方面均占据主导地位。299 家 A 股上市公司中，共有 253 家属于民营企业，占比 85%，从总资产来看，民营企业以 85% 的公司数量提供了 78% 的总资产，总资产占比略低，主要原因在于省内民营企业大多在中小板上市，总体市值较低，在营业收入方面，民营企业占比 63%，占比同样略低，而在净利润方面，民营企业共实现 73% 的净利润，中小企业盈利能力 2015 年有所好转。

上市浙企"貌端体健"

稍有金融知识的人都知道，一个国家抑或地区资本市场的发育程度，既会对一家上市公司的成长命运产生决定性影响，又会对整个国家或地区的经济发展产生举足轻重的作用。

浙江省上市公司从零开始，由弱到强，迅速发展成为公司治理最规范、经营业绩最好、最具发展潜力的企业群体，在推动经济发展、产业转型等方面发挥引领和支撑作用，呈现出以下的"样貌体征"：

——以民营为主体，区域、行业分布相对集中。从所有制看，民营企业占主体，有 236 家，占比 83.39%；国有或集体企业 47 家，占16.61%。从地区分布看，主要集中在杭州（88 家）、宁波（51 家）、绍兴（43 家）、台州（32 家）等地，衢州（3 家）、丽水（2 家）、舟山（1 家）较少。超过 10 家的县（市、区）有 6 个，分别是滨江 32 家、诸暨 13 家、鄞州 12 家、上虞 11 家、萧山 10 家和北仑 10 家；5 至 10家的县（市、区）有 20 个。从行业分布看，分属 27 个不同行业，其中排名前六位的行业分别是机械设备（10.95%）、医药生物（9.89%）、电器设备（9.19%）、化工（8.83%）、纺织服装（7.07%）、汽车（7.07%），前六大行业以传统制造为主，数量占比 53%。

——融资能力强，资产债务结构合理。2009—2011 年，浙江省 56家上市公司通过再融资募集资金 461 亿元，平均每家融资 8.2 亿元。2012—2014 年，全省有 105 家上市公司再融资 1163.52 亿元。大东南股份在两年内实施两次再融资，补充资本金 19 亿元；森马股份在短短三年内首发和再融资募集超过 40 亿元，为公司实现跨越式发展提供资金保障；万向钱潮首发募资 1.14 亿元，而配股、增发及债券融资总额则超过 40 亿元；浙报传媒 2013 年增发 22.85 亿元，为实施对外并购提供充足资金。近七年间浙江省上市公司平均资产负债率（不含金融企业）分别是 57.44%、55.40%、51.85%、50.55%、51.25%、53.41%、

52.12%，呈逐年下降并趋稳定态势。正因为有了强有力资金补充和资本市场约束机制，2008 年来浙江发生部分企业资金链断裂、企业主跑路事件以及陷入资金链、担保链危机困境，其中几乎没有涉及上市公司。

——资本、盈利及投资能力强。与其他企业相比，上市公司通常资本雄厚、现金流充裕。据 2014 年年报数据，浙江总资产超过 100 亿元的上市公司有 28 家，总市值超过 100 亿元的有 54 家，净资产超过 50 亿元的有 23 家；营业收入超过 50 亿元的有 45 家，净利润在 5 亿元以上的有 30 家，持有现金在 5 亿元以上的有 111 家；每股收益在 1 元以上的有 26 家，净资产收益率在 10% 以上的有 116 家。全省上市公司平均每家货币资金达 7.05 亿元，10 亿元以上的超过 50 家，投资实力和潜力较大。上市公司募投项目都经过专业机构可行性论证、发改委立项和环保部门环保核查，具有较高的科学性、有效性。

——产业带动强，技术、人才、品牌等集成优势明显。浙江上市公司多为七大产业领军企业，目前与之相关的上市公司有 150 家。其中信息产业 24 家、环保 5 家、健康 25 家、旅游 1 家、时尚 13 家、金融 2 家、高端装备制造 80 家。这些上市公司往往是富有创新能力的企业群体，其中有国家级高新技术的上市企业 194 家，有企业研究院的上市企业 109 家，投入研发经费 207 亿元，占主营业务收入的 2.76%，本科以上学历员工 13.64 万人，占职工总数的 16.9%，其中研究生以上学历近 1.5 万人，占职工总数的 1.9%。这些上市公司还是实施"三名"工程的核心力量，2014 年有 22 家上市企业销售达到百亿元，45 家销售达到 50 亿元，有 84 家拥有"驰名商标"，有 170 家拥有"浙江省著名商标"，有 167 家的产品被认定为"浙江名牌"。

并购重组的"浙江实践"

在政府引导和企业发展需求等驱动下，浙江上市公司掀起了市场化并购重组热潮，"浙江板块"已成为我国资本市场一道靓丽的风景线，呈现出以下特点及趋势——

并购主体多元化。在 2010 年前，浙江省企业并购仅在万向、正泰、传化等少数资本实力雄厚的大企业集团内发生。近五年来，上市公司并购重组呈快速增长态势，数量、金额分别从 2010 年每年 80 起、122 亿元迅速发展到 2016 年的 355 起、1619 亿元，成为浙江省企业并购的主体力量。其中境外并购也呈井喷之势，2016 年有 36 家上市公司实施了 46 起、177 亿元金额的境外并购。目前，全省实施过并购重组的上市公司占全部上市公司的 85% 以上。

并购产业高端化。上市公司从内在发展需求出发，通过并购方式寻求技术、产业及商业模式的提升。近些年，全省机械电子、装备制造、医药化工等行业并购重组最为活跃，数量占全省并购重组总量的 40% 以上。围绕规模扩张、提高产业集中度为主的横向并购，进行产业链延伸、促进商业模式创新为主的纵向并购，以及横向、纵向相结合，以快速提升核心竞争力和综合实力为目的的混合并购，都开展得风生水起。随着新兴产业发展，围绕互联网、文化创意、传媒影视等行业并购也明显增多，2015 年、2016 年数量、金额增长较快，占比显著提高。同时，部分上市公司囿于原有产业发展受困，积极寻求跨界并购。由此，浙江以上市公司为主体的并购总体上呈现实体为主、产业多元、高端化的态势。

并购对象全球化。前几年国有企业发起的产业整合主要在国内。随着国家政策鼓励，尤其是证监会放松管制，民营上市公司发起的市场化并购大大突破所有制范围和区域、国界，省内与省外、境内与境外的并购同步增长。特别是近年来，在德国提出工业 4.0、美国提出制造业回归、我国提出工业制造 2025 等战略的推动下，浙江上市公司境外布局步伐加快，跨境并购成为了龙头骨干企业的首选，并购对象遍布美国、德国、英国、意大利、以色列等欧美发达国家。其中美国、德国较为集中，近两年浙江省上市公司在美国并购 18 起、德国 6 起，占海外并购总量的 30% 以上。

并购方式多样化。全资收购和控股型并购是当前并购重组最主要的方式。以参股或经营合作等方式也是部分不具备并购条件企业的首选方式，有企业形象地说，暂时不结婚可先谈恋爱，待时机成熟时再谈婚论嫁。同时，通过并购方式实现借壳上市、通过并购整合实现整体上市等都是前些年并购比较热门的方式。有的上市公司紧盯技术、人才或品牌等实施单项并购方式，有的注重技术、品牌、渠道等综合性优势实施收并购。从并购支付手段看，灵活、多样、高效，现金支付、股份支付、现金加股份等方式被充分运用。

浙江上市公司并购重组从学习模仿到娴熟运用，特别是对宏观形势研判、产业发展分析、政策法规把握、资本市场工具运用等水平以及并购驾驭能力显著提升，并购重组总体质量和效率大大提高，涌现了许多成功案例典范。呈现了全新的"转变"趋势：一是从机会型向主动寻求型的转变，许多企业根据自身发展战略，有针对性地选择项目开展并购，而不是被动等待偶然机会出现。二是从中、小项目向大项目、战略性项目的转变，平均标的金额从三四亿元人民币提高到五六亿元人民币，尤其是10亿元以上人民币的标的明显增多，5亿美元以上的关键技术、高端装备、系统集成等境外战略性项目逐年增多。三是从主要依赖自有资金、贷款资金向引入并购基金等金融工具综合运用的转变，通过与优势同行合作设立并购基金或发行并购债券等方式，大大提高融资效率并提供有效服务。四是企业从自身考虑纯粹选择项目向与地方经济发展紧密结合的转变，许多上市公司是引领区域经济发展的龙头骨干企业，并购标的选择更多结合地方经济发展的重点，发展目标与政策支持高度一致相吻合。

腾笼换鸟的"浙江路径"

浙江省积极探索的以上市公司为主体，以并购重组为手段，推动经济转型升级的新路子，已经产生了显著成效。

并购重组加速了产业技术升级。近几年，技术上已经达到一定水平的上市公司利用难得的国际经济调整机遇，对国际同行领先企业或在价值链中有特殊地位的企业，用较低的成本实施收购、控股或开展其他深度合作，迅速获取了技术、工艺及相关知识产权、品牌及客户资源。一是"乘势而上"并购国际行业知名企业。浙江龙盛收购德司达，吉利汽车收购沃尔沃，卧龙电气收购奥地利 ATB 电机，都是利用欧元区经济不景气，目标企业经营陷入困境或进入破产清算程序而实现整体并购的经典案例。二是"取人所长"并购产业链核心企业。沿产业链前后整合，发挥互补增强功能，提高产品系列化水平及行业竞争地位。宁波均胜电子 2009 年并购上海华德，扩张国内产品系列，2011 年并购德国普瑞，2014 年并购德国 IMA 公司和 QUIN 公司，实现了双方优势互补和资源共享，达成了从传统功能件到汽车电子的重大升级，协同作用快速显现。三是"快人一步"并购有核心技术的中小企业，或收购技术研发团队。三花集团并购核心产品领域四通阀专利原创者技术公司，获得了该公司多年积累的市场网络、技术人才和品牌价值等全部有效资产，确立了中高端四通阀领域的全球独家垄断地位，并为进入其他商用领域打下坚实基础。四是"曲线迂回"通过并购占领终端市场。借助并购进入全球终端配套体系，避开了贸易保护行为，获取了被并购方几十年甚至上百年才能积累起来的品牌和市场网络，发展跃上了新台阶。上述实践表明，在当前国内外经济剧烈调整时期，寻找合适先进技术及研发团队，实施快速并购整合，进而实现创造性模仿和自主创新，是优势企业赶上乃至超过国际同行先进水平的一条捷径。

并购重组促进了传统产业快速转型。产业转型既有围绕同心多元展开的，也有切入全新领域的。从某种意义上说，产业转型比技术升级的难度更高，挑战更大。浙江省传统产业通过并购提升主要有三种形式：一是切入国际同行制高点，实现产业转型。万向集团 2012 年成功收购在全球锂电池行业具有标杆地位的美国 A123 公司，获得了领先的锂电池核心技术，占据新能源汽车核心零部件市场的优势地位，是其向清洁能源产业转型发展的一个里程碑。二是利用已有产业优势，进入新的产业领域。万丰集团收购加拿大美瑞钉公司，快速进入镁合金领域，既强化了万丰在汽车轮毂领域的绝对竞争优势，又拓展了镁合金新的应用领域。最近，又成功收购美国一家民用飞机公司，在通用航空领域抢占了一个十分有利的战略位置。三是更替落后产业，倒逼业务转型。原有主业面临危机，或不再有竞争力，通过出让控股权或实质经营权，实现公司业务的转型。近几年发生的多数买壳上市、多起定向增发案例，多属此类业务转型。同时，无论是并购谈判环节还是并购后整合发展阶段，都在助推或倒逼收购方进行全方位转型。特别是在公司发展战略的重新定位、公司管理水平的提升、公司运行规范性和透明度、国际商业文化规则引入以及增强公司发展的自信心等方面，都收到了超预期的成效。

并购重组推动了区域经济集聚发展。上虞区、新昌县、海宁市、德清县、萧山区等上市公司数量多、质量较高的县市，频频通过上市企业实施并购，将国内先进的募投项目和境内外优质的并购项目引回本土，逐步形成产业链延伸投资及相关配套产业发展布局。主要做法是：一是将并购的核心技术和项目扎根本土。卧龙电气已将 ATB 公司部分专用大型高压电机、高效节能电机以及意大利 SIR 机器人项目落户上虞；浙江龙盛将染料尖端技术落户本地，已形成自成一体的化工城。二是带动本地企业整合发展。上虞区的浙江龙盛收购普信，上风高科收购专风，晶盛机电重组新汉和联丰，涉及金额 6.9 亿元，整合存量土地 619 亩。三是吸引部分配套企业及新兴创业创新企业集聚。新昌县万丰通用航空小镇、台州吉利汽车小镇、上虞 E 游小镇，集聚功能十分明显。从目前的成效看，以上市公司为核心支撑的产业集聚区已成为推动区域块状经济向产业集群发展的现实路径。

并购重组带动了大众创业万众创新。创业创新是浙江经济活力的来源,发展后劲的重要保障。从浙江实践看,通过上市公司并购重组中小企业,"以大带小"、"以强扶弱"是推动"双创"发展的重要力量。一是由上市公司并购"双创"优质企业,尤其是科技型中小企业及新商业模式中小企业,浙江的一些跨界并购已经推动了部分"双创"优质企业的跨越式发展。二是上市公司积极培育和介入新兴产业。由上市公司的控股方(集团母公司)按公司发展战略,储备主业关联产业中的新项目或下一步拟重点发展产业的新兴项目,既降低了培育经营风险,又可以配合上市公司的资本运作。三是设立专门的投资型子公司或并购基金。前几年以围绕主业拓展的 PE/VC 投资为主,近期出现了以同行业上市公司为主发起,共同设立行业性产业投资基金或并购基金的趋势。2015年设立的"浙民投"及 2016 年设立的大健康并购基金,都是代表性个案。从某种意义上说,浙江私募股权投资行业的快速发展,电子商务、互联网金融以及科技型企业发展的全国领先地位,其背后几乎都有上市公司的身影,资本市场演绎的许多精彩故事,其背后都有上市公司并购重组的推手。上市公司的资本实力、经营管理经验以及多年积累而成的品牌和市场渠道,正是初创型、成长初期型"双创"企业所急需的。而新兴项目的注入,也是上市公司获取新发展动能,保持在资本市场上活力,形成新竞争优势的新鲜血液。

并购重组提升了地方经济资产证券化水平。上市公司并购重组,特别是涉及国有企业的并购,是混合所有制改革路径之一,主要功能是把现有存量资产证券化,激活企业经营机制,在提高资产变现能力的同时,提前把潜在风险分散和消化。这对民营企业占大头的浙江省来说,尤其具有重要战略意义。一是巧妙"借壳"将主业资产整体上市。浙能电力以换股吸收合并东南发电的方式解决了东南发电 B 股历史遗留问题,成为国内资本市场 B 股转 A 股第一股,并实现集团电力主业资产整体上市。物产中大 2015 年率先完成整体上市,成为浙江"国企混改"第一股,通过供应链整合、产业链管理、价值链提升,形成互联网时代的现代流通企业生态链，打造流通 4.0 时代的新型综合商社。浙报传媒、华媒控股等三家文化企业都是通过借壳实现间接上市的。二是通过定向增发间接上市。在资本市场低迷期果断买入上市公司的控股权，再将集团相关资产及并购企业定向增发，实现间接上市。横店集团除横店东磁单独上市外，近些年连续收购了青岛东方、太原刚玉等省外国资控股上市公司，并分步将集团相关资产分门别类定增进入上市公司。尚未上市的资产，也将在今后陆续直接或间接实现上市，实现资源优化配置和整体资产证券化，有效提升集团综合实力和区域支撑力。三是由上市公司以折股、换股等方式收购省内存量资产，实现存量有效资产证券化。近几年此类并购案例明显增多，并购的标的规模也越来越大。浙江上市公司在数量上占优势，但单体规模普遍偏小，全省资产证券化水平仍偏低。借助资本市场大发展的良机，大力推动企业的混合所有制改革，迅速提高浙江经济的证券化水平，仍有很大空间。

规划蓝图的"浙江智慧"

2016 年召开的中央经济工作会议强调，要抓住和用好海外并购重组机会，推动价值链从低端向中高端延伸，更深更广地融入全球供给体系。要突出实体经济，突出技术、品牌、市场，不要醉心于收购那些浮财、虚财。浙江金融将坚定不移持续深入打好经济转型升级系列组合拳，注重"五个结合"，突出"五个重点"，进一步推进并购重组取得更大成效。

注重试点先行与面上推广的结合，推进绍兴市上市公司引领产业升级示范区建设。将上虞区上市公司引领产业升级示范区建设扩展到绍兴全市域，针对企业"两链"风险和银行不良率偏高的难题，充分发挥绍兴上市公司多、实力强等优势，拓思路、扬优势、补短板，积极探索依托资本市场和上市公司提升传统产业，推动区域科技创新的新的经济发展模式。同时，适时总结绍兴经验，向全省面上推广复制。

注重"走出去"与"引进来"的结合，推进并购项目、技术等高端要素回归。围绕"一带一路"战略实施，有节奏地通过跨境并购推动传统产业向外转移。同时推动以高端技术、高端人才和高端品牌为重点的跨境并购，大力鼓励把高端技术、人才和项目带回来，尤其要吸引重大项目在浙江落地。

注重境外并购与国内行业整合的结合，推进上市公司并购重组三年行动计划。当前，国内企业经营分化，特别是一些出现经营困难的大型企业，也是产业并购的难得机遇。为此，要抢抓机遇，制订全省上市公司并购重组三年行动计划，明确战略目标和具体要求、工作举措和保障措施，常抓不懈，努力培育一批具有较大市值、较强产业整合和国际化经营能力的跨国公司，更好地发挥并购重组对经济的带动作用。

注重市场力量与政府作用的结合，推进并购项目对接的常态化、机制化。政府、企业、中介机构等各方同向发力，共同推进。发挥好并购联盟作用，完善工作机制，调动各方积极性，整合资源、搭建平台、优化服务，协调组织系列专业性强、精准度高的交流对接活动。同时，经常邀请国外投行、专业投资机构带领境外企业和项目来浙江对接。

注重自身力量与省外资源的结合，重点推进并购重组工作持续深化。加大政策支持力度，将海外并购项目回归纳入浙商回归支持范围，重点加强对全省经济转型、产业升级具有战略意义项目的引进扶持力度，采取有力措施帮助海外并购项目在浙江的落地并得到更好发展。加强与中央部门、央企、金融机构、国内外知名中介机构的联系，争取更多省外资金、项目、渠道等资源参与浙江并购重组工作，提升全省并购工作总体水平和层次。

第五节　孕育"四板"市场

场外市场建设"踏浪而行"

　　20世纪90年代初，我国成立了上海、深圳两家证券交易所，但证券交易所的建立远远不能满足改革开放以来大量股份制企业上市的渴望及投资者的需求，尤其是无法解决法人股流通的问题，场外市场作为交易所市场的补充，成为这个时期社会广泛期待的一个市场。

　　浙江始终走在市场经济改革的前沿。1993年底，浙江省政府批准省体改办筹设浙江省产权交易中心，并于1994年4月由浙江省农发集团出资设立。这一阶段的浙江省产权交易中心的业务，主要是围绕国有、集体中小企业改制提供产权转让鉴证服务。当时转让的对象，主要是企业管理团队及内部员工持股，也包括外部的民营企业。

　　伴随着改制浪潮，1993—1997年国内陆续出现了区域性的场外交易市场，全国共成立了28家证券交易中心，100多个大大小小的地方性交易市场，入场交易的挂牌企业超过1000家，上百万的个人投资者在这些市场开户进行股票的交易，大量的内部职工股依托该市场实现股票的过户转让与交易，单日资金流量超过亿元，在有些市场中甚至出现单日交易量超过交易所市场的情况。

　　与此同时，由于场外市场没有统一的法律制度配套，各地探索的模式不尽相同，以致一度出现良莠不齐、无序竞争的混乱局面，特别是部分交易市场没有制度配套和监管，管理松懈，风险不断积聚，多地爆发了投资人集聚哄闹事件，危及社会稳定。1997年10月，为了防范和化解金融风险，国务院决定在全国范围内清理并关闭了地方性股权交易市场。1998年着手对场外证券交易进行清理整顿，国务院办公厅发布《转发证监会关于清理整顿场外非法股票交易方案的通知》，将未经国务院批准从事非上市公司股票、股权证交易的各类机构均视为"场外非法股票交易"。至此，各地场外市场的探索实践在清理整顿中戛然而止。

从蓬勃兴起到清理整顿，浙江产权交易中心仅历时三年多，却经历了波澜起伏的过程。然而，与全国各地同类市场一样，这段历史堪称弥足珍贵。无论从市场组织形态的变化，还是市场制度安排，以及政府对该类市场进行的管制，都是难得的观察样本。它集中体现了中国资本市场发展中制度变迁中的矛盾碰撞，也反映了政府对于市场监管及其政策思路的形成与转换的轨迹。

2003年10月，党的十六届三中全会作出《关于进一步完善社会主义市场经济体制的决定》，提出建立流转顺畅的现代产权制度要求。据此，浙江省政府决定成立浙江产权交易所有限公司，其组建成立、制度安排与运行方式，在充分吸取原浙江省产权交易中心经验教训的基础上，采取由省内行业骨干企业出资、国有民营混合、民营为主、均衡持股、市场化运作、政府监管的模式，于2004年8月开始运行，归口浙江省国资委管理。

2004—2008年，浙江产权交易所主要围绕国有产权交易业务开展，按照国务院国资委、财政部联合发布的第3号令及其相关规章运作，业务量得到明显提升。此后，随着国有企业战略性调整逐步到位，交易业务逐步回落。经过数年的发展，浙江产权交易所重新兴起，并在发展理念、运作实践和人才储备方面有了一定的基础，但同时需要寻找地方产权交易发展的新突破口。按照时任浙江产权交易所领导班子的说法，他们尝试将业务范围延伸到股权交易、物权交易、收益权交易等领域。

浙江经济最大的特点就是民营经济与草根经济，从某种程度上看，草根经济是被资源环境倒逼出来的，这是自下而上的改革，因此浙江从来都是创业创新的热土。早在1995年，浙江股权交易中心就按柜台交易方式进行了股份公司挂牌，开创性地探索和尝试股权交易。这次尝试促进了股权流动，没有发生金融风险和社会问题，但终因国家部署金融秩序清理整顿工作而不得不停止。此后,《公司法》相关条款明确规定,未经国家批准的股权交易场所就是非法机构。但浙江市场主体数量庞大,民间资金充裕,投融资活动活跃,未上市公司股份转让有着巨大的市场需求。2008年浙江省政府从市场需求和本省具备的条件出发,向国务院申请开展未上市公司股份转让,恳求试点地方要素市场建设的核心组成部分——区域性资本市场建设。

经过多次汇报与反复争取,中国证监会同意浙江在产权交易框架下开展未上市公司股份转让工作,同意浙江试点与沪深证券交易所在规范公司治理、培育上市资源等方面开展合作,但要求切实防止演变为非法股票发行和交易。由此,浙江成为全国唯一一个由证监会批复同意在产权交易框架下同意开展未上市公司股份转让试点的地区。试点工作虽然没有达到严格意义上的区域性资本市场目标,但无疑开创了股权交易试点的先河,是浙江省构建地方资本市场平台的重大突破。浙江省委、省政府对试点工作提出了很高的要求和期望,即依托浙江产权交易所,在全省统一交易规则、统一交易系统、统一信息平台、统一监管指导,联合省内具备条件的产权交易机构或公共资源交易中心,形成全省性企业资本配置平台市场,即各市、县进场企业直接面对全省投资人。

2010年浙江省未上市公司股份转让试点启动仪式在浙交所交易大厅隆重举行。浙江联强数控机床、浙江百诚集团成为首批进场的两家股份公司。试点工作引起了社会各界的广泛关注,两个月后,首家挂牌的百诚集团尝到诸多甜头,知名度大幅提高,许多零售商主动要求与公司合作,连银行融资的大门也宽敞了许多。

2012年3月,浙江产权交易所在正式开展未上市公司股份转让两年后,迎来中国证监会主席郭树清。郭树清对浙交所此项试点工作推进情况予以了充分肯定,并表示证监会将积极推动区域性股本转让市场建设,鼓励浙江积极推进试点工作。

跳出浙江，"试水"场外市场

尽管试点工作突破了传统产权交易的框架，取得了不俗的业绩，但股权流动性不高，融资功能不强，尚未形成通过培育规范为主板市场和创业板市场输送优质上市公司资源的机制，距离普适意义上的资本市场仍有较大的差距，未能实现资本市场重要塔基的定位，也没有从真正意义上解决浙江众多优质企业进入资本市场的难题。

从国外资本市场的发展看，成熟资本市场都是场内市场和场外市场共同发展，如美国的场外市场有公告板市场和粉单市场，韩国有自由板市场。因此，场外市场的发展是多层次资本市场发展中不可或缺的一环。特别是我国场内市场总体容纳度有限，因此场外市场的发展更为重要。从 20 世纪 90 年代场外市场兴起到被清理整顿，这项工作呈现出"一放就乱"的倾向，且容易造成系统性、区域性风险，因此选择个别地区进行试点是比较可行、稳妥的做法。

从各地比较来看，浙江无疑是最有可能获批开展此项试点工作的地区——浙江具有丰富的中小企业资源，浙江企业家的创业精神代代传承，培育出了众多具有竞争力、高成长性的骨干企业和特色企业；浙江民间资金充裕，民间投融资活动活跃，改革开放进程中积累了大量的民间财富，以温州民资为代表的浙江资本四处寻找投资机会，资本市场历来都是浙江资本投资的重要舞台；浙江是市场大省，在建设市场方面有着比较优势，开展未上市公司股份转让为浙江开展区域性场外市场积累了经验；浙江金融生态环境良好，浙江政府历来高度重视维护金融安全。

为了继续探寻区域性场外市场的发展道路，浙江省金融办提出，要在理论上、在国际经验上找到更充实的依据，依托浙江的实际，把这个构思和目标转化为可行的实施方案。于是，经过与国内证券行业的专家广泛交流、深入探讨，并得到了深圳证券交易所的大力支持，合作开展区域性场外交易市场的研究工作。

经过一轮轮的头脑风暴，浙江率先提出了建设区域性场外交易市场建设的方案，其目标定位是：面向浙江企业和浙江投资人，建立省内未上市公司股份合理流动、资金有效融通的地方性资本市场平台，切实解决中小企业的融资难题，合理引导民间资金转化为产业资本，为 VC、PE 等股权投资机构增加投资和退出通道，为全国性证券市场培育优质上市公司后备资源。其主要运行模式是：充分借鉴国际上比较成熟的场外市场经验，在中国证监会的指导下建设浙江省场外交易市场，专为浙江省内的未上市公司服务，进场门槛比主板、中小板、创业板或新三板都要低，对实收资本额、盈利能力等均无特殊规定，构建统一的报价转让系统，在股份统一托管的前提下实行传统做市商制度与协议转让相结合的交易机制，实行定向私募的发行制度，实行适度的信息披露制度，实行比较严格的审慎监管，将未上市公司股权转让纳入制度化、规范化管理，为投资者提供一个合法、安全、透明的股权交易场所。

在这个方案中，创新性地提出了低门槛入场，对入场企业的实收资本额、盈利能力等均无特殊规定，真正服务于中小企业，与证券市场形成层次差异；坚持边界锁定，即开展区域性场外交易试点要严格限定在浙江省范围内，进场挂牌企业要求注册在浙江省内，投资者要求注册或居住在浙江省内，坚决杜绝"监管套利"；坚持审慎监管，充分借鉴国际上场外交易市场的监管经验，建立审慎的事前、事中和事后的监管制度，切实防范各种风险，维护市场稳定，保护企业和投资者的利益。这充分体现了浙江探索金融市场改革的信心、勇气和决心。

方案制定后，浙江省金融办及时向证监会作了汇报，虽然由于场外交易市场改革事关全局，最终没有在浙江率先试点，但事实上在接下来的新三板扩容及区域性股权交易市场建设中都可以看到浙江场外交易市场试点方案的影子，试点继续在探索中前行。

由此，在开展未上市公司股份转让试点的同时，浙江立足把谋划区域性场外交易市场建设作为目标。特别是中国证监会主席郭树清亲临浙交所调研后，更加坚定了浙江发展区域性场外交易市场的决心和信心。

"四板市场"板上钉钉

2011—2012 年，国务院部署开展各类交易场所清理整顿工作，股权类交易场所成为重点清理整顿对象之一。浙江省政府在第一时间按照国务院文件要求落实有关清理整顿工作，成为首批通过检查验收的省份之一。与此同时，浙江在确保规范的同时，在浙江产权交易所非上市公司股份转让试点的基础上，紧锣密鼓地推进区域性场外交易市场的建设，促成浙江股权交易中心的成立。

2012 年 6 月，浙江省金融市场投资有限公司按评估价收购浙江产权交易所旗下的浙江股权托管服务有限公司，在此基础上联合上海证券交易所信息网络有限公司、温州市国资投资集团、财通证券、浙商证券等，组建浙江股权交易中心。发起股东中，既有省内金融国资企业、本土券商，也有上海证券交易所的下属公司。这是当时全国首个由国内证券交易所出资参与组建的区域性场外交易市场。

2012 年 10 月 18 日，浙江股权交易中心成立暨区域性股权交易市场启动仪式，在浙江人民大会堂隆重举行。省委书记赵洪祝、省长夏宝龙共同为浙江区域性股权交易市场开市鸣锣。畅想多年、期盼多年的浙江版 OTC（场外交易市场）蓝图终于变成现实。饶有意味的是，启动仪式上敲响的那面"开市锣"，堪称是上海证券交易所的"镇所之宝"，此前从未离开过上交所，而这次则是它第一回"走出"上交所在异地敲响，应运而生的浙江股权交易中心之受重视由此可见一斑。

在启动仪式上，省金融办主要负责人介绍说，目前浙江股权交易中心共有挂牌企业 55 家，总股本 38.53 亿元，总市值达 153.9 亿元；另有托管企业 156 家，私募债备案企业一家。浙江股权交易中心的破土而出，是继上海股权托管交易中心后长三角地区诞生的另一个重要区域性股权

交易市场，这将为浙江省内具有上市潜质的众多企业架设起一块连接沪深证券交易所的"跳板"。

相比浙江产权交易所之前所探索的未上市公司股份转让试点平台，浙江股权交易中心可谓是升级换代的新版本，其功能定位更加鲜明——

定位为私募市场。除因历史原因超过 200 人的股份公司及退市挂牌企业外，其余挂牌公司的权益持有人均严格限定在 200 人以内，交易方式则采用非集中方式。

定位为投资性市场。不追求交易规模和交易活跃度，而是主要吸引机构投资者和战略投资者参与，从而形成一个投资者市场而非散户投机市场。

定位为中小企业融资功能的发挥。充分发挥和利用市场平台的价值发现功能，通过股权质押融资、定向增资、私募债券转让及各类权益性产品，借助地方资本市场解决中小企业融资难问题。

此外，浙江股权交易中心坚持锁定区域边界，即进场挂牌企业以浙江本地企业为主，既方便信息对称，有利于投资者对挂牌企业的了解，也有利于防范和控制风险。

浙江大学经济学院证券期货研究所所长戴志敏评价说，浙江作为中小企业和民间资本的聚集地，浙江股权交易中心的成立不仅有利于中小企业的融资和股权债券转让，同时可以引导民间资金的投向，活跃浙江的资本市场。

先行者"吃螃蟹"的胆识

2013 年 10 月 18 日，浙江股权交易中心成立一周年暨创新板开板仪式在其交易大厅隆重举行。省政府副秘书长、省金融办主任丁敏哲代表浙江省政府致辞：通过一年来的运行，浙江股权交易中心市场融资功能进一步增强，已经实现了区域性场外交易市场的多个"第一"：第一个推出场外市场私募债，第一个推出小贷公司定向债，第一个推出优先股。而此次推出的创新板，不同于成长板，主要服务对象为未进行股改的企业，挂牌费用更低，挂牌门槛更低，对企业信息披露没有强制要求，主要是为更多的优质中小企业进入地方场外市场打开通道。

2015年10月，浙江股权交易中心经过三年的探索实践，已经成为国内区域性场外市场的佼佼者。三年间，共推动逾2000家企业实现挂牌，培育近30家优质企业进入高层次资本市场，累计实现融资近300亿元。这份成绩单，在大部分人看来已属不易，尤其是对政策限制较严的区域性场外交易市场而言。由此，也引来了一拨又一拨的兄弟省市同行纷纷前来学习考察。然而，省金融办等金融部门非常清醒地认识到，场外交易市场在交易功能、融资功能、通向高层次资本市场的转板机制、有关交易和税收的各项政策限制等总体环境方面仍然没有发生大的变化，这些因素始终制约着场外市场的快速发展。

要想有更大的发展，就必须打破条条框框，取得先行先试的"尚方宝剑"。为此，浙江省金融办发出深化改革的呼声："胆子要大一点，魄力要大一点，不要拘泥于小打小闹。"

2015年11月，证监会、上交所、深交所等各路资本市场高管和专家齐聚杭州，与浙江省金融办等金融管理部门共同谋划区域性场外交易市场先行先试问题。

一个多月后，浙江省政府正式向国务院行文请示突破有关现行限制性规定，创新性地开展场外市场建设试点工作相关问题。创新性地研究提出了区域性小微企业证券市场创新试点方案，通过充分发挥浙江优质小微企业多、民间资金充裕、创新创业活跃等优势，在现有区域性股权交易市场的基础上，进一步创新资本市场服务机制，建设立足于服务本区域小微企业，以直接融资、股权交易和规范培育为核心功能，以贴近企业、灵活高效、较低成本为主要特点，以促进创业创新、驱动经济转型升级为根本目标的区域性证券交易场所，构筑多层次资本市场体系的重要塔基。围绕这一目标定位，提出了建立企业挂牌分层服务体系、完善市场发行机制、建立差异化交易机制、发展灵活多元的融资工具、梯度对接全国性证券市场等 11 项主要任务和措施。在市场制度设计上，更是旗帜鲜明地提出不追求高流动性，坚持区域严格锁定、实施审慎监管和风险地方自担的原则，确保试点工作风险可防、可控。

这个方案相比之前区域性场外交易市场试点方案，更为科学严密，更富于创新性也更有魅力，对挂牌企业发行机制、交易机制、直接融资创新业务及税收政策等方面明确提出需要在国家层面突破，其难度不言而喻。对此，浙江省金融办认为，区域性场外交易市场试点始终要坚持"创新"这一核心原则，虽然真正实现创新突破还需要假以时日，但区域性资本市场建设试点终归需要有人"吃螃蟹"，需要有人坚持做下去。

第五章　"浙军"崛起

——快速成长的总部金融

　　金融大鳄向来把杭州当作财富演义的"福地"，没有哪家不曾赚得盆满钵满。孕育许久的浙商总部金融，吹响了浙商"航母"决胜蓝海的集结号，理所当然地酣畅分享后发优势和本土红利。壮如参天大树植根于深厚本土，细如滴灌系统铺陈于广袤田野。力拔头筹的压力，化作风雨同行的动力。从此，浙江金融业告别了风平浪静的海岸线，开启了波涛之间的壮歌行。

第一节　谋划"大金融"的"浙江格局"

　　杭州作为浙江省的政治经济文化中心，吸引了所有全国性中资商业银行入驻设立分行机构。有"杭州华尔街"之称的庆春路，西起湖滨六公园，东到钱江新城，云集了上百家金融机构——银行、保险公司、证券公司、信托公司、消费金融公司……基本上平均每隔 100 米，就有一家金融机构。2015年进驻杭城的金融机构较上一年新增35家，达到409家，其中外资金融机构有32家，银行机构又占了大头。香港恒生银行、新加坡星展银行、美国花旗银行、日本三井住友银行等外资银行纷纷入驻杭城。近年来，无论是中资银行抑或外资银行，不约而同地选择杭州作为业务拓展的增长点，造就了"来一家，赚一家"的"浙银品牌"现象。早在2004年，杭州就是国内银行不良资产率最低的城市之一，银行发展速度一直居全国领先地位，在杭各家银行连续多年盈利，效益和各项综合指标考核在各自总行系统中名列前茅，在全国省会城市中独树一帜。

近年来，浙江在传统金融业竞争力日益增强的同时，新金融发展的增长点加速形成，金融对GDP的贡献度不断提高，地方金融业高歌猛进，中国金融版图上浙江"金融高地"正逐渐形成。特别是互联网金融领域，形成了具有浙江特色、全国领先的新金融产业。一方面，浙江省互联网金融业态在各细分领域布局广泛、种类齐全、规模较大，基本实现了业务和客户的全覆盖，形成了全链条的互联网金融服务体系。另一方面，传统金融业嫁接互联网进程加速，省内银行、证券、保险等传统金融机构积极拥抱互联网，金融服务线上化程度显著提升，与互联网公司合作不断加深，为实现"弯道超车"创造了有利条件。

浙江经济发展快，消费活跃度高，经济内生增长快速，经济对金融支撑作用显著。省政府积极打造良好的金融生态环境，金融环境顺畅，经营环境诚信。蓬勃发展的民营经济，为金融业发展提供了源源不断的活力。浙江成为长三角地区金融高地，杭州等地区更是成为业内公认的"金融必争之地"。

不过，在外省市金融机构纷纷入驻浙江的同时，也带走了利润与税收，且由于文化差异、政策差异、体制差异等方面的原因，外省市金融机构不可能完全满足浙江经济发展的资金需求，尤其是在国家宏观调控的大背景下，外省市金融机构的服务品种取决于其总部的决策部署，唯有本省地方金融机构才能"熨平"不同时期金融服务的不平衡状况。

打造"浙商总部金融"是浙江省政府在《浙江省金融产业规划》中明确提出的着力构建五大金融产业中的重要举措之一，也是打造浙江"大金融"产业格局的着力点。做强做大"浙商"金融总部机构，有利于"把金融产业打造为七大万亿级现代产业之一"，也将进一步加快浙江省金融机构、金融市场、金融业务创新，推进金融产业实力强与金融服务实体经济能力强并重的"金融强省"建设。近年来，浙江省启动并持续推进钱塘江金融港湾、金融特色小镇等工程建设，打造区域资本集聚中心，对进一步做大总部机构"蛋糕"，提升全省经济中心城市的地位和知名度起到了重要推动作用。

2016 年 1 月 8 日，浙商银行、浙商证券、浙商保险、浙商期货、浙商基金等五家"浙商"金融总部，共同签署了《"浙商"金融总部联合宣言》，是"浙商"金融总部首次"试水"共同合作来打造浙江金融服务新高地。五大"浙商"总部强强联合，兴金融之业，蓄润泽之水，灌实体之树，扶经济之根，可谓意义深远。

第二节 本土银行的"浙江力量"

浙商银行——姓"浙"的全国性银行

2004 年 8 月 18 日，浙商银行在美丽的西子湖畔正式开业，不仅标志着浙江首家总部位于本土的全国性银行自此诞生，也开创了新中国历史上由浙江商人投资兴办股份制商业银行的先河，在浙江金融发展史上具有划时代意义。

浙商银行的前身为"浙江商业银行"，是一家于1993年在宁波市成立的中外合资银行，当时由于经营管理不善，积累了一定的金融风险。2004年6月30日，经银监会批准，浙江商业银行重组、更名、迁址，改制为现在的浙商银行，经过重新工商注册登记，于2004年8月18日正式开业，成为12家全国性股份制商业银行中的一员。取名"浙商银行"，既代表着悠远的历史传承，更凸显着鲜明的浙商品牌。浙商银行的重组改制充分利用了浙江良好的经济生态环境、灵活的民营市场机制与丰厚的民间资金优势，引入了民间资本，扩大了资本实力，转换了经营机制，构筑了以浙江民营资本为主体，具有鲜明混合所有制特色的多元化股权结构，并按照"产权明晰、权责明确、政企分开、管理科学"的原则，成功建立起市场化的现代企业制度，为日后长远发展奠定了坚实基础。

根据当时的经济金融环境及自身发展的需要，浙商银行提出并确立了"一体两翼"的市场业务定位，即以公司业务为主体，小企业银行和投资银行业务为两翼，成为引领日后十年发展的战略指导思想。借势中国银行业"黄金十年"的东风，浙商银行资产规模日渐壮大，业务基础日臻夯实，风险防控不断强化，实现了资本、规模、特色、质量、效益的协调健康，资产总额、各项存款、各项贷款年复合增长率均超过50%，营业收入、净利润、缴纳税收年复合增长率均超过70%，并在若干领域形成了富有特色的业务与管理模式。比如，在同业中率先构建一整套适合小企业业务特点的制度体系与业务流程，创新开发了"桥隧模式"、"一日贷"、"便利贷"等适合小微企业需求的特色产品，全面满足小微企业融资服务需求，资产质量连年保持优良，连续荣获银监会"全国小企业金融服务先进单位"、"小微企业金融服务表现突出银行"等荣誉。突破发展了信贷资产证券化、非金融企业债务融资工具承销、证券投资基金托管等投资银行业务，成为国内首家同时可为中小企业提供直接、间接和混合三种融资模式的商业银行，有效融合发挥智力、渠道和资金优势，着力发展真正意义上的投行业务，连续荣获"最具成长性银行投行"、"最佳创新银行投行"等荣誉。此外，浙商银行还率先在全国主要商业银行中全面实施经济资本管理，摒弃了传统的存贷款任务指标考核模式，建立了以经济增加值和经济资本回报率为核心的绩效考核体系，为全行良性发展提供科学合理的后台支撑。特别是 2016 年成功在香港联合交易所主板挂牌上市，成为当年港股市场首个募资金额超百亿的 IPO 项目，以非凡的业绩成就了浙商人的光荣与梦想。

2014 年浙商银行提出了"最具竞争力全国性股份制银行和浙江省最重要金融平台"的"两最"战略目标，以全资产经营战略迎接经济金融"新常态"，寻求在经济换挡期实现快速发展、弯道超车的道路。在全资产经营战略推动下，浙商银行的业务结构持续优化，逐步形成自身的特色竞争优势。公司银行板块通过迭代创新的流动性服务和全价值服务敲开了一大批特大型企业、优质上市公司的大门，"流动性服务银行"品牌打造初见成效，"涌金"系列池化平台产品市场反响良好。同业金融板块创新运用综合金融服务方式和各类金融工具，为客户直接投融资、产能整合、并购重组等提供系统化的金融服务，已成为该行拓展市场、服务实体经济的主要抓手。

浙商银行始终把立足浙江、辐射全国、全力支持经济社会转型发展作为战略重点。总行专门成立了服务浙江经济工作领导小组，先后出台一系列有针对性的指导性文件，并配套重点资源予以支持，已与全省 10 家地市和多家省属企业建立全面战略合作。同时，还创新运用多种服务方式支持浙江实体经济发展，包括与浙江省经信委等四方合作，制订智能制造金融服务方案，为省内传统制造行业转型升级提供融资支持；主动对接资本市场，积极介入梦想小镇、基金小镇等特色小镇建设，助力新兴产业成长；成立"浙商人才银行"，为省内"双千"人才创业创新提供针对性金融服务等，在深耕浙江市场、服务实体经济方面具有更多担当，荣获浙江省政府"金融机构支持浙江经济社会发展先进单位一等奖"。

凭借灵活的市场运行机制、成功的战略地理布局和良好的经营管理能力，浙商银行自2004年改制以来已发展成为一家基础扎实、效益优良、成长迅速、风控完善的优质商业银行。截至2016年12月31日，该行资产总额13548.55亿元，较上年末增长31.33%；2016年实现净利润101.53亿元，同比增长44%。在全国14个省（直辖市）设立了170家营业分支机构，实现了对长三角、环渤海、珠三角以及部分中西部地区的有效覆盖；同时积极推进香港分行筹建，全面加快国际化布局步伐。英国《银行家》杂志2016年公布的"全球银行业1000强"榜单中按一级资本位列第158位，按总资产位列第117位。中诚信国际信用评级有限公司给予金融机构评级中最高等级AAA主体信用评级。

浙商农信——农村金融的"主心骨"

1952年10月，浙江省第一家农信社——南山信用社，诞生于宁波市慈溪县（现属余姚市）南山乡。此后，浙江省农信社历经农业银行、人民银行托管等历史阶段。2004年4月，根据国务院《深化农村信用社改革试点方案》，将农信社管理交由省级人民政府负责，浙江省农信联社挂牌成立，承担对全省农信社管理、指导、协调和服务的行业管理职能。截至2015年末，浙江省农信联社在11个市设立办事处，辖81家县（市、区）行社（农信联社、农合行、农商行），机构网点4200多个、员工6万多人。

浙江省农信联社自成立以来，坚持支农支小经营方向，坚定不移走做强做优之路，全面推进战略转型和科技创新革命，大力提升风险管控水平，农村金融"主心骨"的地位与作用日益显现，成为浙江地方金融的半壁江山，是全省机构人员最多、服务范围最广、资金实力最强、对地方经济贡献最大、综合发展质量最优的金融机构。截至 2015 年末，存款规模达到 1.44 万亿元、贷款规模超 1 万亿元，均居全省银行业第一位，市场份额分别占全省的 1/6 和近 1/7；承担了全省一半的农户贷款和 1/5 的涉农、小微企业贷款；不良贷款率 2.02%，低于全省平均不良率，资产质量名列全国农信前列；"十二五"期间上缴税收 430 多亿元，地方经济贡献率居全省同业前列。

进入 20 世纪末，大型国有银行县和县以下分支机构数量大幅减少，农信社成为县级城市、乡镇以及农村金融市场的主角。浙江农信社与时俱进，围绕"农业产业化经营"，将支农重点从支持农业生产为主、农村商业为辅，转向积极促进农业支柱产业与区域结构优化，发展种养业与推进农产品加工、营销业，积极调整农业产业结构与发展外向型农业等领域；围绕"加快城市化进程"，支持小城市、小城镇承接大中城市产业转移，大力支持发展城郊型农业，农副产品产加销、贸工农一体化的效益农业，以及环保类、景观类的生态农业等特色优势产业。

为了切实改变农信社产权不清、所有者缺位、法人治理结构不健全等问题，浙江省农信联社按照浙江省委、省政府有关"在原合作制基础上引入股份制机制"的部署，推进股份合作制的产权制度，将全省 81 家农信社分为三个层次进行改革：一是组建农村合作银行；二是因地制宜、循序渐进地实现县级联社统一法人；三是改革不搞一刀切，部分农村信用社需要暂时保留两级法人体制。

浙江的农信社之所以实行股份合作制，主要是考虑农信社如何坚持为"三农"服务的方向等方面的问题。股份合作制兼顾了长远发展的目标要求与当时改革的可操作性，有利于分步实施改革，有利于平稳过渡。另外，实行股份合作制的农信社还可享受营业税、所得税减免等优惠政策。考虑到当时的省情、社情，选择股份合作制符合浙江农信社的历史和现实发展逻辑。

2003 年 4 月成立的中国首家农村合作银行——鄞州农村合作银行，

为全省农村合作银行改制提供了先行先试的范本。

在这次合作银行组建过程中，对原有农信社产权制度进行了扬弃，获得了效率上的改进。主要体现在：一是通过明晰产权、增资扩股，股东、员工的积极性得到了提高；二是产权明晰后，合作银行的经营自主权得到加强；三是采用规范的法人治理结构，合作银行经营活动和风险管理的规范化水平得到提高；四是通过强化员工培训和社区教育，合作银行的经营活动得到了社会各界的支持和认同。

与此同时，统一法人的县级联社组建也在有条不紊地进行。2004年10月，浙江省第一家县级统一法人联社——龙游县农村信用合作联社成立。到2005年底，随着慈溪农村合作银行开业，浙江农信系统率先在全国农信系统完成第一阶段改革任务，26家县（市、区）农村合作银行和42家县级统一法人联社全部开业，13家暂时保留两级法人的联社全部完成规范工作。

与体制改革齐头并进的还有专项央行票据兑付工作，帮助行社完善法人治理结构，转换经营管理机制，建立健全内控体系，清收盘活不良贷款，帮助农信社消化不良资产，轻装上阵。到2008年6月末，浙江省成为全国第一个实现农信社专项央行票据全部兑付的省份。

2008年为了应对国际金融危机，国家出台了4万亿信贷刺激政策，各地大型项目纷纷上马，银行信贷出现"井喷"。2009年11月，面对国内外复杂严峻的大环境，浙江省农信联社党委审时度势，激发内生驱动的原动力，提出"一条道路、两场革命"的战略构想。"一条道路"，就是走做强做优之路，这既是途径，更是目标；"两场革命"，即"战略转型革命"和"科技创新革命"，前者是农村信用社做强做优的根本路径，后者是农村信用社做强做优的强大支撑。

2013年初，浙江省农信联社提出实施浙江农信普惠金融工程，大力推进创业普惠、便捷普惠、阳光普惠，积极构建"基础金融不出村、综合金融不出镇"的服务体系。7月3日，正式启动浙江农信普惠金融工程；7月19日由浙江省政府转发《浙江农信普惠金融工程三年（2013—2015）行动计划》，将浙江农信实践已久的普惠金融事业上升到全局性、系统性、民生性工程的高度。

温润而泽，上善之行。浙江农信的业务转型，重点是在坚持支农支小方向的基础上，在服务模式、服务渠道、服务手段等方面做得更实更精更细。

——打造"小、快、零"的产品体系，重点推广丰收小额贷款卡、创业卡等拳头产品，不断优化贷款业务流程，引进微贷技术，依托信用评定大力发展小额信用贷款，积极发展理财、国际业务等新业务，有效满足"三农"日益多元化的金融需求。

——连续七年开展"走千家、访万户、共成长"活动，在农村基础金融市场上打出了"浙江农信"的金字招牌，打造知农情、接地气的客户经理、支农联络员队伍，客户服务更加高效。

——营业网点遍布全省城乡，提前全面完成了金融机构空白乡镇网点建设工作，打造丰收驿站等农信便民服务点，大力推广ATM、助农POS机、助农服务终端等服务机具，为全省老百姓提供了便利、快捷的金融服务。

——组织素质较高的行社领导干部和后备干部赴县市级团委挂职锻炼，开展行社骨干干部乡镇挂职锻炼，以挂职副乡（镇）长或助理、普惠金融特派员、指导员等身份进驻乡镇，进一步加强对农村市场的把握。

——围绕省委、省政府深化"三位一体"工作，各级农信机构加入农合联，为农民资金互助会及联合会提供开户结算、资金托管、渠道支持、信贷融资、业务指导、技术支撑、信息管理、财务顾问等服务，大力推进七个试点县和20个首批县相关工作。

在战略转型过程中，机制转型是关键。省农信联社组织81家县级行社借鉴现代银行的先进管理经验，在经营机制转型上迈出了坚实的步伐，初步形成了干部"能上能下"、员工"能进能出"、收入"能增能减"的人力资源机制,激励有效、约束严格的内控管理机制,以价值创造为导向的资源配置机制,形成了一批行之有效的做法和经验,强化了内部管理,促进了业务发展。

2005年4月,时任浙江省委书记习近平作出批示,要求浙江省农信联社党委按照《党政干部选拔任用工作条例》和《农村信用社改革试点实施方案》的规定,结合实际,积极探索,严格程序,精心组织,认真做好全省农村信用社领导班子配备工作,为确保农村信用社改革顺利推进打下了良好的基础,切实把农村信用社系统干部队伍建设好。

2015年浙江农信系统全面启动社区银行转型试点建设工作,不断探索强化金融与社区、金融与科技的融合,积极探索社区生态圈的构建,先后推出"丰收购"电商平台以及"丰收家"社区O2O服务平台。"丰收购"是为浙江本地名特优农副产品和工业品实现销售、购买、支付结算、消费金融等功能而打造的金融电子商务平台。平台立足浙江本地,主打农副产品、农家乐、农资等"三农"产品,是清晰定位于特色化、精品化、差异化的垂直型B2C电商,并且通过线下2万多家农信便民服务点,打通浙江农村"最后一公里",为农村电商创业者提供了功能强大的一揽子服务,为"三农"互联网创业注入了强劲活力。

浙江省农信联社依托科技创新、自主创新,相继成立科技服务、电子银行、清算、资金营运、教育培训五大中心,以其为核心全力打造功能强大的公共服务平台,满足基层行社业务快速发展的需要。

现代企业的创新,是对未来的预见。早在2005年,当全国农信社还未普遍认识到银行卡将对业务发展产生重大影响时,浙江省农信联社电子银行中心就自主研发了全国农信社第一张省级品牌银行卡——丰收卡。其中丰收社保(市民)卡平台搭载医保、社保、公交等特色功能,发行量居浙江银行业第一。发挥业务资源和议价优势,推出医院绿色通道、汽车道路救援、文化礼包等增值服务,在全国率先推出NFC手机支付业务,帮助行社提升客户服务品质。同时建立了包括电话银行、网上银行、手机银行、微信银行在内的"丰收 e 网"电子银行服务体系，提供全天候不间断的服务。

同时，浙江省农信联社 2005 年启动了新一代核心业务系统研发项目，2008 年全面上线，浙江农信实现了全系统数据大集中。2013 年又上线大总账、信用卡、综合前端三大系统，实现核心系统"瘦身"，至 2014 年日均业务量达 1035 万笔，峰值业务量达 2318 万笔，超过多家全国性股份制银行，完全能够满足行社当前和未来一段时间的业务发展需要。

农信社产权制度改革是不断完善、逐步推进的过程。浙江省农信联社始终坚持在浙江省委、省政府的正确领导下，积极稳妥推进产权制度改革，并全力维护农信体系的完整与稳定。

2011 年 3 月 12 日，国内综合实力最强、规模最大的农村合作银行之一——杭州联合农村合作银行，成功改制为股份制商业银行，完成了又一次华丽转身。改制前的杭州联合银行早在 2006 年 7 月与荷兰合作银行、国际金融公司签署战略合作协议，成为国内第一家引进外资股东的农村合作银行。2008 年 4 月又作为主发起人，在长兴建立了浙江省首家村镇银行。

改制后的杭州联合银行在浙江省农信联社领导下和浙江省援疆指挥部协调下，于 2011 年 12 月在新疆阿克苏市组建开业杭州联合银行阿克苏分行，这是浙江农信社金融援疆的一大举措。

浙江省农信联社持之以恒地推行行社产权制度改革，在全国率先完成第一轮股份合作制改革后，省农信联社根据省委、省政府统一部署，加强与省金融办、省财政厅、人民银行、银监局等有关部门的沟通，于 2012 年联合下发《关于推进我省农村合作金融机构股份制改革的若干意见》，明确"城区机构不合并、法人层级不上收、推进改革不折腾、跨区经营不盲目"的"四不"原则，指导县级行社强化服务"三农"和小微企业的经营方向，采取"简单翻牌、定向增股、暂时保留"等三种方式，积极稳妥推进股份制改革，实现了"两个确保"。即确保支农支小方向不动摇，真正做到"改制不改根、换牌不换心"；确保农信体系完整，"小银行、大后台""小机构、大系统""小贷款、大市场"的格局全面形成。目前，全系统股份制改革试点行社已挂牌开业 38 家。

城商银行——"小不点"的大生意经

如果说浙商银行是浙江本土银行当之无愧的"领头羊"，那么 13 家分布在各地市的城市商业银行无疑就是紧跟其后的"群羊"。虽说与国有、股份制银行这类大银行相比，其"个头"显得不起眼，但"五脏俱全"，且各具特色和优势，有的甚至拥有与众不同的"独门绝技"，成为浙江金融业服务实体经济、支持转型升级不可或缺的一支有生力量。其中，杭州银行、宁波银行堪称是浙江城商行群体中的佼佼者。

杭州银行：专注科技 + 文创

由于历史原因，城市商业银行大多承接了城市信用社时期形成的巨额不良资产。为化解包袱，轻松上阵，杭州银行在坚持发展的同时，以创新思维寻求处置与化解风险的方式。在当地政府和监管部门等支持下，2001 年 8 月杭州银行创造性地提出"资产置换"的方式来处置历史遗留问题，以时间换取空间，抢抓市场机遇。这一新模式不仅解决了杭州银行的发展困境，更是为全国 100 多家城市商业银行处置和化解历史遗留不良资产提供了"范本"。2003 年 10 月，杭州银行首次面向市场、向民营企业募集资本，形成了国有资本、民营资本、自然人股东等多个主体构成的多元股权结构，形成了国有资本、民营资本、员工持股构成的相对分散、相互制衡又较为合理的股权结构，并逐步建立起市场化的经营机制。2005 年 4 月，杭州银行引进境外战略投资者澳洲联邦银行，成为浙江省内首家引入境外战略投资者的城市商业银行。2007 年 6 月，杭州银行第一家省内分行——舟山分行开业，首度实现跨区域经营，实现向多城市经营的区域性银行转变。

步入"十二五"以后，面对利率市场化推进、金融脱媒化等多因素叠加影响，银行同质化竞争弊端凸显。杭州银行坚持走差异化、特色化发展之路，深耕小微和零售金融等细分市场，形成与大银行的错位竞争优势，持续提升核心竞争力。充分利用"本土本乡"和"地缘人缘"优势，加快金融创新步伐，努力做深、做透本土市场，建设成熟高效的小微金融专业团队，创新推出"税金贷"、"抵易贷"、"微贷卡"等特色金融产品，丰富小微企业产品体系。继 2012 年 3 月在城商行中发行首只 80 亿元小微金融债券后，2016 年 1 月，又成功发行 100 亿元小微企业专项金融债券，用于支持和发展小微金融业务，切实缓解小微企业资金压力，连续多年完成小微业务"三个不低于"或"两个不低于"监管指标。

杭州银行在国内城商行中较早探索科技文创金融专业化服务。2009 年 7 月，成立浙江首家专业服务科技型中小企业的科技支行，此后在北京、上海、深圳、南京、合肥、宁波等分行所在地陆续成立科技金融专营机构，进行科技金融服务的推广。2013 年 10 月，借鉴科技金融服务经营，在杭州成立了服务文化创意产业企业的专营机构——文创支行。2016 年 3 月，成立全国首个科技文创金融事业部，进一步提升在科技文创金融领域的专业化能力。截至 2016 年末，该行科技文创金融客户数达 4600 户，其中 700 多家在新三板挂牌，促进金融和科技文创产业的有效融合。

截至 2016 年末，杭州银行资产总额超过 7200 亿元，存款余额 3600 多亿元，贷款余额（含贴现）2400 多亿元，在北京、上海、深圳、南京、合肥以及浙江省内设有网点 190 余家，员工 6300 余人。2016 年 10 月 27 日，杭州银行正式挂牌上市。近年来，杭州银行综合竞争力和外部市场评价进一步提升，2016 年，在英国《银行家》杂志全球银行排名中列第 219 位，较上年上升 16 位；中诚信国际信用评级有限公司对其信用评级保持 AAA 级；分别被新浪财经、《金融时报》、《中国经营报》评为年度"最佳城市商业银行"、"十佳城市商业银行"、"卓越竞争力城商行 10 强"。

宁波银行：差异化战略"三步走"

2007 年 7 月，宁波银行正式在深交所挂牌上市，发行股票 4.5 亿股，总股本达到 25 亿股，成为浙江省内首家上市的城商银行。

宁波银行成立以来的 20 年，也是中国经济快速发展的 20 年，宁波银行管理层带领全体员工，紧紧抓住历史发展机遇，克服挑战，初步摸索出了一条适合城商行的差异化发展路径。

自 2005 年起，宁波银行成功实施三大战略，驶入发展快车道。一是成功引进境外战略投资者。2006 年 5 月，宁波银行以增资扩股方式吸收新加坡华侨银行投资入股，实现了既"引资"又"引智"和"引技"，在国际业务、私人银行业务、员工培养、信息科技等领域与新加坡华侨银行集团建立起了紧密的合作机制，对银行发展起到了实质性的推动作用。二是实现跨区域经营。2007 年 5 月，开设宁波银行上海分行，成为首家进驻上海的城商行，迈出了跨区域经营的第一步。截至 2015 年末，宁波银行已在杭州、南京、深圳、苏州、温州、北京、无锡、金华、绍兴、台州、嘉兴设立了分行，经营区域不断扩大。三是成功上市，为银行的稳健可持续发展提供强有力支撑。上市不但为银行打开了直接融资、建立持久资本补充机制的有力通道，更促进公司持续规范运作标准，提升经营水平。

截至 2016 年末，宁波银行已发展成为一家总资产超 8840 亿元，所有者权益超过 500 亿元，全年净利润超过 78 亿元，经营状况良好的中外合资上市银行；分支机构总数达到 312 家，全年纳税超过 32 亿元，客户口碑良好，为经营区域所在地的经济社会发展作出了积极贡献。

2016年，在英国《银行家》杂志按一级资本发布的"全球1000强银行"排行榜中，宁波银行排名第177位，成功跻身全球前200家大银行之列。

第三节 民营银行拔得头筹

"春江水暖鸭先知"。浙江省分管金融工作的副省长朱从玖是2012年5月从中国证券监督管理委员会主席助理的岗位上来浙江任职的，履新不久，他就布置了浙江省金融办着手研究组建民营银行的有关工作方案。

最初的意图是要将民营银行定位为有限牌照的社区银行。因此，2013年5月，浙江省金融办会同温州市酝酿起草了关于在温州开展有限牌照民营银行试点方案的草案，有关协调与配套工作比其他省市领先一步，可以说是赢得了蓄势待发的先机。

2013年6月19日，国务院常务会议提出了推动民间资本进入金融业的政策措施，鼓励民间资本参与金融机构重组改造，探索设立民间资本发起的自担风险的民营银行和金融租赁公司、消费金融公司等。

6月29日，银监会主席尚福林在上海陆家嘴金融论坛发表主旨演讲时称，允许尝试由民间资本发起设立自担风险的民营银行，通过相关的制度安排，防范道德风险，防止风险外溢。这就对外宣告由民间资本发起设立民营银行正式开闸了。

2013年7月5日，国务院下发后来被简称为"金十条"的《关于金融支持经济结构调整和转型升级的指导意见》（以下简称《意见》）。《意见》指出，鼓励民间资本投资入股金融机构和参与金融机构重组改造。允许发展成熟、经营稳健的村镇银行在最低股比要求内，调整主发起行与其他股东持股比例。尝试由民间资本发起设立自担风险的民营银行、金融租赁公司和消费金融公司等金融机构。

与此同时，浙江省相关筹备工作正在紧锣密鼓地推进。最初的设想是以温州金改的名义向国务院争取在温州率先设立民营银行。温州市闻风而动，迅速起草组建方案。但鉴于当时有关民营银行的审批条件和要求尚未明确，因此在编制温州设立民营银行的方案时，出于可批性的考虑，一开始突出了两个重点：一是有限牌照，而且定位为社区银行；二是构筑多重风险"防火墙"，民营银行政策之所以多年未能突破，监管部门最大的担忧就是怕出风险。因此，在民营银行组建方案之外，还单独制定了风险防范专题方案作为附件，设立了多重的风险防线。正如专家所言，民营小银行风险防范点主要有三个：一是防止大股东"脚踏两条船"，防止关联贷款和利益输送；二是实行"无限责任"，加重出资人股东和高管人员的责任；三是要有"强制清盘"规定，就是要有"生前遗嘱"。

为了完善这个方案，浙江省金融办多次邀请知名学者、业内专家、监管部门，并把泰隆银行、杭州联合银行、南浔农商行等小银行机构负责人请来，召开专题论证会。几经论证、修改，集思广益，最终形成了"1+2"方案，即在温州设立民营银行试点初步方案之外，再加上监管办法、风险防范等两个专题方案，并于2013年8月7日定稿，由浙江省政府上报国务院，成为全国较早上报国务院且内容较为完整的试点方案。

几乎就在同时，阿里巴巴也敏锐地捕捉到了这一政策所蕴含的机遇，着手编制网商银行的具体方案。其实，早在2009年，阿里巴巴就曾与建设银行合作谋划筹建网络银行，也曾拿出了较为成熟的具体组建方案，但受限于当时的政策，阿里巴巴的"银行梦"一直被搁置。此后，在浙江省金融办的支持下，阿里巴巴先后在杭州、重庆设立了网络小额贷款公司，以全网络的信贷工厂模式为小微企业和网商提供融资服务，研发了独特的网络信用微贷技术和风险管控模式,为设立网商银行积累了经验。阿里巴巴为筹建网商银行进行了深入研究和准备,在营运模式、财务管理、风险管控、信息安全等方面制定了一系列措施,将为网商银行运营提供有力的支撑和保障。同年8月,浙江省政府把《网商银行股份有限公司可行性研究报告》上报国务院。

民营银行试点鼓密

浙江省要求在温州设立民营银行和由阿里巴巴集团发起设立网商银行的请示上报国务院后,浙江省金融办和温州市等有关方面与人民银行总行、银监会保持了持续良好的沟通,多次进京积极对接,多方争取,特别是在筹建的具体事项上得到了银监会有关部门的后续跟进指导,并及时按照最新政策要求对方案进行了深化、细化。

为了争取把温州列入民营银行的第一批试点,浙江省有关部门找到了中央财经领导小组办公室(以下简称中财办)沟通,而中财办也很快予以积极回应。

2013年7月24日,中财办在北京召开温州金融综合改革工作座谈会,就温州开展民资发起设立自担风险的民营银行和市政债试点等工作进行讨论研究。财政部、中国人民银行、银监会以及浙江省金融办、温州市金融办等部门受邀参加座谈。

会上,浙江省金融办负责人汇报了《关于开展由民间资本发起设立自担风险的民营银行试点方案》(讨论稿)形成过程及主要内容,重点介绍了民资发起设立自担风险的民营银行的经营范围、市场定位和风险防范等构想。

人民银行负责人听后表示,"金十条"鼓励民间资本投资入股和参与金融机构重组改造,在此背景下,全国各地试点的积极性普遍很高。从温州金改一年多来的情况看,地方政府有能力解决的问题,浙江已经作了大量有成效的探索；一些地方政府解决不了的问题，如民资发起设立自担风险的民营银行，浙江、温州两级也多次与人民银行、银监会进行了对接。并对在浙江试点由民资发起设立自担风险的民营银行，提出了具体建议。中财办、财政部、银监会相关部门负责人在会上也谈了各自的意见建议。

会后，浙江省金融办即把会议情况向省委、省政府主要领导和分管领导作专题汇报。省委书记夏宝龙、副省长朱从玖分别作出批示，要求部署好后续工作。据此，省金融办又牵头修改了民营银行组建方案，再次上报中财办。

8月30日，中财办再次听取了浙江省金融办和温州市政府有关民营银行组建方案的汇报。当时赴京与会的浙江省金融办一位同志，用手机随手拍了一张首都晴空万里的风光照片，发在他的微信朋友圈，并附上一段感慨："中财办两次会议都遇到难得的蓝天，看来组建民营银行的事宜有望顺利落地。"

果不其然，时隔半年后，"双喜临门"——

2014年3月10日下午，中国银监会召开民营资本进入银行业闭门会。浙江、上海、天津、深圳四省市金融办、银监局及五家试点民营银行的共同发起企业负责人参加了会议。闭门会明确在浙江、上海、天津、广东四个省市开展首批5家民营银行的试点，其中浙江省2家，分别由正泰集团等企业共同发起和阿里巴巴集团主发起，其他上榜的试点主发起企业还有深圳腾讯控股与百业源投资有限公司，上海均瑶与复星集团和天津商汇投资有限公司与华北集团。

银监会负责人在会上谈了四点意见：

一是加大对内开放力度，鼓励民间资本进入银行业。民营资本进入银行业不存在障碍，但有一个渐进的过程，需要同步完善基础设施和金融监管。要研究国际金融自由化过程失败经验和国内包括存款保险制度在内的退出机制，从存量和增量两个方面继续加大对内对外开放力度。

二是求实创新，稳步推进民营银行试点。银监会提出了自担风险的民营银行试点方案，并根据民营企业准备情况、地方政府风险意识、地区经济发展环境等开展了相关评估工作，体现了尊重民间首创精神和地方政府推荐意见、尊重发起人主体意识、尊重市场选择原则。

三是协同配合，推动民营银行科学发展。民营银行试点要坚持四项原则、突出三项要求，即强调发起人主体资格条件、实行有限牌照、坚持审慎监管标准、做好风险处置安排；突出发起主体优质性、体现竞争性，保障试点银行持续性、体现有序性，认识试点银行风险性、体现安全性。

四是完善监管服务，为试点银行健康发展创造条件。要按照属地原则进行审慎监管，突出行为监管和关联交易，严格风险控制。

仅仅时隔一天，3月11日，银监会主席尚福林出席十二届全国人大二次会议记者会，向中外媒体权威发布：允许民间资本依法设立民营银行已列入今年改革任务，目前已确定五家民营银行试点方案，阿里巴巴、万向、腾讯、百业源、均瑶、复星、商汇、华北、正泰、华峰等民营资本参与试点工作。

此次试点的民营银行与现在的商业银行有什么不同，显然是外界所关注的。那么，试点的民营银行究竟有哪些个性化特点？

——突出市场机制的决定性作用。要建立完全由资本说话的公司治理机制，即试点银行要依法建立董事会、监事会、经营班子和开展业务，独立自主地去经营。

——突出特色化业务、差异化经营，重点是服务小微企业、服务社区功能等，以完善多层次的银行业金融服务体系。

——突出风险和收益自担的商业原则，重点是要依法做好风险管控和损失承担的制度安排，即要制定"生前遗嘱"，防止银行经营失败后侵害消费者、存款人和纳税人的合法权益。

——突出股东行为监管。重点是要依据现行的法律和法规，监管银行和股东的关联交易，股东对银行的持续注资能力和它的风险承担能

力，防止试点银行成为股东的融资工具。在这些方面，从总体上看，我们还缺乏成功的经验，所以要试点，通过试点以后再逐步推广。

阿里"摘星"网商银行

2015 年 5 月 27 日，网商银行获开业批复，一周后在杭州正式开业。

浙江网商银行是中国首批民营银行试点之一，2014 年 9 月底获准筹建，由蚂蚁金服、复星、万向、宁波金润、杭州禾博士和金字火腿等六家股东发起设立，注册资本 40 亿元。

网商银行是中国第一家将核心系统架构在金融云上的银行。基于金融云计算平台研发的银行核心系统，让网商银行拥有处理高并发金融交易、海量大数据和弹性扩容的能力，利用互联网和大数据的优势，给更多小微企业提供金融服务。

从筹建之初，网商银行就将普惠金融作为自身的使命，希望借助互联网的技术、数据和渠道创新来帮助解决小微企业"融资难、融资贵"，农村金融服务匮乏等问题，促进实体经济发展。

网商银行董事长井贤栋在开业仪式上说："网商银行要以技术与数据驱动，做一家服务最好、有情有义的银行。"

网商银行负责人表示，网商银行将立足于服务小微，不做 500 万元以上的贷款，不做"二八法则"里 20% 的"头部"客户，而是以互联网的方式服务"长尾"客户。

小微企业、个人消费者和农村用户，是网商银行的三大目标客户群体。作为现有金融机构的补充，网商银行要探索一套新的运营方式来服务好这三类客户，必须要了解他们的真正需求："即贷即到即用"，随借随用、随时还款。

依托移动互联网"永远在线"的特性，网商银行将真正实现为用户提供"随时、随地、随心"的金融服务。小微企业主或创业者需要贷款时，打开手机就能获得贷款。就像"自来水"一样，打开水龙头随放随用。同时，提前还款的功能，也让贷款灵活性更高，可支持随时还款。

网商银行的"有情有义"，就体现在提前洞察客户的需求，帮助用户分担困难，陪伴用户成长。这是网商银行有别于其他商业银行的一个不同之处。想做一家服务长尾客户的"有情有义"的银行，网商银行凭借的是自己创新的技术和数据能力，以及平台化的思维。

根据规划，网商银行将以互联网方式经营，不设物理网点、不做现金业务，没有分行、没有柜台，纯粹线上运营。基于云计算的技术、大数据驱动的风险控制能力，采取"轻资产、交易型、平台化"的运营思路。

所谓轻资产，是指不走依赖资本金、物理网点、人员扩张的发展模式，而是用互联网的方式进行数据化运营。所谓交易型，是指不以做大资产规模、追求商业利润为目标，更快速地实现资金的循环流动。所谓平台化，则是将风险管理能力、技术支撑能力、场景化的客户服务能力，开放共享给同业金融机构，进而实现金融服务需求与供给的高效匹配，形成开放式、生态化的平台。

数据则是网商银行的另一项核心竞争力。网商银行与蚂蚁小贷的部分业务将逐步融合。这意味着网商银行将继承蚂蚁小贷的大数据风控体系。这套体系已经实践了五年，其间，蚂蚁小贷已经为170多万家小微企业和个人创业者解决了融资需求，累计发放贷款超过4500亿元，整体不良率低于1.5%。

在云计算技术与大数据驱动的基础上，通过"轻资产、交易型、平台化"的经营思路，网商银行希望最终形成一个"小银行、大生态"的局面，与同业金融机构一起为小微企业、个人消费者和农村用户提供普惠金融服务。

一是围绕淘宝、天猫及阿里巴巴电子商务平台，向广大电商平台卖家推出了淘宝贷款、天猫贷款、阿里贷款等产品,保证了对电商平台卖家的融资服务水平。

二是结合电商平台的广大用户需求,积极开拓淘客贷、阿里云贷款、大数贷等新型数据化贷款产品,丰富了自身的产品维度。

三是围绕蚂蚁金服互联网金融平台,推出了支付宝商户贷、口碑商户贷等新产品,促进了O2O业务的发展,丰富了商户的生态。

四是围绕体系外客户,推出了CNZZ流量贷等产品,并针对目标客户开发了基金代销产品,推动了中间业务发展,拓宽了收益来源。在全行共同努力下,重点业务与产品创新项目计划均得到有效落实,全年共立项实施业务与产品创新研发项目22个。

新产品的成功推广应用有效提升了服务水平。截至2015年末,网商银行贷款余额达73亿元,累计服务客户超50万户,户均贷款余额仅为1.5万元。

此外,还积极探索互联网新技术下的农村生产经营贷款模式,服务"三农"。2014年10月,阿里巴巴集团启动"千县万村"计划,计划在3~5年内投资100亿元,建立1000个县级服务中心和10万个村级服务站点。每一个服务站由一名"村淘合伙人"进行运营,负责消费品下乡、农产品上行以及农村生态圈的打造。并在2015年下半年研发了基于农村场景的"旺农贷"系列产品,分别为农村种养殖户和小微企业提供信贷支持,针对不同的农村经营场景提供最高50万元的贷款,无需抵押物也无需担保,从申请到贷款发放最快半个小时。这些贷款的申请、信息录入均在自主开发手机移动端完成。到2015年底,"旺农贷"已在全国17个省共计65个县开放了业务准入,其中包括有13个省24个县的业务已实际开展。自2015年11月推出至当年末,短短两个月,网商银行共发放旺农贷贷款226户,贷款余额约1000万元,客户大多集中在中西部地区。

民商银行搭上金改快车

2015 年 3 月 26 日，在温州金改三周年之际，温州民商银行——全国第一家民营银行正式对外营业。

温州民商银行主发起人、正泰集团董事长南存辉在开业致辞中说："温州民商银行从 2014 年 7 月 25 日获批筹建，到今天领证正式开业，八个月的时间，圆了几代温州人几十年的金融梦想！"

早在 2008 年 11 月，华峰集团便筹划布局金融业，成立瑞安华峰小额贷款公司，成为全国最大的小贷公司。集团负责人坦承，当初成立小贷公司，其中一个原因也是冲着能够转制村镇银行。金融"国十条"发布，明确民资可设立风险自担民营银行，华峰集团随即递交了发起设立民营银行的申请。温州市政府考虑到首批名额有限，建议华峰联合正泰两家企业联手发起。

2014 年 3 月，银监会确定五家民营银行试点方案之后，民商银行筹建工作随即展开。为此，筹备组制订了周密详尽的计划表和筹建清单，股东选定、网点选择、系统验收、资料申报等环节紧密衔接……最终在六个月的规定时间内完成所有的筹建工作。

民商银行的市场定位是服务小微企业，这是根据温州的经济特点和现实情况设定的，旨在解决小微企业"融资难、融资贵"的问题。民商银行一直在思考，如何按照监管部门确定的市场定位开拓市场，快速发展。

2014 年 4 月 17 日，民商银行主要负责人应邀赴北京参加李克强总理召集的座谈会。会上，这家新生银行吸引了外界关注的目光。当总理问及民商银行贷款余额时，"1 亿元"的回答引发哄堂大笑。然而，就在笑声渐停之时，坐在后排的民商银行负责人接着向总理汇报："民商银行除了收取手工费，不收任何其他费用"，顿时与会的国有大银行高管纷纷投来惊讶的目光。

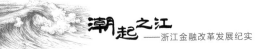

李克强总理听后，却为民商银行大大地点了个赞：民商银行虽小，但简化收费项目的举措值得大家学习。

事实也的确如此，民商银行真真切切地凭借自身的特色，做到简化流程和收费项目，让利于更多的客户。开业以来，民商银行在批量为小微企业服务的同时，也为自己未来的发展打下了坚实的基础。数据显示，截至2015年末，民商银行开办仅九个月已盈利1018万元。

第四节　壮大非银金融

2014年浙江省省长李强专题调研全省非银金融工作，他提出，尽管目前银行仍是融资主渠道，但从长远看，非银金融比重提升是大趋势。非银金融具有双重属性，一方面它本身就是一个很大的产业，而且是金融领域的高端产业；另一方面，它又是实体经济更紧密的成长伙伴，经济越发展，地位越重要，对转型升级的撬动作用越大。因此，金融特别是非银金融怎么在更好地服务实体经济中实现自身更好的发展，这是一个共生发展的双赢问题，也是进一步完善金融体系、优化金融结构的问题，对于推动"两个中心"建设，打造"金融强省"、"经济强省"，都具有重要意义。

"浙商证券"拭亮本土券商招牌

浙商证券成立于2002年，前身为金信证券（民营）；2006年8月更名为浙商证券。2012年9月，整体变更为股份有限公司。注册资本30亿元，股东15家，直接控股股东为浙江上三高速公路有限公司，持股70.83%，实际控制人为浙江省交通投资集团。

自 2006 年转为国有控股以来，浙商证券的成长性和发展速度位居行业前列。截至 2015 年，浙商证券净资产超过 90 亿元；累计实现营业收入 208 亿元，净利润 64 亿元，上缴税收近 33 亿元，有效实现了国有资产保值增值。2015 年公司实现营业收入 68 亿元，利润总额 25 亿元，净利润 18 亿元。

浙商证券以浙江为根据地，打造为浙商群体服务的本土券商，行业地位稳步提升。2015 年末，在证券行业排名榜上，期货业务排名第 14 位，资产管理业务排名第 15 位，股票经纪业务排名第 19 位，投资银行业务排名第 35 位，初步树立良好品牌形象，多年被浙江省政府评为优秀证券中介机构，连续三年被中国证监会评为 A 类 A 级券商，并获得"中国最佳创新证券公司"、"浙商最信赖证券公司"等奖项。

浙商证券旗下设立了浙商资管、浙商期货、浙商资本三家子公司，初步形成了"证券 + 期货 + 基金 + 创投 + 资管"的金融产业格局。经营区域覆盖浙江所有地市和主要发达县市，并拓展至全国 21 个省 38 个地级市特别是沿海经济发达地区，网点从原来 20 家增至目前 123 家，其中省内 60 家，省外 63 家，初步形成全国性服务网络布局。业务领域从单一证券经纪业务，转变为证券经纪、投资银行、资产管理、融资融券、证券投资、期货经纪等业务协调发展的全牌照券商。

自 2006 年重组以来，浙商证券利用多层次资本市场，积极服务浙江实体经济发展，致力于打造最具浙商特色的本土证券公司。公司通过专业服务，帮助解决实体经济融资难问题，近三年陆续完成了 20 余单保荐主承销项目、60 余单债券融资项目、近 30 单场外市场项目，融资总额 300 多亿元，形成了"项目过会率高、发行成功率高、客户回头率高"的投资银行业务特点，在融资方案设计、承销发行等方面积累了丰富的经验和资源。资产管理业务也形成了较强的影响力和品牌，管理居民财富、服务实体经济和中小企业的能力逐步增强。

——发挥股权融资服务功能，优化企业融资结构。浙商证券大力拓展股权融资服务功能，立足浙江市场，推动股改上市和再融资，助推浙江中小企业发展。已累计股权融资项目20余单，总规模约200亿元。同时，积极为上市公司和浙江企业的产业整合提供并购服务，完成并购重组10余单，涉及银江股份、浙江龙盛、浙江东方、百大集团、浙大网新等上市公司，涉及资产及资金交易规模近100亿元。在新三板市场和地方股权交易市场上，协助各地政府，推动中小企业股份制改造，已完成"新三板"挂牌62家，已签约正在推进110余家；积极向浙江股交中心推荐企业挂牌，已实现挂牌20家，正在推进的企业20余家。

——发挥债权融资服务作用，缓解企业资金紧张矛盾。浙商证券加大力度，为地方政府平台企业和中小企业提供债权融资服务，债权融资业务共完成各类项目30多单，总融资额约200亿元。尤其是2015年，随着证监会债券发行制度改革，交易所债券市场迅猛发展，债券投行迎来牛市，浙商证券积极创新业务模式，抢抓机遇，成功发行上海交易所全国首单非上市公司公募债，受到业内瞩目。目前公司已签约正在推进中的债券融资项目20余单，预计融资规模约300亿元。债券项目总数在交易所市场排全国第九位，在浙江市场排前三位。同时，浙商证券还通过股票质押工具为企业和高净值客户提供融资服务，目前融资规模超过92亿元。

——运用资产管理通道，开展投融资撮合。在资产管理业务方面，浙商证券积极运用资产证券化手段服务中小企业融资，盘活存量资产，并积极开展业务模式创新，成立了全国第五家证券公司控股的资产管理子公司——浙江浙商证券资产管理有限公司，服务于政府平台融资、企业项目融资、银证合作融资等，累计发行和管理金融产品252只，管理资产总规模超1100亿元，为实体经济的发展以及居民财富的保值增值提供优良的服务。

——培育和服务机构投资者，助推产业转型升级。随着本轮行业改革创新，证监会彻底放开了营业网点设置的行政管制，加之互联网金融的兴起，均对传统证券公司营收模式造成较大冲击。浙商证券抓住机遇，通过"三个转变"，实现自身的转型升级。第一个转变是从服务散户投资者，重点转为服务机构投资者；第二个转变是将证券公司和机构投资者间的关系，从竞争转向服务与合作；第三个转变是从单一的线下服务转向线上线下综合服务。

一是积极参与浙江产业转型升级母基金建设。利用自身的专业能力和团队，积极参加母基金的筹备工作，未来浙商转型升级母基金管理规模将达到100亿元。通过发挥母基金引导作用，重点投资在浙江注册的私募股权投资基金，并引导被投资的基金投资于省内初创型、科技型企业，促进浙江产业转型升级。同时，还积极加强与地方政府合作，如与工商银行浙江省分行协同，参与发起绍兴上虞区产业并购引导基金，管理规模达50亿元，支持上虞产业并购及产业升级。

二是构建为机构投资者服务的综合平台。利用证券公司的托管、资金清算、支付、融资、交易、研究等功能，搭建综合服务平台，为包括私募、公募、创投、PE、VC、对冲基金等在内的机构投资者提供专业服务，服务和推动机构投资者在实体经济发展中发挥更大的作用。

三是利用互联网思维构建线上线下综合服务平台。公司已经初步实现了网上开户、网上理财、网上服务，利用O2O实现优势互补，加强线上线下联动，引流客户资源，扩大市场份额，提升服务效率。实现全国性的服务网络布局。

"浙商保险"完成"三驾马车"拼图

2009年6月23日，浙商财产保险股份有限公司获中国保监会开业批复和保险公司法人许可证，25日完成工商登记正式成立。这是继浙商银行、浙商证券等之后，首家冠名以"浙商"且总部设在浙江

的全国性财险公司，金融领域里"浙商"品牌的"三驾马车"顺利会师。

浙江保险业综合实力一直名列全国前茅，几乎国内市场上所有的保险公司都在浙江设立分支机构，且大多获益颇丰。然而，条件如此良好的市场，浙江本土保险公司却是缺位。

2006 年《国务院关于保险业改革发展的若干意见》（业内称"国十条"）出台，表明保险机构的审批重启，组建浙江地方性财产保险公司的时机成熟了。2007 年上半年，浙江省商业集团公司率先提出"凝聚浙商力量，着力发展'浙商'保险总部机构"的设想。6 月 26 日，浙江省商业集团第六次董事会决定发起设立浙商保险，得到了浙江省国资委、省金融办的支持，筹建准备工作正式启动，众多浙商资本纷纷响应。历时两个多月，最终确定公司注册资本人民币 10 亿元，由浙江省商业集团联手省能源集团以及雅戈尔集团、正泰集团等民营企业，共同发起设立浙商保险。在省国资委、省金融办、浙江保监局等政府部门支持下，2007 年 8 月 17 日浙商保险全体发起人会议顺利召开，9 月 7 日浙商保险设立申请材料递交至中国保监会，浙江省第一家法人财产险机构设立申请正式进入审批阶段。

为了确保浙商保险顺利落地，浙江省委书记赵洪祝亲自赴京与中国保监会主席吴定富商议浙商保险筹建事项，省长吕祖善亲自致信保监会主要负责人，希望保监会关注和支持浙商保险筹建工作，常务副省长陈敏尔多次前往保监会协商浙商保险筹建事项，为推动浙商保险的筹建进程发挥了重要的作用。省国资委、省金融办、浙江保监局等政府部门则是全力支持浙商保险的筹建和设立，在信息、政策、人员等方面提供了诸多支持。

2008 年 3 月 23 日，中国保监会复函原则同意组建浙商保险。2009 年 6 月 23 日，浙商保险正式获得保监会开业批复，实现了浙江本地财险法人机构零的突破，这是浙江第一家国资控股、民企参与的全国性财险总部金融机构，在浙江地方金融业发展史上写下了浓重的一笔。

浙商保险起步入市，恰逢产险行业经过两年时间强力整顿后显现成效的阶段，公司借助行业东风顺利起步并驶入了快速发展的轨道。2009年开业不到半年时间，即实现保费收入 1.27 亿元，2010 年保费收入达到 10.69 亿元，在开业第二个完整年度就实现总体经营盈利 1000 多万元，成为业内盈利较快的产险公司。2012 年公司顺利完成增资扩股，注册资本达到 15 亿元，实力进一步增强。2013 年保费收入更是突破 30 亿元大关，市场排名升至第 20 位，在同期开业的公司中位居前列。从开业时的一纸批文发展到 2016 年的 16 家二级机构（包括 11 家省级分公司与 5 家计划单列市机构），79 家三级机构（含中心支公司）138 家四级机构，会同旗下的全资子公司——浙商保险销售公司和控股子公司——金祥保险销售有限公司，分布在浙江、四川、山东、河南、安徽、北京、江苏、上海、广东、湖北、辽宁等地区，形成全国性保险公司的机构网络布局。历年来，公司先后获得"金融机构支持浙江中小企业发展优秀奖"、"2011 年度最具发展潜力保险公司（非寿险）"、"浙商最信赖的财产保险公司"等一系列荣誉称号。

浙商保险的发展首先立足浙江，充分依托浙江优越的经济、社会、人文、制度环境，发扬本土优势与总部资源优势，把浙江市场做强做大，做精做深，努力形成具有独特影响力的浙商保险品牌和特定文化内涵的"浙商保险模式"。公司利用浙江的总部优势在准公共产品等政府关心、市场急需的产品上有所尝试与突破，积极参与到农业保险及责任险、养老和健康、特色险种的业务发展上来。研发推出并独家承保浙江省政策性养老机构综合责任保险，为 809 家养老院机构提供保险服务。积极参与小额信贷保证保险推广工作，并成为浙江省全面推广小额信贷保证保险的入围保险公司；积极响应政府号召，加入浙江省政策性农业保险共保体。同时，浙商保险还探索开辟新型销售渠道。按照"沿着浙江商人

的脚步走向全国"的思路，启动实施以直销方式打造浙江商会渠道的战略，努力为广大异地浙商提供有效的服务。

浙商期货彰显"期货大省"底色

活跃的市场经济、浓厚的投资氛围、充裕的期货资金造就了期货市场的"浙江铁军"，永安期货、南华期货、浙商期货等一批"浙商"期货公司的经营规模、经营业绩和业务创新一直在业内名列前茅，浙江成为全国名副其实的期货大省，期货代理交易额的占比达到10%以上，浙商期货有限公司（前身为浙江天马期货经纪有限公司）于1995年9月在浙江杭州成立。2007年由浙商证券股份有限公司100%控股，2010年更名为浙商期货有限公司。注册资本5亿元，净资本逾8亿元。

2015年浙商期货客户日均权益达到58亿元，峰值时接近100亿元。其中，机构客户日均权益同比增长86%，机构客户日均持仓同比增长34%，均创历史新高。代理交易规模突破8万亿元，资产管理业务规模突破50亿元，代理交易量8173.74万手，同比分别增长126%和16%；实现营业收入120991.63万元，净利润12401.22万元，2015年浙期实业完成销售额12亿元，利润总额超过4000万元。浙商期货下辖营业部21家，全资子公司2家，营销网络覆盖浙江省内13个重点城市以及北京、上海、天津、广州、武汉、大连、济南等全国经济发达地区。行业综合排名长期稳居前20位，部分指标稳居行业前十位。浙江省内行业排名一直保持在前三位。连续七年荣获期货公司分类评价A类A级以上评级，2014年、2015年荣获AA类评级。2015年4月，浙商期货在香港特别行政区全资设立浙商期货（香港）有限公司，为企业拓展境外市场，提升综合竞争力的国际化战略打下基础。境外业务子公司的成立，使浙商期货成为集商品期货经纪、金融期货经纪、期货投资咨询、资产管理、境外业务和风险管理业务为一体的综合类期货公司。

公司坚持期货市场为国民经济服务、为产业经济服务的经营理念，深入实体产业基层调研，指导企业开展套期保值，规避市场经营风险。2013年成立的子公司浙期实业有限公司，已为企业提供基差交易、仓单服务、合作套保、定价服务、第三方风险管理等各类专业服务，通过子公司与实体企业建立战略合作伙伴关系，运用公司在PTA、甲醇、动力煤等品种的研究优势，积极为实体企业保驾护航，较多品种在业内形成研究优势和价格预判优势。公司创新服务模式，与交易所积极沟通，建立郑商所"点基地"服务模式，实现企业与公司、交易所的紧密合作关系；为全球500强企业浙江物产集团提供期货套保、仓单交割等配套服务，协助浙江巨化集团申请厂库交割库等，为实体产业经济参与期货套保，规避经营风险提供有力支持。

第五节　地方交易市场"浴火重生"

重拳出击交易场所

2011年11月，国务院部署开展清理整顿国内各类交易场所。一场清理整顿风暴顿时来袭，交易市场面临生死大考。

"蒜你狠"、"豆你玩"、"姜你军"、"糖高宗"……一个个网络热词的背后，凸显的是各地盲目设立交易场所、过度投机、风险频发的市场乱象。与20世纪90年代初那次规范期货交易所不同的是，此次清理整顿范围更广、规格更高、要求更严，涵盖了大宗商品、文化艺术品、股权产权等各类交易场所。

清理整顿工作锣紧鼓密。国务院办公厅于2012年制定了《关于清理整顿各类交易场所的实施意见》。国务院批复成立由23个部委组成的各类交易场所部际联席会议，具体负责推动交易场所清理整顿工作。之后，调查摸底，召开工作会议、培训会，检查指引等一系列"组合拳"相继使出。

客观地说，这一轮交易市场的混乱根源不在浙江。其时，浙江的交易场所还处在发育阶段，相对来说还比较规范。但应当看到，清理整顿是大势所趋，既有利于为交易场所"正名"，也有利于建立统一的监管体制机制，又有利于规范市场秩序，促进整个交易市场健康发展，浙江应乘势而上、积极作为，切实做好辖区内交易场所的清理整顿工作。

交易场所具有金融属性，管理不好或管理不到位极有可能爆发出难以想象的市场风险，任何时候都不能掉以轻心。如何既促进交易场所健康规范发展，又能有效地防控由此带来的金融风险，是摆在金融管理部门面前的一个现实问题。浙江省政府的工作基本点是"先规范，后发展，鼓励和支持交易场所在规范的基础上进行创新发展"。浙江省金融办视金融风险防控为第一要务，尽管本轮市场风险的根源不在浙江，但是与其将来迟早有一天要承受更大的风险，倒不如撤去眼前"繁荣"的泡沫，实实在在地去清除风险隐患，把清理整顿工作抓实抓紧，一抓到底。

2012 年 3 月，浙江省政府成立全省清理整顿各类交易场所工作领导小组，统筹协调、督促指导全省工作，由分管副省长任组长，17 个省级部门分管领导为成员；领导小组办公室设在浙江省金融办，承担清理整顿日常工作。

经过省金融办和省工商局等职能部门分批梳理，查明全省含有"交易所"字样和可能存在权益类或大宗商品类业务的交易场所共 190 家。这些所谓的"交易场所"，有的挂"交易所"字样，有的挂"交易中心"字样，有的虽挂"交易所"或"交易中心"字样，但并不开展相应的业务，或者只做一般的商品买卖；有的不打"交易所"或"交易中心"的招牌，实际上却从事权益类或大宗商品交易业务。还有一小部分则属于省外交易场所设在浙江的分支机构。

按照实质重于形式的要求，清理整顿的范围不以交易场所的名称为界定标准，对实际从事权益类、大宗商品类和其他标准化合约交易活动的，都将纳入清理整顿范围，严防部分交易场所通过更改名称规避清理整顿。经过多轮甄别，浙江纳入清理整顿范围的交易场所共有74家（不含宁波），其中权益类47家、大宗商品类15家、合约类7家、外省交易场所在浙分支机构5家。

在摸底排查的基础上，交易场所对照国务院文件精神进行自查整改。权益类交易场所不准将权益拆分为均等份额公开发行，不准采取集合竞价、连续竞价、电子撮合、匿名交易等交易方式，不准将权益按照标准化交易单位持续挂牌交易，权益持有人累计不准超过200人，不准以集中交易方式进行标准化合约交易；大宗商品类交易场所不得以集中竞价、电子撮合、匿名交易、做市商等集中交易方式进行标准化合约交易；一般电子商务类平台不得再冠名"交易所"或"交易中心"字样。

通过严格缜密的整改，全省清理了一批名不副实的交易市场，关停了一批违规的交易场所或交易产品，规范了一批权益类交易场所，转型了一批商品类交易场所，发展了一批浙江急需培育的重点交易场所。

2012年11月7日，浙江省清理整顿工作首批通过清理整顿各类交易场所部际联席会议的检查验收。

2013年1月8日，浙江省政府公布经清理整顿并通过检查验收而保留经营资格的65家交易场所。

明规矩始成方圆

欲成方圆必先明规矩。制定出台交易场所管理办法，不仅是清理整顿各类交易场所的必要条件，也是加强交易场所日常监管工作的现实需要。经过清理整顿，合规的交易场所等于获得了正式的"名分"，从此可以名正言顺地开展市场经营活动。但是，交易场所如何管理到位，关系到长治久安的现实问题。"谁家的孩子谁抱走"——全国清理整顿工作会议上传递出明确的信号："除国务院或者国务院金融管理部门批准设立从事金融产品交易的交易场所外，其他交易场所均由省级人民政府按照属地管理原则负责监管。"所以，对地方政府而言，既要为发展经济而支持设立交易场所，又要承担交易场所在经营过程中所带来的潜在风险，一个肩膀压着两副重担，须臾缺一不可。

然而，制定出台交易场所管理办法的工作在各地的进展并不理想。其中既有认识方面的问题，也折射出各地经济发展水平的差异。更棘手的是，按照立法法规定，地方性法规要由人大制定，从起草到审议通过需要较长的时间周期，无法迅速解决目前监管面临的现实问题。而没有法律或者国务院的行政法规、决定、命令可依，地方政府或部门规章则不得设定减损公民、法人和其他组织权利或者增加其义务的规定，不得增加本部门的权力或者减少本部门的法定职责。虽然国务院文件作为行政性法规，有权设定行政许可事项，并具有执行的强制性，但文件仅赋予地方政府监管职责，并未设定具体明确的权力事项，从而使各地对交易场所的监管执行力参差不一，只能进行粗线条式的监管，而无法对违规行为作出相应的处罚。

清理整顿前，浙江各家交易场所均有各自的主管部门，包括宣传、编办、国资、国土、发展改革、财政、文化、林业、渔业、环保、工商等。清理整顿后，监管职能如何调整，交易场所需要怎样的监管体制？对此，浙江省金融办态度很明确："要对交易场所实行统一监管，从方便上下衔接清理整顿工作的角度，建议由证监部门牵头负责交易场所监管工作。"

浙江省金融办这一建议，主要基于如下考虑：首先，各类交易场所尽管行业特点不同、产品各异，但都具有明显的金融属性，一般的行业主管部门很难准确把握，理应由专业的金融部门进行监管；其次，如果交易场所继续由各自主管部门进行监管，难免又"穿新鞋走老路"，不仅会造成各类场所之间的监管尺度不一，而且由于主管部门既当"教练员"又兼任"裁判员"，很难严格履行并有效发挥监管职能；再者，本轮清理整顿工作由证监会牵头，省内由浙江证监局承担此项工作也顺理成章。

不过，证监会明确"建议保持工作连续性"，在清理整顿工作完成后，日常监管的具体负责部门由各省级政府自行决定。如此一来，经过省政府多方权衡，考虑到"工作连续性"，交易场所的监管重任仍由浙江省金融办来担当。

对交易场所的监管是一项全新的工作，国内没有任何成功先例可参照，所有工作都要从零开始。旋即，浙江省金融办开展调查研究，加强与兄弟省市的沟通交流，着手起草全省各类交易场所的监督管理办法，初步形成监管框架。根据国务院新出台的政策要求，继续充实监管内容，明确各方职责，形成较为完整的监管体系。经过反复征求各方意见，不断修改完善，广泛形成共识。2013 年 5 月，浙江省政府办公厅发布《浙江省交易管理办法（试行）》，首次明确了交易场所的监管主体、设立条件、业务规定、日常监管、风险防范等各项规定，交易场所的监管工作由此正式步入法治轨道。

股权交易市场"投石问路"

浙江素有"市场大省"之誉，但建设完整的地方交易市场体系却是一项艰巨而繁重的任务：从小商品市场到大宗商品市场，从现货市场到期货市场，从商品市场到资本市场，从股权交易市场到金融资产交易市场……林林总总、蔚为大观。

2011 年浙江省政府印发《"十二五"金融业发展规划》，提出构建浙江多类交易平台体系的设想。次年，浙江省委、省政府出台《关于加快金融改革发展的若干意见》，进一步明确积极发展各类区域性交易市场，要加快组建集产权交易、金融资产交易、场外交易"三位一体"的省级金融市场投资平台，打造"1+X"的地方金融市场体系。同年5月，浙江省政府第91次常务会议通过《浙江省金融市场体系建设方案》，同意由省政府和杭州市共同出资，整合省市资源，设立浙江省金融市场投资有限公司，作为省政府指定的省级金融市场投资管理平台，分步推进金融市场体系建设。

建设多层次资本市场，打造区域性股权交易市场是浙江的夙愿，多年来支持的政策不断，力度不减。2008年浙江省政府专题向国务院递交报告，要求在浙江锁定区域市场风险的前提下，开展未上市股份转让试点工作；2011年"争取建立区域性场外交易市场"被列入浙江省《"十二五"金融业发展规划》，2012年浙江省委、省政府《关于加快金融改革发展的若干意见》进一步明确，要积极争取开展区域性场外交易市场试点，对接全国多层次资本市场。同年，浙江省政府办公厅专门出台《关于推进股权交易市场建设的若干意见》，加快推进全省股权交易市场建设，要求各地参照企业上市和新三板挂牌的相关政策措施，对省内企业到浙江股权交易中心挂牌的企业，进行相应的费用减免、资金补助和政策奖励。截至2014年末，全省81个县市区政府均出台了支持企业股改挂牌措施，优惠政策实现全覆盖，市场氛围空前高涨。

经过多年的探索，浙江省股权交易市场组织体系初步形成，各类会员已达302家，其中既包括银行、信托、证券、投资管理、基金公司综合服务会员，也有会计师事务所、律师事务所、资产评估公司等专业服务机构，还有遍布全省各地的营业网点，挂牌企业和投资者可以就近享受全方位的周到服务。定向增发、优先股、股权质押、私募债券、小贷定向债、资产证券化、银行授信等金融工具也相继推出，形成了各类产品琳琅满目的局面，企业可以根据自身条件选择融资方式，投资人可以根据风险偏好和投资能力选择投资产品。社会资金和实体经济实现有效对接，资产配置效率不断得到优化。从 2012 年 10 月至 2015 年 6 月，浙江股权交易市场累计实现挂牌企业 1611 家，成交总额 24 亿元，融资总额 230 亿元。

但是，在多层次的资本市场体系中，地方股权交易市场处于基层，政策规定设置了多条红线，既不能连续交易、撮合竞价，又不得单家企业股份持有人累计超过 200 人等，从而导致一些地方股权交易平台缩手缩脚，交易不活跃，融资能力弱，多年来几乎没有企业真正地发过"新股"。相反，沪深主板、中小企业板、创业板及新三板则借助政策优势，赚钱效应明显，吸附力强，优质企业源源不断地流入，对地方股权交易市场产生了强烈的挤出效应。

业内人士一针见血地道破个中症结："缺乏流动性，融资渠道不畅，好企业不愿来，差企业没人要。"如何破解这个困境，关乎浙江股权市场的未来前途。因此，增强资产流动性已成为股权交易市场的当务之急。

流动性是市场的生命和灵魂。作为投资者，永远无法预测自己什么时候突然需要钱，但当他急需钱时，手上的投资品要能卖得掉。如果流动性不足，价格也就失去意义。许多企业破产不是因为资不抵债，而是周转不灵。无论是企业还是投资人，拥有一种资产，不仅要考虑它的价值，还要考虑是否卖得掉。股权交易市场要增强吸引力，进一步做大做强，更好地服务社会财富管理和产业转型升级，必须特别注重流动性。

在现行制度框架和政策环境下，只有充分利用浙江企业资源和民间资金优势，争取先行先试，积极探索更加开放、高效的多层次资本市场，才能赢得浙江股权交易市场未来辉煌的前景。

探路金融资产交易

2015 年 6 月 24 日，浙江互联网金融资产交易中心在杭州开业，成为国内首家经省级政府审核批准的互联网金融资产交易中心。基于浙江巨大的金融体量，浙江省政府提出"金融强省"的战略目标。着力培育功能健全、富有地方特色的金融资产交易市场，正是打造"金融强省"的重要举措之一。据统计，截至 2015 年末，浙江省政府已审核批准了四家金融资产交易中心，其中三家已正式开业。

浙江互联网金融资产交易中心是由中国证券投资者保护基金有限责任公司（简称中投保）、恒生电子、蚂蚁金服联袂打造，明显区别于国内其他地方性金融资产交易所，互联网化是平台最大的特色和优势。作为继承了三家股东互联网"基因"的互联网金融资产交易平台，拥有在技术、互联网运营和风控方面的良好背景，恒生电子拥有金融 IT 技术保障，蚂蚁金服有平台运作经验与流量入口，中投保有丰富的投融资与担保资历。无论是金融资产、风险控制，还是交收模式，都将发挥互联网思维和平台的核心作用。

投资方面，提供各种不同收益率、不同风险度、不同流动性的产品，并且让金融进入各种生活场景，包括买车买房、出国旅游等。

融资方面，希望通过大数据和 IT 风控，协助更多金融机构向普通白领用户和小微企业提供理财产品或融资服务，未来的目标是建设成为国内最具公信力、个人和中小微企业首选的投融资平台。

此前，作为温州金改的重要成果之一，成立于 2014 年 10 月 23 日的温州市金融资产交易中心，按照国有企业发起、民营参股、市场化运作的模式，由浙江中大期货有限公司、北京灿焜烁经贸有限公司、温州市金融投资集团有限公司三方共同发起成立，注册资本 1 亿元。根据浙江省政府相关要求，温州金融资产交易中心在依法依规经营、切实防范风险的前提下，将充分发挥温州金融综合改革试验区的优势，争取先行先试开展有关金融资产交易业务。

浙江省内最早成立的金融资产交易平台则要数浙江金融资产交易中心。作为省级"1+X"金融市场体系的重要组成部分，该中心由浙江省政府、宁波市政府与民生银行、国信证券等共同组建，立足浙江，面向全国，为各类金融资产提供公开、公平、公正的交易平台，促进金融资产流转和产品创新，打造专业化、规范化、标准化的全国性金融资产和金融产品交易市场。其具体业务包括固定收益类、不良资产、私募股权、信托债券、产业基金等产品的挂牌销售和流通转让。2013 年 12 月开业至 2015 年 10 月，该中心相继推出银行投资收益权、信托投资收益权、租赁投资收益权、定向融资计划等融资产品，完成融资 365.64 亿元，挂牌不良资产 25.95 亿元，有力地支持了地方经济发展，实现了民间财富的最大化增值。

为了解决浙江中小企业多、融资难和民间资金多、投资难的"两多两难"现状，改变固化的资产格局，提高资产流动性与利用效率，助力浙江打造金融新高地，浙江省政府再次加大力度，支持省国资运营公司联合复兴集团、上海东方信托等公司，发起成立浙江浙商国际金融资产交易中心股份有限公司。公司定位为非标金融资产标准化交易平台，具体交易品种主要包括资产证券化产品、应收账款债权及其收益权、企业债权及其收益权、信托类资产收益权、企业股权及其收益权，于 2016 年 3 月正式开业运营。

大宗类市场正本清源

浙江是资源小省，又是市场大省。据统计，2014 年底全省共有商品交易市场 4321 个，实现交易额 1.95 万亿元，全省已登记的网上交易市场 167 家，交易额达到 2.56 万亿元，均居全国第一位。

与发达的小商品市场相比，浙江的大宗商品市场起步较早，但发展的道路一波三折。

1992 年经当时的国家外经贸部和纺织工业部批准，在全国最主要的茧丝生产加工基地嘉兴，组建中国茧丝绸交易市场。随着市场交易规模不断扩大，嘉兴成为中国茧丝绸最主要的集散地，同时通过平台形成

的"嘉兴指数"直接影响国际市场价格，成为国际茧丝价格的风向标，拥有了国际市场茧丝价格的话语权。

正当浙江加快步伐建设更多的大宗商品市场之际，一场清理整顿风暴突然降临。1993年11月，国务院发布《关于坚决制止期货市场盲目发展的通知》，开始对期货市场的盲目发展进行清理整顿，30多家期货交易所仅保留14家进行试点。鉴于市场再度失控，1998年国务院再次下发《关于进一步整顿和规范期货市场的通知》，对试点的14家期货交易所进一步整顿和撤并，只在上海、郑州和大连保留三家期货交易所。浙江与发展期货交易所两度失之交臂。

十多年后，交易场所迎来新一轮清理整顿。虽然这次整顿规格更高、要求更严，但浙江力求主动，期望通过整改得以"买票上车"，从而名正言顺地开展业务。十年间，浙江遵循市场本身的发展逻辑，脚踏实地、潜心耕耘，打下了更加坚实的平台基础。

浙江沿海地区造船业发达，台州金属材料交易市场明确定位为服务船厂，为其提供便捷的钢材采购、仓储、运输等服务，帮助船厂降低经营成本；

中国茧丝绸交易市场一头连接茧丝厂家，一头牵着加工企业，仓储融资同步推进，形成完整的产业链条。

……

2012年3月16日，中国证监会主席郭树清在浙江调研时拍板，要求证监会协调三大期货交易所，与台州金属材料交易市场在仓储交割服务上加强合作。

此后，浙江各类交易场所的清理整顿工作进展顺利，首批通过部际联席会议的检查验收。2013年初，浙江省政府公布保留的65家交易场所中大宗商品类多达13家，外加宁波保留的3家，共有16家，浙江成为名副其实的大宗商品交易场所大省。

清理整顿工作开展以来，浙江大宗商品交易场所稳健经营，快速发展。截至 2015 年末，全省大宗商品交易场所的交易品种从 2013 年 9 月统计之初的不足 10 只，扩展到近 100 只，交易量从 400 亿元 / 月骤增至近 4600 亿元 / 月，市场影响力不断扩大。

权益类市场"泾渭分明"

在浙江交易场所的大家庭里，交易种类丰富，板块特征突出，特色不可谓不鲜明，股权、产权、金融、文化、林权、排污权、矿业权、知识产权、大宗商品等，林林总总、生机勃勃。

——文化交易市场。文化的功能是多维度的，包括思想教化、知识传承、精神娱乐、休闲消费等。随着改革开放的推进深化，现今文化的产业规模与经济职能日益突出，文化产业被世界公认为经济发展的"朝阳产业"。"十一五"期间，浙江全省文化产业增加值年均增长率达 16% 左右。2009 年全省文化产业增加值 807.96 亿元，比上年增长 9.9%，高出同期 GDP 增长速度 2.8 个百分点。2013 年全省文化产业增加值达到 1880.40 亿元，占全省生产总值比重为 5%，成为国民经济支柱性产业。

文化产业是由创意、生产、交易、传播、终端消费等各个环节构成的有机整体。其中交易环节在创意与生产、生产与传播、生产与再生产、生产与消费等环节中都起着不可或缺的桥梁和纽带作用。据统计，2015 年浙江有文化及相关产业法人单位 856383 个，列全国第四位，个体经营户 99933 个，列全国第二位。根据上海交通大学发布的《2013 中国文化产业发展指数报告（CCI—DI）》的数据报告，浙江文化产业综合发展指数在各省区市中仅次于北京和广东。2015 年浙江已有 15 家文化类上市企业，在全国文化企业 30 强中浙江占据四席。

浙江文化产业的蓬勃发展，带来了强烈的投融资需求。2011 年 7 月，浙江新远文化产业集团发起设立浙江文化艺术品交易所，开展书法、绘画、工艺品等实物交易，进行文化创意、形象设计等知识产权转让，提供文化企业投融资平台服务。同年 8 月，杭州文投创业投资公司联合西泠印社集团、杭州市金融投资集团等业内企业，组建杭州文化产权交易所，为艺术品及其衍生品、文化创意、影视制作、出版发行、印刷复制、广告、演艺娱乐、文化会展、数字内容和动漫等，提供政策咨询、信息发布、组织交易、产权鉴证、资金结算服务。

然而，市场的现实是，要真正地投资艺术品并实现价值增值，需要漫长的等待过程。由于企业轻资产、信用级别低，投资回报具有不确定性，从而导致一级市场融资难、二级市场变现难。为了搞活二级市场，国内不少平台往往采取做市商、权益拆分、杠杆交易等违规方式做大交易量，以吸引投资人的眼球，最终酿成市场风险，招致监管部门一轮又一轮的清理整顿。

浙江的两家文化类交易场所，都是国有的背景，总体上运作较为规范。但囿于多方面原因，机制不活、人才缺乏，交易市场的发展与预期目标尚有很大距离。如浙江文交所成立至今四年多，仅实现各类交易 2500 万元，项目融资 3200 万元。后来调整了经营班子，重新进行战略定位，梳理发展思路，加强团队建设，完善内部规章制度，建立新的激励机制，摸索出一条可行的发展路径。

——产权交易市场。在上世纪 90 年代初期的国有集体企业改革大潮中，浙江产权交易机构应运而生，如 1993 年杭州成立的企业产权交易中心，1994 年开业的温州产权交易中心、绍兴市产权交易中心等。随着改革的不断深入，产权交易机构队伍也不断壮大，截至 1995 年底，全省共有产权交易机构 33 家，其中省级 1 家，市级 10 家，县级 22 家，这一阶段也是浙江产权交易市场的鼎盛时期。2000 年 90% 的国有集体企业产权制度改革任务逐步完成，产权交易市场的业务量大幅萎缩，经营效益呈现"三三开"现象（即三分之一处于正常运转状态，三分之一处于勉强维持状态，三分之一处于亏损状态）。好在这些产权交易机构，大多是事业单位或者国有企业，当初设立时主要以服务改革为目标，没有严格的盈利要求。尽管业务下降、效益不佳，各地政府也没有马上全部关停，而是部分维持现状，部分并入政府招投标中心，另有一些后起改革的市县则陆续新设产权交易机构。也正因如此，产权交易机构有生有灭，到 2011 年底清理整顿前，全省涉及产权交易的机构仍然保有 30 家左右的规模。

早期的产权交易机构大多由主管部门负责推动设立，服务对象主要为改革改制过程中的企业管理团队和内部员工持股会，具体业务内容为资产确权、股权登记与托管、产权鉴证过户、红利发放、权利质押等。2003 年《企业国有产权转让管理暂行办法》出台后，国有企事业资产出让全部通过公开平台完成，产权交易机构的业务随之扩大，包括发布各类企业产权买卖信息、提供资产评估、产权拍卖及过户、兼并及破产中介等服务，并成为日常性工作。

经济进入新常态，产权交易机构也在不断探索新的发展之路。浙江产权交易所经过股东调整、股权业务剥离后，引入新的考核机制，倒逼公司新的经营团队转换思路，调整发展战略，着力向体制外开拓市场，交易业务从原来 90% 以上为主管部门指定项目，变为目前 50% 以上为非指定项目，注入了市场化活力。

杭州产权交易所充分利用地缘优势，开发了多类交易品种，包括实物资产、股权、债权、矿权、排污权、经营权、版权、商标权、房屋租赁、异地项目等地方政府资源悉数进场。

为支持海宁要素市场化配置综合配套改革试点工作，2014 年浙江省金融办同意海宁市排污权储备交易中心名称变更为浙江江南要素交易中心，经营范围调整为土地、能源、资金、人才、环境容量等全要素交易，当年实现土地、排污权、用能总量指标、产权、建设工程招投标、政府采购等各类项目交易 133.71 亿元。

产权市场是资本市场的重要组成部分，具有信息集聚与辐射功能、价格发掘功能、制度规范功能、中介服务功能等一般职能。通过产权市场，有利于提高交易的效率，实现资源优化配置；有利于规范产权交易行为，确保交易的公开、公平、公正；有利于杜绝暗箱操作，助推廉政建设，并实现国有资产的保值增值。市场需求客观存在，产权交易有深厚的生存基础，如果兼具灵活的体制机制、多方的服务功能和优良的服务效率，未来发展前景不仅无可取代，还将一片光明。

——林权交易市场。浙江多山，素有"七山一水二分田"之称，林业经济在全省国民经济中占有重要地位，而且关系到成千上万林农的生存。2008年中共中央、国务院发布《关于全面推进集体林权制度改革的意见》，要求"加快林地、林木流转制度建设，建立健全产权交易平台"；浙江省委、省政府《关于进一步深化集体权权制度改革的若干意见》中明确提出，要加强林业要素交易服务市场建设。为了落实林权制度改革，更好地发挥市场配置资源的基础性作用，浙江省林业厅推动、省金融办批复组建了浙江华东林业产权交易所，开展林权转让及林农融资服务，积极打造特色专业平台。

第六节　精准"滴灌"发展小贷

浙江金融的小贷机构像滴灌系统一样铺陈于广袤田野，节水省力，而且能准确地控制灌水量，四季均衡地普洒甘霖，证实了"整体大于部分之和"的哲言，而在小微企业看来，更是"点点滴滴在心头"。2008年，对于浙江民间金融发展来说，是一个具有里程碑意义的转折点——这一年，浙江启动了小额贷款公司的试点。

小贷试点破茧

2007 年寒冬时节，国家金融管理部门对东部沿海民营企业和民间金融状况开展密集调研，觉得应当实施"由堵转疏"，适度放宽对长期处于灰色地带的民间金融的限制，在全国范围扩大小贷公司试点。2008年 5 月，银监会、人民银行联合下发了《关于小额贷款公司指导意见》，明确省级政府开展小额贷款公司试点的内容、部署和要求。最引人关注的是上述指导意见中的一条：符合条件的小贷公司将来可以转为村镇银行。

为了跳入"办银行"的龙门，实现从实业到金融的跨越，浙江一些民营企业跃跃欲试小贷行业。但鉴于地方政府清理农村基金会以及处置金融机构风险的经验与教训，浙江省政府既对试点作出迅速反应，同时又积极、稳妥地采取小步快走的措施在全省开展部署。2010 年省政府办公厅出台《关于开展小额贷款公司试点工作的实施意见》，原则上每个县设立一家小贷公司；对列入省级综合配套改革试点的杭州市、温州市、嘉兴市、台州市增加五家试点名额，义乌市也可增加一家试点名额。由此，浙江小贷"破茧而出"。

从"民间借贷"转为阳光化的小贷试点，一场发生于民间各类主体之间、堪称激烈的金融牌照争夺战开演。在试点初期，县级政府优中选优，在省政府出台的主发起人门槛的基础上进一步提高了标准，增强主发起人的实力，这在各县特别是经济发达县成为普遍现象。

浙江小贷试点工作坚持制度先行，规范操作，明确省、县两级政府的职责。省金融办牵头会同省工商局、浙江银监局、人行杭州中心支行建立联席会议，联合下发《浙江省小额贷款公司试点暂行管理办法》，明确了小贷试点的立足点和需要把握的方向。

——明确落实县级政府的风险防范和处置责任。凡是要求开展小额贷款公司试点的县级政府，必须作出承担风险防范与处置的书面承诺。

——主发起人应当是管理规范、信用优良、实力雄厚的当地民营骨干企业。主发起人选好了，风险就下降了一大半。如海宁的宏达集团、瑞安的华峰集团等上市公司或者上市公司的母公司，都作为小贷公司的主发起人。

——严格把握高管团队的素质。对董事、高级管理人员的任职资格条件作出规定，鼓励从金融机构聘请专业人员担任高管。如瑞安华峰小额贷款公司从当地国有银行聘请支行行长出任高管。这些高管人员年富力强，不少担任过行长一级职务，具有丰富的金融工作经验，使小贷公司从一开始就能按照现代化银行业的要求合规经营、防范风险。

——把合规经营的要求写入公司章程。出资人必须承诺不从事非法集资活动，不从事高利贷活动和不吸收存款或变相吸收存款等事项，将监管的外在合规要求内化为公司内部的治理要求，提升了监管规则的约束刚性。

试点初期，政策设计与实践对接不够完善的问题逐步显现出来，比如税费负担、身份定位、融资比例等，而转为村镇银行的路径也似乎并不顺畅，因此，各地设立小贷公司的积极性并不高。针对试点初期出现的问题，主管部门很快作出反应，及时推动浙江省政府出台《关于促进小额贷款公司健康发展的若干意见》，国家规定小贷公司不属于金融机构，但省政府明确属于新型农村金融组织。各地政府在办理工商登记、税收征缴、土地房产抵押等方面，应参照金融机构对待；允许信誉良好、牵头作用突出的主发起人的股份增持至30%；并实施了财政补助、风险补偿等财政扶持政策。各级政府通过不断完善试点初期政策，小贷试点的热情也在不断燃起。通过政府与民营企业的不断互动，小贷经营的业绩也逐步上升，民间资本进入小贷领域的热情持续高涨，小贷公司逾期贷款率也维持在较低水平，风控能力与水平良好，体现了民间金融的体制活力。

打通小微服务"最后一公里"

实业为本，金融为用。我国金融业改革发展取得明显成效，但"三农"和小微领域金融服务仍是薄弱环节，而小贷公司正是弥补薄弱环节、精准"滴灌"的新兴机构。

基于小额信贷又高于小额信贷的普惠金融，被联合国定义为"为所有阶层的人们提供合适的金融产品和服务的金融机构"。浙江始终坚定不移地坚持这一试点方向，主要体现在如下几方面。

——明文规定支农支小的比例。试点之初，浙江省政府相关文件就明确规定，原则上小贷公司贷款余额的70%应用于单户余额100万元以下的小额贷款和纯农业贷款，并在2009年度开始实施监管评级（考评），建立了以"支农支小"绩效作为主要内容之一的量化测评体系。考核结果直接与扩大融资、业务创新、享受扶持政策相挂钩。2014年末，全省小贷公司户均贷款为73.78万元。

——鼓励向乡镇布局。引导小贷逐步向乡镇延伸网点，打通小微金融服务"最后一公里"。2014年末，浙江小贷有123家设在乡镇、221家设在街道社区。其中瑞安华峰小贷已在八个乡镇延伸设立了网点，既避免了与银行的同质化竞争，又拓宽了服务的深度与广度。

——创新信用保证方式。"三农"与小微企业难以得到金融服务的主要原因之一是缺乏银行认可的抵押物，而小贷公司突破了这一瓶颈，开发有效的小微贷技术，主要基于小微、"三农"客户的信用发放贷款。2014年末，全省信用贷款与保证贷款之和为754.41亿元，占比高达82.8%，一定程度上缓解了"三农"与小微企业的融资难问题。

2008年银监会和人民银行联合下发试点文件，规定了小贷公司的经营范围，严格限定了对外融资方式与比例。浙江试点以来，遵循市场化规律，不断探寻小贷商业化可持续发展路径。

——适当拓宽经营范围。除贷款外，允许小贷公司与金融机构开展保险代理、租赁代理、基金代理等业务合作，提高中间业务收入。2015年，经浙江省政府同意，浙江省金融办下发《关于促进小额贷款公司创新发展的意见》，允许小贷公司在坚持小额贷款业务的同时，按照规定开展权益类投资、资产证券化、合作开展网络小额贷款等 11 项业务，进一步拓宽了小贷公司的业务空间与盈利区间。

——进一步调整了大股东的持股比例上限。为了进一步发挥大股东在公司治理中的牵头作用，提高参与治理的积极性，2015 年允许大股东的持股比例上限由 30% 提高到 45%，有上市公司背景的可以提高到 60%。

——探索提高融资比例上限。允许经营优秀的小贷公司通过向主要法人股东定向借款、同业资金调剂拆借等方式，融资比例从 50% 放宽到资本净额的 100%。

——探索建立"抱团式"融资风险共担机制。杭州、湖州、绍兴等市与国家开发银行浙江省分行合作，探索通过融资银行支持、小贷公司抱团合作、地方政府增信等方式建立风险准备金制度和公示评议制度，降低融资银行的信贷风险，扩大小贷公司贷款额度、降低贷款利率。

——探索对接多层次资本市场。2013 年依托浙江股权交易中心，尝试发行小贷公司定向债。三家小贷公司发行了 1.5 亿元定向债。2014年以来，陆续有小贷公司在"新三板"挂牌、发行优先股以及资产证券化产品。2015 年初，佐力小贷成功在香港联交所挂牌，成为全国首家 H 股上市小贷公司。

——探索尝试横向并购。建立小额贷款公司平稳有序退出机制，鼓励优质小贷公司横向并购出险小贷公司，从而实现"优胜劣汰"，激励优质小贷公司逐步做精、做优。德清佐力小贷、海宁宏达小贷已经有了这方面的成功案例。

嫁接互联网的创举

小微企业融资是世界性难题，小微电商融资则是难中之难。浙江在全国范围内率先进行了大胆的探索和尝试，阿里小贷公司就是个中典型之一。

经浙江省政府研究决定，2010 年浙江省金融办下发《关于同意浙江阿里巴巴小额贷款股份有限公司试点方案的批复》，阿里小贷以互联网为平台，运用先进的微贷技术和风险管理，为诚实守信的小微电商提供必要的信贷支持。这是一家创新型的网络金融服务企业，它借助现代网络为阿里巴巴集团旗下各网络平台的中小企业及创业者提供资金帮助，既是对传统金融业务的承接又充分结合互联网的优势，既是对电子商务的应用创新又是小贷公司模式的创新，对传统银行融资模式的不足起到很好的补充作用，更是为突破中小企业融资难这一世界性难题作出了有益的尝试。

浙江阿里小贷自开业以来至 2015 年 12 月，累计获贷客户数 45.43 万户，发放贷款笔数 806.79 万笔，贷款发放额 758.65 亿元。它是国内互联网金融最早的一批"拓荒者"，也为网商银行的设立、蚂蚁金服金融版图的扩张探索出了经验，奠定了坚实的基础。

让小贷"互联互通"

建立全省统一的信息系统平台，一方面有助于借助信息科技手段解决小贷监管的统一性和及时性问题，逐步提高监管的针对性；另一方面，可在降低总成本的基础上，满足单家小贷公司的业务发展需求，从而优化风险控制、信贷审批、行业内征信等环节的流程，提升风控能力以及服务小微企业的能力。

在借鉴兄弟省市成功经验的基础上，浙江省小贷公司协会在 2011

年9月独家出资成立了"浙江省小额信贷信息服务有限公司"。在浙江省金融办和省小贷公司协会的协调指导下，省小贷信息公司有序推进各项工作。2014年9月末，系统上线工作已基本完成。作为全省小额信贷信息服务平台，该公司为全省小贷公司提供后台信息服务，满足各级监管部门监管数据需求，同时也成为小贷公司之间、监管部门与小贷公司之间政策、业务、信息交流平台。

为了进一步提升信息系统平台的技术服务能力，省小贷信息公司在2015年4月中旬组织了二期项目的招标工作，最终由浙江核新同花顺网络信息公司顺利中标。二期项目的主要内容包括：一是提供公共后台信息技术支撑服务，统一研发和联网小贷信息业务系统，并向金融办提供监管信息平台；二是为小贷公司提供业务培训和人员培训，开发标准化的小额信贷管理技术，开发小额贷款创新产品等；三是为省内小贷公司融资、发债、资产转让、资产证券化及股权转让、并购重组等提供专业服务，并根据市场发展需要，为符合条件的小贷公司向银行融资等融资提供增信服务，帮助解决小贷公司融资问题。逐步实现全省小贷在资产证券化、信用评级、增信安排、融资拆借等方面的"互联互通"。

"双层监管"无缝对接

金融监管实施中央垂直化管理以来，面临一些类金融组织如何监管的问题，凸显了地方金融监管的必要性。2014年国务院下文首次明确了省级政府金融监管的范围和职责，小贷公司被纳入地方金融监管范围。

2012年浙江省政府办公厅下发《浙江省小额贷款公司监督管理暂行办法》，正式明确由金融办系统履行小贷公司的监管职责。浙江在建立小贷公司监管体系方面作了有益探索，为培育地方金融监管能力、构建"双层监管"体系积累了经验。

一是加强监管制度建设。近年来，浙江连续出台《小额贷款公司非现场与现场检查工作指引》等20多个政策和操作办法，构建了监管制度框架。二是加强监管队伍建设。浙江省金融办率先单独设立小额贷款公司管理处，形成了省、市、县三级联动监管机制，初步建立了200余人的小贷公司监管员队伍。三是全面实施信息化联网监管。开发完成并推广应用全省小贷公司公共信息服务系统，这既是全省小贷公司的总信息技术后台的服务平台，又是全省金融办系统对小贷公司实时性和信息化监管的平台。四是强化监管业务培训。采用邀请专家授课、组织监管交流会、高校集训等方式多维度培养监管队伍的能力，提高监管人员经济金融专业素养，提升发现问题、解决问题、处置风险的能力。

做小微客户的"钱商"

2014年11月21日，国务院总理李克强在浙江考察时问杭州泰隆商业银行负责人：你读过加拿大作家阿瑟·黑利的《钱商》吗？

总理说，这本书讲的就是银行怎样为小微客户服务。作者花两年时间深入银行采访得出结论：银行服务小微客户能获得更长久稳定的回报，希望你们也做这样的"钱商"。

这本被称为金融从业人员必读书之一的小说的确揭开了行业面纱，展现了真实的金融业面貌，强调了在后经济危机时期为小企业提供融资服务对于银行经营管理及发展的重要性。

"融资难"一直是制约全球小企业发展的共性问题，国际金融危机爆发后的经济环境下，金融业开始接受一种观念：一个有弹性的金融体系需要更加信赖分散在行业中的小的金融参与者而不是处于行业中心的少数金融参与者。普惠金融将会成为更强大、更公正的金融体系的一个重要组成部分。而普惠金融体系中，融资结构改善即直接融资比重上升正成为一种新趋势。

小贷公司的资金来源主要依靠股东注入的资本金及银行融资，为了进一步缓解小贷公司资金瓶颈，拓展小贷公司直接融资渠道，根据省政府分管领导的指示精神，浙江率先在全国开展小额贷款公司定向债（简称小贷定向债）试点。

2013年伊始，浙江省金融办先后三次召集浙江证监局、浙江股权交易中心、财通证券、浙商证券、天册律师事务所等部门、机构以及多家小贷公司负责人，专题研究发行小贷公司定向债试点事宜。

3月13日，省金融办召开省小额贷款公司试点联席会议，浙江证监局、省财政厅、省工商局、人行杭州中心支行、浙江银监局等单位参加会议，最终形成了专题会议纪要，明确定向债发行的主要原则、发债小贷公司的基本条件以及发行方式。

定向债遵循逐步试点的原则，在有条件区域有选择地进行先行先试，做到稳妥起步。发行规模要控制在融资比例的一倍以内。可选择发行募集与定向募集的方式，即既可参照中小企业私募债的形式依托浙江股权交易中心等平台发行，也可参照主要法人股东定向借款管理办法，在注册地区域内向定向对象发行。要求加强成本控制，在小贷公司可承受范围内降低融资成本，让小贷公司主要服务对象——"三农"和小微企业真正得到实惠。

在浙江省金融办的指导下，2013年5月23日，浙江股权交易中心根据专题会议纪要的精神，发布了《浙江股权交易中心小额贷款公司定向债业务规则（试行）》。首批确定了瑞安华峰、苍南联信以及德清升华三家小贷公司试水"小贷债"，均由财通证券负责承销。

2013年7月22日，瑞安华峰和德清升华两家小贷公司成功发行定向债。各自首期发行5000万元的小贷债，期限均为2+1年，票面利率均为8.5%。

开启资本市场之门

为了突破小贷公司发展瓶颈、拓展直接融资渠道，2014年浙江省政府办公厅在全国率先出台《关于深入推进小额贷款公司改革发展的若干意见》，提出"鼓励符合条件的小额贷款公司通过境内外资本市场上市融资"。浙江省金融办按照"区别对待、扶优限劣、正向激励"的原则，及时出台政策，支持优秀小贷公司走向资本市场。德清佐力科创小额贷款股份有限公司（简称佐力小贷）于2015年1月13日在香港联交所挂牌，成为浙江省第一家成功在境外上市的小贷公司，也是国内第一家纯主营小贷业务在香港H股上市的小贷公司。

自启动上市工作以来，浙江省金融办给予了佐力小贷"全流程"支持，开启"绿色通道"，出台《关于德清佐力科创小额贷款有限公司直接境外上市事宜的有关复函》、《关于佐力科创小额贷款股份有限公司享受有关政策的批复》以及《关于佐力科创小额贷款股份有限公司监管情况说明的复函》等一系列配套支持政策。在省金融办的协调推动下，2014年6月9日，浙江省政府出具了《关于佐力科创小额贷款股份有限公司发行H股股票并上市的函》。

在政府部门的大力推动与支持下，佐力小贷于2015年1月13日在香港联合交易所挂牌上市，向全球发售3亿股（股票代码6866），每股（H股）价格1.30港元，最终募资3.9亿港元。

佐力小贷顺利实现境外上市，是浙江省小贷公司试点进程中具有里程碑意义的事件，开辟了一条新的融资渠道，提振了全省小贷可持续发展的信心，也形成了借助资本市场力量加强小贷监督的新机制，有利于协同促进小贷公司依法、合规、稳健运行。

考虑到小贷公司在境内外场内交易市场上市毕竟存在着不小的难度，而随着多层次资本市场建设进程的加快，"新三板"、区域性股权市场的迅速崛起，场外交易市场可以成为小贷公司对接资本市场的新选择。

诸暨市海博小贷公司（海博小贷）于 2013 年率先提出了挂牌新三板的试点申请，浙江省金融办积极支持，由办负责人带队赴新三板调研对接。同时，为了防止一哄而起，遵循积极、稳妥的原则，采取了先试点、总结经验后再推广的方式。海博小贷挂牌的进展比较顺利，它以 2013 年 11 月 30 日为基准日进行了股份制改造，此后相继完成了公司变更登记、与主办券商签署《推荐挂牌并持续督导协议书》、上报挂牌申请材料等手续，2014 年 10 月 24 日正式在新三板挂牌。有了前期的试点探索积累的经验，之后各地小贷对接新三板的热情进一步高涨，截至 2015 年末，全省共有八家小贷公司获准在新三板挂牌。

为了进一步支持区域性资本市场建设，浙江省金融办也积极引导小贷公司在浙江股权交易中心挂牌融资，强化信息披露的力度，规范、培育小贷公司的公司治理机制与能力。至 2015 年末，全省共有 22 家小贷公司在浙江股权交易中心挂牌。

此外，浙江省金融办积极推动温州市小额贷款公司紧抓金改机遇，在破解全国小贷公司普遍面临的融资难、融资渠道窄等方面勇于探索，求创新、求突破，先行先试，在拓宽外部融资渠道方面取得积极成效，温州小贷公司于 2014 年 9 月成功开展全国第一单小额贷款公司优先股试点。

瑞安华峰小贷"优先股"采取自办发行模式，共有 45 位投资者参与认购，平均认购额 222 万元，票面股息率 9.5%。截至 2015 年底，共有四家次小贷公司已完成优先股试点备案，备案金额 2.65 亿元，实际发行金额 1.25 亿元。

第六章　瓯越裂变

——破冰温州金改

　　以民营经济为特征的"温州模式"改革进入深水区，势必触动金融制度的深层次矛盾。单兵突进的温州金融改革试点，注定要在顶层设计的框架下摸索前行，哪怕"滚雷区"、"撞南墙"也在所不辞。因为浙江蕴藏有太多的改革期待，也有强大的改革动力，只有先行一步、领先一步，才能修复温州金融生态，以自身实践给中国的金融改革先行探路。中国给了温州一个机会，温州将会给中国一个摹本！

第一节　温州金改出炉

总理来到温州

　　2011年国庆长假期间，国务院总理温家宝风尘仆仆抵达浙江考察。随行的有国务院副秘书长尤权、国家发展改革委主任张平、财政部部长谢旭人、人民银行行长周小川、银监会主席刘明康等。

10月4日，在浙江省委书记赵洪祝，代省长夏宝龙及温州市委、市政府主要领导等的陪同下，温家宝来到浙江之行的最后一站——温州。

温家宝为什么把最后一站选在温州？

2011年是我国"十二五"规划的开局之年，而对中小企业来说却是倍感艰辛的一年。成本高、税负重、用工荒、融资难……这其中表现最为明显的是前所未有的融资难。据当时浙江省人大财经委提供的一份调研报告显示，2011年上半年浙江企业经营效益下滑、生产经营综合成本提高，订单进一步减少，减产、停产现象增多。仅温州一地，就有大量规模以上工业企业出现减产停产，甚至出现温州老板"跑路"、"跳楼"等极端事件。距离国庆节还有10天，温州又爆出新闻：曾被称为"眼镜大王"的温州信泰集团董事长胡福林，丢下近10亿元的银行债务，神秘地"跑路"美国。更令人担忧的是，小微企业先期面临的困难正向大中型企业传导，企业家信心指数明显下降。

这使人不禁要问：浙江经济怎么了？温州怎么了？

10月4日早上8点半，温家宝一下飞机，就来到位于永强机场附近的浙江百先得服饰有限公司考察，并在这家企业主持召开座谈会，听企业摆困难、提建议，为企业鼓信心、出主意。他表示，这次来就是为了解决问题。大家不要说套话、客气话，要直奔主题。提建议意见也行，探讨争论也行。总之，希望大家说实话——在与企业负责人等座谈时，温家宝的一席话让在座企业家的心里充满正能量。

在座的企业家纷纷向总理述说温州民营企业在资金周转方面的沉重压力、过多依赖民间借贷造成的诸多问题和担忧，恳请先行先试金融改革。因为，当时国务院颁布的"新36条"（即《国务院关于鼓励和引导民间投资健康发展的若干意见》）已有一年半时间了，其中虽然明确了民间资本可进入金融服务领域，但实际上仍遇到了许多阻碍。对此，温家宝现场回应说：情况确实是这样，听说遇到了"玻璃门"、"弹簧门"现象。

事实上，先行先试金融改革的议题早在温总理来浙江考察前夕就开始酝酿。之前，浙江省委书记赵洪祝主持召开专题汇报会，商议关于向国务院提出若干建议的选项。浙江省金融办主任丁敏哲在会上提出在温州搞一个金融改革试点的建议，希望将民间金融纳入监管轨道、降低风险，引导"潜伏"在地下的数千亿元民间资金早日实现阳光化；开展金融综合改革，切实解决温州经济发展存在的突出问题。丁敏哲在发言中称，引导民间融资规范发展，提升金融服务实体经济的能力，不仅对温州的健康发展至关重要，而且对全国的金融改革和经济发展具有重要的探索意义。

这一建议，在会上获得了一致的认同，当即被省委书记赵洪祝采纳，确定作为浙江省委、省政府向温总理汇报的"首条建议"。随后，浙江省金融办会同温州市立即着手有关试点方案的起草，充分论证，反复斟酌，以此作为"首条建议"的可行性报告。温总理听完该建议后表示对省里和温州市都提出要把温州作为金融综合改革的试验区，是可以考虑的。

座谈会上，温家宝还指出，当前温州出现的经济金融问题，需要高度重视、认真加以解决，但千万不能丧失信心。当前重点要解决的还是信心问题，对于温州的发展要充满信心，对解决当前的困难也要充满信心。

他说，只要措施得力，行动果断，温州中小企业面临的困难是会过去的。还是要抱着这样的信念：温州一定能够渡过难关。要千方百计稳定人心、坚定信心，保持温州经济社会发展大局稳定。要针对温州当前存在的金融经济问题，有针对性地制定解决问题的一揽子方案，同时注重发挥企业的主动性、积极性、创造性，依靠企业和广大群众共同努力来解决问题。要在解决当前问题的基础上，研究温州长远发展的战略举措、工作重点和实施步骤，为今后温州长远发展打下更好的基础。要加强领导，制定政策，认真全面落实各项措施。国务院有关部门要与省市

一起想办法，帮助企业渡过难关，推进发展。

改革开放以来，温州人和温州的资本遍及全国乃至世界，温州发展靠的是挑战自我、自强不息、筚路蓝缕的温州人精神。在这种宝贵的传统和精神的坚持下，相信浙江特别是温州，在经济社会转型以及中小企业走出困境方面，一定会闯出一条新路，推动温州经济有更新更大的发展。温州仍然充满活力，仍然大有前途，对此充满信心！温总理的这番话掷地有声。

正是这场高层次的"圆桌座谈会"，点燃了温州——不，是中国金融改革的一把火。

金改方案的酝酿

从2011年10月温家宝总理主持召开的温州座谈会，到次年3月国务院批准温州成为国内首个金融改革试验区，时间仅仅过去半年，很多人认为，浙江的动作快，国务院的动作也快。

10月5日，在温家宝总理离开浙江后的首日，浙江省委常委会就专题学习贯彻温总理在浙考察讲话精神。

10月7日，国庆长假尚未结束，浙江省委、省政府即在杭州的省人民大会堂召开专题会议，专题部署稳定经济金融形势的具体举措，研究温州开展金融综合改革试点的具体任务。

军令如山，浙江省金融办和温州市立即行动起来，牵头着手编制温州金融改革的试点方案，并组建了课题专业研究团队。

研究团队分三个层面：

第一个层面是领导小组，成员包括浙江省副省长、温州市委主要负责人、浙江省政府分管副秘书长、省金融办主要负责人和省内"一行三局"的负责人等。

第二个层面是核心团队，包括浙江大学史晋川、汪炜、何嗣江等七位专家、教授，是该项课题的主要参与者。

第三个层面是来自省内高校的博士生，协助核心团队进行专项课题的研究。

金改试点牵一发动全身，工作千头万绪。在第一次领导小组会议上，首先给研究工作"定调"——金改的重点是什么？主要解决什么问题？

会议初步确定研究课题的内容为四个部分：

第一部分是金融组织的创新。怎样通过金融组织创新、产品创新去破解中小企业普遍存在的融资困境，同时推进温州企业的转型升级；本土银行怎么发展；怎么支持小贷公司发展壮大；一些政策障碍如何去突破等。

第二部分是民间资金的阳光化与规范化。如何搭建民间借贷的平台；确定民间资本管理公司的组织形式与业务重点；成立温州人基金；引入股权投资；引导民间投资的有效转化等。

第三部分是考虑利率市场化试点。这被认为是一个很重要的课题，研究团队希望在温州进行尝试，从而实现资金的市场定价机制。

第四部分涉及组织保障。即强化地方政府金融管理的职能。

事后来看，这次会议确定的研究方向，实际上也就是一年半之后国务院为温州金融综合改革任务确定的大致方向。

2011年9月22日，根据浙江省政府主要领导的指示，浙江省金融办负责人带队前往温州，围绕温州深化金融综合改革工作进行调研，并形成了专题报告和建议上报省政府。

同年10月底，温州市会同课题研究团队，围绕前次会议所确定的四个部分的课题内容，深入研讨，反复斟酌，多次修改后，形成了关于要求设立温州金融综合改革试验区的方案报告，上报给省政府。此后，浙江省金融办又牵头多次召集"一行三局"等相关部门和专家学者，对这个方案报告不断修改完善，最终敲定方案（代拟稿）。浙江省政府于11月10日向国务院正式上报《关于要求在温州市设立国家金融综合改

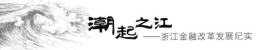

革试验区的请示》。

随后，经过人民银行与国家发展改革委、财政部、人力社保部、商务部、银监会、证监会、保监会、外汇管理局等七部委的修改把关，最终使温州这一方以先发改革闻名的热土，成为中国金融改革的"试验田"。

来自中南海的嘱托

这场始于 2011 年秋季的温州金融综改区试点申报历程，看上去更像是一场中央到地方的互动式改革冲刺。

从 11 月 15 日温家宝总理批示要求人民银行牵头提出意见开始，至 2012 年 3 月 28 日国务院常务会议批准实施温州金改试验区总体方案，其间的方案修改和审批，从国家发展改革委、财政部、人力社保部、商务部、银监会、证监会、保监会等七部委到人民银行，然后再回转到七部委，可谓层层过关，接力运转。人民银行于 2012 年 3 月初将试验区总体方案正式上报国务院，得到了国务院主要领导的批示同意。屈指算来，整个过程实际仅用了不到 4 个半月的时间，速度之快罕见，由此可见温州金改的急迫性与高层的重视程度超乎寻常。

值得一提的是，在此期间，国务院四位参事专程赴杭州和温州开展实地调研，形成书面材料，四次上报国务院，两次面陈温家宝总理，提出了先行先试、设立温州市金融综合改革试验区的论证意见。

作为地方政府这一头，自然更是打铁要趁热。浙江省金融办、温州市多次赴京与人民银行、证监会等部委进行对接汇报，沟通方案细节，温州市还派出专人驻点北京，全天候跟踪协调相关工作。

最初的好消息来自 2012 年全国"两会"期间。

3 月 14 日，国务院总理温家宝在十一届全国人大五次会议闭幕后会见中外记者，在回答记者提问时透露说："我可以告诉大家，中国人民银行和中国银监会正在积极考虑将温州民间金融作为综合改革的试点之一。"

2012年3月28日，注定是中国金融改革进程中具有历史性意义的一天。这天，在温家宝总理主持召开的国务院第197次常务会议上传出了期盼中的喜讯：国务院决定设立温州市金融综合改革试验区，批准实施《浙江省温州市金融综合改革试验区总体方案》。

温州这个中国民营经济发源地和中国民间资本之都，由此成为中国金融改革的先行之区，拉开了中国第一个国家级金融改革试验区建设的帷幕。

列席此次国务院常务会议的浙江省金融办主任丁敏哲忆及此情此景，至今历历在目——

温家宝总理主持会议。国务院副总理、国务委员及国家相关部委负责人出席会议。会上，中国人民银行行长周小川作了关于《浙江省温州市金融综合改革试验区总体方案》（送审稿）的起草说明，分别就起草背景和过程、框架和主要内容、征求意见及采纳情况进行了汇报说明。

会议指出，温州是民营经济、民间金融比较活跃的地区，近年来，温州民间资本比较多地投向虚拟经济，2011年9月中小企业资金断裂情况集中暴露，引起了国内外的关注。温州等地出现的局部金融风波和民间借贷问题，一方面要通过政策引导和规范，另一方面要通过改革的办法加以解决。通过改革，可以规范引导民间金融出现的问题，可以解决温州长期积累的问题。此次在温州试点金融改革，不仅对温州本身，对全国也有示范作用。浙江省提出的这个"总体方案"，包括三部分内容，特别是具体涉及的12项任务比较全面，允许试点。

会议强调，在温州设立金融综合改革试验区，是一件有意义的事情，在试点过程中要注意把握好三个方面：一是指导思想和主要目标要更加明确，立意要更高。通过改革为全国金融改革提供示范和经验，定位要准确。特别是实体经济和虚拟经济的结合，实现转型发展提供经验对全国有示范意义。二是明确一些试点项目在温州先行先试一段时间，逐步

推进。三是关于发展与规范问题。给特殊政策的同时要规范，这样有利于在探索中积累经验。

会议要求，在温州开展金融改革试验，切实解决温州问题，引导民间金融规范发展，提升服务能力，这不仅对温州，而且对全国都有重要的探索意义。国务院常务会议批准这个"总体方案"，旨在通过改革推进金融体制机制创新，构建与经济社会发展相匹配的多元化金融体系，使金融服务明显改善，防范和化解金融风险能力明显增强，金融环境明显优化，为全国金融改革和发展提供经验，起到示范作用。因此，温州开展金融改革试验意义重大，必须积极稳妥推进，浙江省、温州市要高度重视，加强领导，深入细致地做好工作。浙江省要成立工作组具体负责改革方案的实施。人民银行要会同国家有关部门加强指导、协调和监督，及时总结经验。

浙江省委副书记、代省长夏宝龙代表浙江省委、省政府在会上向国务院作了表态发言，对国务院和有关部委对浙江申报温州市金融综合改革试验区工作给予的指导和帮助表示感谢。他说，温州市金融综合改革试验区是中央高瞻远瞩，顺应民营经济和中小企业发展迫切需求作出的一项重大决策，对浙江发展具有里程碑意义，给了浙江破解"两多两难"（中小企业多、融资难，民间资金多、投资难）问题的一把"金钥匙"。在国务院正确领导和有关部委的关心指导下，我们有信心，也有基础、有条件搞好温州金融综合改革试验，为全国金融深化改革积累经验、提供示范。

浙江将深刻领悟党中央、国务院对浙江改革发展的关怀和支持，牢记党中央、国务院的信任、重托和期望，切实把推进温州金融综合改革试验作为破解"两多两难"、创新发展区域金融的"金钥匙"来认识、珍惜和把握，把试点作为全省经济社会发展的重大战略任务来抓，不负重托，抓住机遇，调动全省各方面的力量，扎实做好试验区总体方案的各项实施工作，确保改革试验取得成功、结出硕果，不断开创浙江金融改革发展新局面，为全国金融深化改革积累经验、提供示范。

浙江将从三个方面着手温州金改：一是加强领导，全力推进。省政府将建立省市联动的领导小组及协调机制，形成强有力的工作推进机制。二是大胆探索，先行先试。坚持顶层制度设计与基层大胆探索相结合，在中小企业金融服务创新上先行先试，在民间融资规范上先行先试，在多渠道破解"两多两难"问题上先行先试，在信用建设和风险防范上先行先试，确保改革试验取得实质性成效。三是把握大局，防控风险。切实把握好金融改革试验与风险监管的相互促进关系，建立健全金融风险防控体系，确保金融改革与金融稳定协同推进，积极探索区域金融改革创新新路子，为全国改革发展大局作出积极贡献。

国务院常务会议确定了温州市金融综合改革的十二项主要任务：

（一）规范发展民间融资。制定规范民间融资的管理办法，建立民间融资备案管理制度，建立健全民间融资监测体系。（二）加快发展新型金融组织。鼓励和支持民间资金参与地方金融机构改革，依法发起设立或参股村镇银行、贷款公司、农村资金互助社等新型金融组织。符合条件的小额贷款公司可改制为村镇银行。（三）发展专业资产管理机构。引导民间资金依法设立创业投资企业、股权投资企业及相关投资管理机构。（四）研究开展个人境外直接投资试点，探索建立规范便捷的直接投资渠道。（五）深化地方金融机构改革。鼓励国有银行和股份制银行在符合条件的前提下设立小企业信贷专营机构。支持金融租赁公司等非银行金融机构开展业务。推进农村合作金融机构股份制改造。（六）创新发展面向小微企业和"三农"的金融产品与服务，探索建立多层次金融服务体系。鼓励温州辖区内各银行机构加大对小微企业的信贷支持。支持发展面向小微企业和"三农"的融资租赁企业。建立小微企业融资综合服务中心。（七）培育发展地方资本市场。依法合规开展非上市公司股份转让及技术、文化等产权交易。（八）积极发展各类债券产品。推动更多企业尤其是小微企业通过债券市场融资。建立健全小微企业再担保体系。（九）拓宽保险服务领域，创新发展服务于专业市场和产业集群的保险产品，鼓励和支持商业保险参与社会保障体系建设。（十）加强社会信用体系建设。推进政务诚信、商务诚信、社会诚信和司法公信建设，推动小微企业和农村信用体系建设。加强信用市场监管。（十一）完善地方金融管理体制，防止出现监管真空，防范系统性风险和区域性风险。建立金融业综合统计制度，加强监测预警。（十二）建立金融综合改革风险防范机制。清晰界定地方金融管理的职责边界，强化和落实地方政府处置金融风险和维护地方金融稳定的责任。

这便是后来外界时常提到的温州金改"十二条"。

温州金融改革"试验田"开犁的消息一经公布，这座一直以来颇受外界瞩目的瓯越古城，瞬间引起了海内外媒体的高度关注。媒体对国务院的改革决策作了大量报道和评论，寄予了很高的期望。有媒体称之为"中国金融体系的标志性改革"（《香港商报》）、"金融改革在温州开闸"（《大公报》）、"新温州模式"（《中华工商时报》）……

金改大幕初启

温州金改试验区经国务院常务会议同意设立后，浙江省和温州市在短时间内迅即着手作了三件事：

第一件事：明确了工作领导小组构架。

——省政府成立浙江省温州市金融综合改革试验区工作领导小组。组长由省长担任，副组长由分管副省长和温州市委书记担任；成员由省级有关单位主要负责人和温州市市长担任。主要职责为统筹协调推进试验区工作；研究部署重要工作，组织推进重大项目；研究解决改革过程中出现的新情况、新问题；积极争取国家及部委对试验区的政策倾斜和金融改革的先行先试。

——领导小组下设办公室，办公室设在浙江省金融办。主要职责为承担领导小组交办的工作任务；加强上下工作沟通协调；组织编制细化方案和年度实施计划；协调解决工作推进中的具体问题。

——领导小组下设六个协调推进工作组。分别由浙江省金融办、"一行三局"、省财政厅的主要负责人担任组长。主要职责为研究提出省级层面支持政策和推进的项目；指导、支持温州开展各项工作，及时研究解决推进工作中的具体问题；加强与国家部委的工作沟通和联系，争取对温州试点工作的最大支持。

——温州市成立浙江省温州市金融综合改革试验区实施领导小组。组长由温州市主要领导担任。主要职责为负责试验区的推进实施工作；加强地方金融的改革创新；负责与省级六个协调推进工作组的沟通对接工作；研究、解决实施工作的具体问题；及时向领导小组提交重大事项和需要支持、解决的事项。

通过建立部、省、市上下联动、协调沟通的合作机制，形成齐抓共管、共同推进的良好局面，确保各项改革试点工作的顺利实施。

第二件事：研究编制三年实施计划。

为了进一步厘清温州金改的主要任务和工作重点，找准改革试点的突破口，明确阶段性的目标任务，浙江省、温州市两级按照三年时间跨度来编制实施计划，提出三年改革试点的总体要求、主要目标和主要任务，并对每一项改革试点任务进行分解，按照明确目标任务、排出试点项目、出台政策措施、锁定完成时间表的总体要求来落实责任，明确工作进程，以确保各项改革任务落到实处、取得成效。

第三件事：筹备温州金改动员大会。

部署学习和贯彻落实国务院常务会议精神，把全省上下的思想行动统一到国务院的决策部署上来，立刻行动起来，做深做细各项工作，确保改革试点成功。

2012年4月9日，中国人民银行行长周小川一行前往温州。根据中国人民银行官方网站发布的消息，周小川此行的目的是落实国务院常务会议精神，指导和协调浙江省温州市金融综合改革试验区建设，并与浙江省共同启动温州金融综合改革试验区有关工作。

当天，周小川行长一行与浙江省委书记赵洪祝等进行了小范围的座谈。会上，周小川介绍了总体方案酝酿修改的大致过程，特别就方案未采纳的以及在表述上作了修改的内容进行了说明，又对需要中央部门协调的事项进行了梳理明确，并对制定民间融资管理办法等问题谈了自己的看法。

就在这次会上，浙江省金融办主要负责人就有序推进温州金改工作谈了三点设想。

第一，要细化好。对总体方案提出来的十二项主要任务，主要从三个层面进行细化分类：哪些是温州自己能做的，哪些是省里能放的、可以支持的，哪些是需要向中央部委争取支持的，力争做到无缝对接，不交叉、不遗漏。

第二，要结合好。就是怎样找好结合点与突破点。一是软硬结合。"软"就是法规政策、体制机制等制度软环境，"硬"就是机构、资金、产品、规模等硬件项目。软硬结合，实质上就是处理好治标与治本的关系，结合好了就会标本兼治。温州试验区建设要积极争取多设金融机构、多创新产品、多安排项目、多争资金规模，这些都是不可或缺的，但更重要的还在于法规的制定、制度的设计、政策的推出、体制机制的创新，这才是治本之举，才是设立温州试验区先行先试的最根本目的。只有把软硬两者很好地结合起来，才具有普遍意义。浙江省、温州市两级应各有侧重，省里着重抓好偏软方面的工作，像民间融资管理立法等工作。温州市则着重是抓好组织实施、具体推进等方面的工作。二是点面结合。温州的试验区从表面上看属于区域的概念，但它的意义在于为全国金融改革提供示范样本，创造可复制的经验、可推广的做法。三是政府主导与市场主体的结合。金融改革必须把防范风险放在首位，在可控范围内让市场主体发挥作用，处理好政府、市场、企业三者的关系。同时，要尊重市场规律，注意风险边界的锁定，该市场主体承担的就让市场主体承担，该政府负责的政府就要切实负责，既不能放任，也不能包揽，这才符合金融改革的方向。

第三是要对接好。积极加强与有关部委的联系沟通，积极争取把一些创新性的金融改革举措更多地放到浙江、放在温州来先行先试。积极为浙江省委、省政府的决策出点子、提建议，当好金融方面的参谋。积极协同配合温州市委、市政府做好工作，主动发挥联接上下、协调左右的作用，共同推进试验区建设。

4月10日上午，浙江省委书记赵洪祝在温州市行政中心会议室主持召开了温州市金融综合改革试验区工作座谈会。在听取了常务副省长龚正，副省长、温州市委书记陈德荣及有关单位负责人的发言后，周小川指出，温州金融综合改革的独特之处，在于按照落实科学发展观的要求，积极整合地方金融资源，推进金融综合改革，着力破解温州经济发展中存在的突出问题。改革的主要内容之一是鼓励和引导民间资本进入金融领域，畅通民间投资渠道，改善小微企业和"三农"金融服务，培育发展金融市场，提高直接融资比重，拓宽企业融资渠道，规范发展民间融资。同时，也要维护金融秩序，强化市场监管，防范金融风险，优化金融生态环境，提振市场信心。这项内容结合了温州民间资本多的特点，也是国务院新老"36条"（老"36条"即《国务院鼓励支持非公有制经济发展的若干意见》）需要突破的几个难点之一。温州试点是有助于推进民营资本在服务业层面准入的政策，打破"弹簧门"、"玻璃门"，真正落实新"36条"。

周小川强调，改革有一部分是自上而下的改革，温州的改革则是更多地依靠市场和民间的力量进行自下而上的改革。改革的具体内容就是十二条，可以分为三个方面：一是组织结构的创新和改进，包括民营资本如何进入金融机构；二是产品和市场方面的创新，比如鼓励发展新的市场板块、新的市场运作方式、新的产品，其中也包括个人对外直接投资进一步放开；三是加强组织领导，要有保障措施，包括管理、监管和服务措施。

周小川还指出，温州金融综合改革的要点和重点在于"减少管制、支持创新、鼓励民营、服务基层、支持实体经济、配套协调、安全稳定"。在实际操作中，一方面要加强组织领导，另一方面要充分发挥基层微观主体的积极性，做到"依靠市场、适应市场"。对于那些基本具备条件的改革任务，成熟一项，就启动一项。温州在金融综合改革过程中要增加透明度、依靠人才、加强规范、鼓励竞争和创新，通过挖掘潜力提高金融资源的效率。在把握好方向原则的同时，大胆探索。首先必须要落实十二条内容，除了十二条之外，还可以有新的探索。改革过程不是要一些特殊优惠，比如财政补贴和低成本的资金等。试点是一种试错，我们要允许试错，总体上来讲方向要把握住，要平稳、要稳健。下一步，人民银行将根据国务院常务会议精神，会同有关部门，加强指导、协调和监管，随时注意总结经验。需要明确的是，浙江省、温州市是改革方案的组织实施单位，中央则是加强统筹协调。对于温州金融综合改革需要在国务院有关部委层面进行协调的工作，人民银行将积极予以支持。

周小川在会上作出的"允许试错"的表态，会后被媒体广泛报道。这一表态，意味着给金融改革留出了足够的施展空间，更重要的是给浙江方面增添了改革的动力和创造力。

在周小川离开温州后的第二天，浙江省委即召开常委会专题研究温州金改相关工作，省金融办作专题汇报。会议传达了人民银行周小川行长在温州调研的有关情况，正式明确了温州金改的工作组织架构，对十二项改革任务进行了初步的分解分工，并同意抓紧召开动员大会等建议。

4月23日，浙江省政府召开了温州金改领导小组第一次会议，省长夏宝龙作为组长主持会议并作重要讲话。夏宝龙指出，温州金融综合改革试验区意义重大、影响深远，我们既要大胆探索创新、全力推进，又要保持清醒头脑、稳扎稳打；要紧紧围绕破解"两多两难"这一核心问题，把握好目标定位，精心设计改革路径，重点突破，把握节奏，逐步拓展，确保达到预期目的；要把防范风险摆在改革的突出位置，正确处理好改革创新与防范风险的关系，建立健全金融风险防控体系，确保金融改革与金融稳定协同推进。他还指出，温州试验区既是温州的事，也是浙江的事、全国的事。我们要举全省之力、汇全民之智，省市联动、上下互动、合力推动，确保温州金融综合改革试验区扎实顺利推进。

4月25日，浙江省委、省政府召开全省金融工作会议暨推进温州市金融综合改革试验区建设动员大会。这个会议开了两个半天，规格之高、规模之大可以说前所未有。

25日下午，浙江省委书记赵洪祝、省长夏宝龙在主会场出席会议并分别讲话，各市、县（市、区）党委和政府主要负责同志在分会场参加会议，全省参加电视电话会议的同志共有3000余人。

26日上午，各市、县（市、区）政府、省直有关单位负责同志和有关金融机构主要负责人继续参加会议。这充分表明浙江省委、省政府对金融改革工作的高度重视，也对温州金改工作寄予了殷切期望。

在25日的大会上，赵洪祝指出，温州市金融综合改革试验区是浙江省获批的第四大"国家战略"，也是国家首个金融综合改革试验区，不仅为浙江加快金融改革创新和经济转型升级带来历史性机遇，而且对全国的金融改革和经济发展具有重要的探索意义。他对温州金改提出了五条要求，即做好规划，通盘考虑；明确任务，重点突破；把握大局，防范风险；统筹兼顾，夯实基础；加强领导，形成合力。

夏宝龙指出，改革需要魄力，也需要定力。要走前人没有走过的路，就必须始终保持清醒头脑。推进温州金融综合改革，必须把破解"两多两难"问题作为突破口。一方面，要针对"民间资金多，投资难"，引导民间金融规范化发展。这是十二项主要任务中摆在第一项的任务，是破解"两多两难"的首要之举，也是各界较为关注、希望突破的重点。

另一方面，要针对"中小企业多，融资难"，构建多元化的金融机构、多元化的融资渠道、多元化的金融服务体系。他说，看温州金融改革试验的成效，主要不是看向上面要了多少优惠政策，也不是看新成立了多少家金融机构，而是看在破解"两多两难"等突出问题的体制机制上有没有突破、有没有创新。

动员大会的顺利召开，标志着温州金改大幕正式拉开，各项工作紧锣密鼓地实质性启动了。

继周小川温州之行后，中国证监会主席郭树清等有关部委的领导也陆续前往浙江调研指导，为温州经济和温州金改出谋划策、问诊把脉。

第二节　温州金改砥砺前行

温州金融综合改革试验区获批，只是温州金改砥砺前行的第一步。怎样把中央给的"面粉"变成温州要的"面包"，还需经过"揉面、发酵、烘烤"等多道程序。何况自试验区获批以来，引发的各种争议就一直如影随形，让温州金改寻求突破更添压力。

为了推进温州金改，国家层面由人民银行牵头成立了部级联席会议，行长周小川亲自担任会议召集人，及时协调解决温州金改遇到的有关问题。省级层面设立的温州金改领导小组，先后由两任浙江省省长夏宝龙、李强与省领导龚正、朱从玖等主持召开领导小组全体会议，省级六个协调推进小组和温州实施领导小组召开的相关会议更是不计其数。会议仅仅是一个缩影，其背后所做的大量深入细致的工作更是难以言表，如何合理准确地引导"金融活水"来灌溉实体经济之田，是温州经济走出困境的一条必由之路，也是温州金改的题中应有之义。

出"组合拳"紧急救市

温州金改源于 2011 年初就开始陆续爆发的企业资金链担保链断裂、企业主"跑路"事件，其当务之急就是化解"跑路"危机，稳定当地经济金融秩序。这也是温家宝总理在浙考察时对浙江省和温州市提出的一项重要任务。

为了把总理的要求落实到位，2011 年国庆长假之后的一个月里，浙江省和温州市紧急部署、连出重拳，及时研究制定落实一揽子政策措施，企业主"跑路"现象得到遏制，企业关停倒闭数量呈现下降趋势，民间借贷乱象得到有效整治，初步实现了温州经济金融运行和社会形势的总体平稳。

一系列旨在稳定经济金融形势的"组合拳"迅速出台：

——制定出台一揽子政策。浙江省政府制定出台了《关于贯彻落实国务院常务会议精神支持中小企业健康发展的实施意见》，从解决中小企业融资难问题、规范民间金融秩序、加大帮扶力度和维护经济金融稳定等四个方面提出了 15 条一揽子具体政策措施，从政策层面加大帮扶力度。这一政策的送审稿，早在温家宝总理离开浙江的第六天就由浙江省金融办牵头起草报送省政府办公厅。

——省市县各级政府成立了"稳定规范金融秩序促进经济转型发展工作领导小组"，建立起政银企、司法"四位一体"的协调机制。温州市县两级政府向企业、各商业银行派驻了 25 个联络协调小组。

——在全省范围内及时开展了企业资金链安全、融资性担保机构规范等方面的风险排查，制定金融业重大事项及重要信息日报制度、企业倒闭和企业主逃逸信息周报制度，及时发现苗头性、趋势性问题。

——加大财税扶持力度。省财政出资 10 亿元设立了再担保公司。

温州市设立了 10 亿元市区企业应急转贷专项资金，帮助企业解决信贷资金周转难题。

——深化各类帮扶活动。浙江省委抽调 11 个金融机构负责人充实到"服务基层、服务企业"工作组分赴各市，省政府组织开展了省级机关"百组"基层调研活动，组成了 100 个调研组深入基层、深入企业，帮助企业协调解决实际困难。

——企业积极自救。温州民间力量紧急动员，成立了总额为 2 亿元的"企业重组救市基金"，帮助本土企业渡过难关，化解债务风险。

在综合施策之下，浙江省和温州市完成了总理交办的任务，浙江全省尤其是温州市的经济金融形势在一个月内迅速得到了稳定。浙江省委、省政府在 2011 年 11 月初向国务院专题上报了书面报告；《人民日报》于 2011 年 10 月 31 日刊发了《在温州，中小企业稳住了》一文；而在民间，其标志性事件就是"跑路"的温州奥米流体设备有限公司董事长孙福财返回温州，因老板胡福林"跑路"而停产的温州最大眼镜企业信泰集团也宣布复工。

"双十条"化作"及时雨"

2013 年 7 月 8 日与 2014 年 6 月 19 日，浙江省金融办、浙江银监局联合温州市委、市政府两次在温州召开了浙江银行业深化服务温州实体经济会议，几乎所有省级银行的一把手都亲自与会。

这两次会议含金量十足，因为两次会议前后出台了浙江银行业支持温州实体经济发展"双十条"和"双十条"升级版措施，不但给温州实体经济发展输送了"真金白银"，也注入了源源不断的正能量。

在 2013 年的会上，正式出台了浙江银行业支持温州实体经济发展的"双十条"措施，26 家在温银行业分支机构共同签署《温州市银行业防控多头授信过度授信自律公约》，25 家银行与 25 家企业开展授信签约。现场参加签约并获得授信的华峰集团董事局主席尤小平表示："没有实体经济，就不可能有整个社会的发展与进步。'双十条'是在为我们实体经济的发展撑腰。"

一年之后的会议，颁布了浙江银行业支持温州实体经济发展的"双十条"升级版措施，27家银行分别对口27家温州企业，进行现场授信签约，意向签约金额总计161亿元。

浙江省金融办主要负责人在会上指出，此次会议是在温州经济发展的关键时期和困难关头，贯彻落实省政府金融支持实体经济、促进经济转型升级视频会议精神，加强政银企携手协作的一项重要举措。各部门、各单位要准确研判形势，集聚更多的正能量，坚定对温州发展的信心。破解温州经济金融领域的矛盾和瓶颈，关键还是靠改革。金融改革是长效机制的改革，一些金融改革措施不可能立竿见影，但唯有改革才能为温州长远发展奠定更好的基础。并强调，通过多方合力集聚正能量，按照政府协调、银行支持、企业自救、分类处置的原则化解风险，温州经济就能够在当前的企稳中走出困境，走得更好、更远。

"制度再造"规范民间借贷

区域金融改革要处理好眼前改革与长效改革的关系。改革要立足当前、着眼长远，从化解当前突出矛盾入手，从构建长效体制机制着眼，既要解决当前重要问题，又要解决体制机制问题，持之以恒，真抓实干，取得长效。温州在化解企业"两链"风险时，一方面要解决企业帮扶和风险化解这一当前棘手问题，同时还要解决信贷文化调整、公司治理结构优化、多层次资本市场构建等深层次机制问题，通过短期和长效举措相结合，多措并举巩固改革成果，降低金融风险发生的频率和概率。

2011年9月，温州爆发民间借贷风波，尤其是"两多两难"问题，让民营经济发源地的温州承受巨大的压力。次年 3 月，温州获批"国字号"金改试验区后，再掀舆论风波——温州金改到底该如何进行？在褒贬不一的争议声中，全国首个温州民间借贷登记服务中心揭牌，探索建立民间融资备案管理制度迈出了关键性一步，这也推动温州金改开始进入实质性运作。这是一个中国金融史上从未出现的民间组织，它的出现让曾在人们脑际一闪而过的梦想变为现实——让蛰伏在民间的融资"走到阳光下"。

温州民间借贷服务中心被称为"民间融资公共服务机构"，为众多民间融资信息服务企业及借贷双方提供信息发布、信息登记、信息咨询、备案登记、融资对接服务等综合性服务。另外，温州有 7 个县（市、区）成立了民间借贷服务中心。截至 2016 年 5 月 20 日，温州各地民间借贷登记服务中心备案登记的 26544 笔民间借贷，总金额已达 338.94 亿元。

温州民间借贷服务中心营运后致力于进一步引导规范温州市民间借贷市场，大力营造规范有序的融资环境，积极拓展投资渠道，引导民间资金合法有序地进入到实体经济，帮扶小微企业创业，遏制社会资金体制外无序循环，减少非法融资现象，防范和化解民间金融风险。其主要承担以下职能：一是发布民间融资综合利率指数等相关信息；二是收集、统计民间融资信息，对民间融资进行风险监测、评估；三是建立民间融资信用档案，跟踪分析民间融资的资金使用和履约情况；四是受理《温州市民间融资管理条例》规定的民间借贷备案。

借贷中心在大力营造规范有序的融资环境，积极开拓融资渠道，防范和化解民间融资风险等方面，探索出了一条民间资本健康有序、阳光合法之路。借贷中心成立以来，其模式成为全国各地借鉴学习的模板，据人民银行研究局统计汇总，仅截至 2014 年 6 月，全国共有 15 个省（自治区）设立了 77 家民间借贷服务中心，溢出效应明显。

金融利率有了"风向标"

在国家所确定的温州金融综合改革的十二项任务中，排在首位的是"规范发展民间融资"，其中又有三个细分任务：制定规范民间融资的管理办法，建立民间融资备案管理制度，健全民间融资监测体系。而建立健全民间融资监测体系，有赖于编制一个新的金融利率指数——"温州指数"。

2012年4月，"温州指数"的编制工作启动。

第一个阶段是对指数的编制进行调研和准备。制定了《温州民间融资综合利率指数编制工作方案》，并成立了编制小组，落实了经费保障机制。同时，引入外部智力支持，温州金融研究院、浙江工业大学、浙江财经学院、浙江工商大学、中证指数公司等方面的专家团队参与进来，各方一起进行指数编制的可行性论证，谋划如何科学地布局指数监测点，设计并完善指数计算模型，明确指数采集的原则与方式，以确保指数的可得性和准确性。

第二个阶段是数据的采集和计算阶段。编制小组召开了温州区域范围内监测点的布置会议，落实了数据的采集任务。同时，与省外的各大城市进行对接，签订了合作备忘录或合作协议，逐步建立起省外金融办、温州商会、村镇银行等多方协作监测体系及运行机制，搭建"城市间指数编发合作联盟"。为确保指数计算的准确性，先行进行内部采集和试算，逐步修正完善指数计算模型。

2012年12月7日，"温州地区民间融资综合利率指数"（即温州本土利率指数）由温州市金融办按周对外发布。

2013年1月1日起实行"按日发布"。

2013年3月12日，在杭州召开温州指数扩大采集工作研讨会。

2013年6月28日，温州·中国民间融资综合利率指数（即全国版指数）进行内部试发布，并于2013年9月26日正式对外发布，两个指

数共同构成温州指数内涵体系。

同年，浙江省委书记夏宝龙在省金融办专报信息《"温州指数"正式发布》上作出批示，要求坚持不断完善，扩大其影响。人民银行上海总部金融市场管理部负责人评价说，这是国内迄今为止覆盖品种最广、统计样本最全的民间利率指数，将成为国内观察民间融资利率水平的主要参考之一。

2015年末"温州指数"已形成全国民间融资监测网，在全国46个城市和温州辖区内设立近600多个监测点，建立了基本覆盖全国东、南、西、北、中各个区域的民间融资综合利率监测网络。在国内，"温州指数"已与中证指数签订合作协议，在中证指数官方网站上每日同步发布"温州指数"；在国际上，"温州指数"已与汤森路透签署了合作协议，以中英文双语形式面向全球发布。两家机构的加入，使得"温州指数"具备了高起点的发布平台。

从实际效果看，"温州指数"起到了引导民间融资市场良性发展的作用。有了"温州指数"，民间融资市场的参与者就有了一个资金价格参考值，有效解决了民间借贷市场信息不对称、不透明等问题。截至2015年11月，温州民间综合利率为18.49%，比金改前的25.44%下降了近7个百分点，而且整体上呈平缓下降趋势，相对客观地反映了地方金融组织的运行状况和融资活跃程度，促进了民间融资市场的规范发展。

"温州指数"为政府部门防范民间风险提供了预警服务。"温州指数"的数据采集涉及小额贷款公司、民间资本管理公司、民间借贷服务中心、农村资金互助会等六类民间市场主体，而这些市场主体正是民间金融市场需要监管的重要对象。通过及时掌握各不同主体以及不同期限的利率指数变化，为监管层全面了解民间融资市场整体运行状况、有效防范民间金融风险、切实加大监管和引导力度提供了有力支撑。

"温州指数"还为司法实践提供了参考依据。2013年2月，温州市中级人民法院印发《关于加大保护金融债权扶持发展民间金融服务保障金融改革的若干意见》，正式将"温州指数"作为法院审判、执行的参考依据。诉讼双方对具体利率约定不明时，可主张参照"温州指数"进行利率审定。这相当于确立了"温州指数"的司法实践地位。

至 2015 年底，"温州指数"已经初步建立民间融资交易的监测机制，"风向标"的作用也日益彰显。下一步将继续推动指数在理论研究和社会应用方面的价值提升，构建民间金融信息的综合征信数据库，以及中小企业融资的相应配套系统，并积极寻找与人民银行的征信系统，以及诚信社会建设的结合点，以更好地体现市场客观需求和为政府决策服务。

经过多年发展，"温州指数"已实行按周发布与按日发布相结合。"温州指数"的测报编制，反映出温州金改在推动民间借贷从"熟人社会"向"契约制"发展方面取得了阶段性的成效。从实际效果来看，"温州指数"不仅有"温度计"功能，更有"天气预报"功能。两个利率指数随市场不断调整更新，引导民间融资信贷合理定价，受到了贷款者和放贷者一致欢迎。

出台全国首个民间融资管理条例

浙江省民营经济发达，民间资金充裕，民间融资活跃。民间融资在浙江创业创新、中小企业成长以及"三农"发展中发挥了积极作用，在一定程度上缓解了中小企业融资难问题。但是，民间融资活动隐蔽性强、参与主体复杂、涉及面广，加上法律制度尚不完善、监管缺位，存在很大的风险隐患。

2011 年 11 月，浙江省政府办公厅出台《关于加强和改进民间融资管理的若干意见（试行）》，从提高认识、明确基本原则、引导资金流向、发展专业资产管理机构、探索民间融资监管途径、加强民间融资行为监管、严厉打击非法集资、加强监测预警、强化管理责任等方面，要求各级各部门按职责抓好落实。该意见在参考国家有关法律法规、政策意见以及多年来浙江处置非法集资司法实践的基础上，按照"引导发展、创新管理、防范风险"的原则，系统地提出全省民间融资的管理思路，在全国属于首创，为浙江省开展民间融资管理奠定了政策基础。

在此基础上，浙江省金融办以温州金改综合试验区获批为契机，牵头推动民间融资地方立法工作。

2013年11月22日，浙江省人大通过了《温州市民间融资管理条例》。

2015年7月，温州成立市民间融资服务行业协会，发挥自律组织的作用，进行常态化管理，特别是对于新兴金融业务，协会具有跟踪变化的优势。温州还初步形成市金融办、公安局、市场监督管理局、人行、温州银监分局、电信温州分公司等部门联合监管的初步架构，建立P2P（网络借贷）行业数据和信息共享机制，实现公安经侦立案数据、工商注册登记数据、电信ICP备案数据、金融管理局民间借贷备案数据和非现场监管系统数据的互通和共享，形成P2P行业基础数据库和从业人员名单库。同时，初步建立各职能部门之间对查证违法违规经营行为的抄告、移送等机制，确立各有关单位的专人负责机制和工作联系沟通机制，加强信息互通，形成关注"黑名单"机制。温州在风险管理过程中探索第三方存管，如P2P平台"三信贷"与建设银行以及借贷中心签订三方合作协议，建设银行将为"三信贷"提供查询、支付、清算、账户维护等相关服务，温州民间借贷服务中心提供交易信息登记备案、社会信用查询等服务，并对其业务在借贷中心和行业协会网站上进行信息披露。此举使平台自由资金与用户资金隔离，形成封闭的支付环境，大大降低了客户资金被挪用的风险。

人民银行负责人表示，从维护金融安全和社会稳定的角度看，有必要对融资规模超过一定金额和融资对象超过一定人数的民间借贷实施强制备案制，温州的试点经验要总结推广。同时，要建设民间金融信息发布平台，公布民间融资价格，提高民间金融市场的透明度。

自《温州市民间融资管理条例》实施以来，在民间借贷服务中心登记的资金借贷量不断增加，民间借贷的"契约"撮合资金占全部民间借贷资金总额的比例从金改前的不到5%，提高到目前的20%左右。但受制于上位法和地方立法权限，民间融资的合法性认定、高利贷管制、民间借贷备案税收等在全国都颇具代表性的条款，温州不可能单兵突进。上述问题如能在下一步国家层面对民间金融的立法中获得突破，这将是底层探索和顶层设计的又一次良性互动。

风险处置探索"温州路径"

自2012年以来，浙江省政府已经连续四年召开处置企业"两链"风险的全省性会议，也连续出台了多个政策意见，为各地防范处置和化解风险提供了强有力的指导和支持。特别是温州，经过四年多的努力，建立了政银企、司法多方联动机制，通过因企施策、分类处置企业风险，充分运用清收、核销、打包、上划等综合处置手段，持续去除信贷泡沫，以及以府院联席会议制度协调解决法院在审理破产案件中遇到的问题、试点推进简易破产程序、创新"活查封"机制等司法提效措施，推进"僵尸企业"市场出清，从"风险突发"实现"率先突围"，走出了一条可圈可点的破解企业"两链"风险化解处置的"温州路径"。

温州与企业金融风险状况、区域金融生态环境紧密相关的重要指标，如出险企业数、银行不良贷款额、不良贷款率、企业司法破产数等指标，在2012年上升较快，2013年达到最高点，2014年开始出现回落，但仍高于2012年，2015年处于平稳筑底状态。四年多以来，向政府申请帮扶的企业共有1100多家，经帮扶化解取得成效的有近1000家，相关受益的企业超过 3000 家。充分运用清收、核销、打包、上划等各种处置措施，累计处置约 1000 亿元。

为了进一步实现企业金融风险处置工作常态化，温州市政府召开企业帮扶试点现场会，推行重点镇（街）"树信心·铸诚信"企业帮扶试点工作。对深陷担保链危机的企业采取分类帮扶。根据企业生产经营、资产负债和信用等情况，将问题企业分为优质类（A 类）、帮扶类（B 类）、处置类（C 类）等三类，旨在加快化解担保链危机，重建企业信心，重塑企业诚信。

企业帮扶试点工作分三批启动，前两批试点参加的企业共有 282 家，涉及金额超过 300 亿元。截至 2015 年 11 月，已促成 156 家 A 类企业与相关联银行业金融机构签订合作协议书，落实了约 76 亿元的信贷支持。64 家 B 类企业得到有效的协调帮扶，涉及金额 33 亿元。22 家 C 类企业得到有效处置，涉及金额约 73 亿元。

温州的企业金融风险化解工作受到国务院副总理马凯的批示肯定，"僵尸企业"司法处置工作分别受到人民银行周小川行长、最高法院周强院长等领导的批示肯定，要求宣传推广温州经验。

地方金融监管步入"深水区"

金融监管工作以往一直由中央机构负责，实行垂直管理，但随着一些未持有金融牌照却从事金融活动的机构不断增多，需要对它们进行监管。民间借贷活动也需要规范，非法集资、放高利贷等行为也必须予以打击。因此，对于该不该赋予地方政府相应的金融监管职责的专论，开始有了共识。2012 年召开的第四次全国金融工作会议明确提出，强化地方人民政府金融监管意识和责任。接着，党的十八届三中全会决议提出，界定中央和地方金融监管职责和风险处置责任。

2014 年国务院《关于界定中央和地方金融监管职责和风险处置责

任的意见》正式下发，明确界定了中央和地方金融监管职责和风险处置责任。地方政府要承担对不吸收公众资金、限定业务范围、风险外溢性较小的金融活动的监管职责，要加强对民间借贷、新型农村合作金融组织的引导和规范，防范和打击金融欺诈、非法集资等违法违规行为。

有了共识，随之而来的问题是"怎么管"。

温州20世纪80年代的"抬会"、"标会"风波，90年代的农村合作基金会和金融服务社风波，2011年的民间借贷风波，每一轮金融风险都对经济发展和社会稳定造成严重影响。为什么温州屡遭重创，相同问题却又屡次发生，这正是金改进程中亟待认真反思的问题。其中一个重要的启示，就是政府要在风险处置的特定时期发挥有形之手的作用，加强监管，积极引导，强化政策支持，从体制机制上推动银企双方协调、化解矛盾，实现共同发展。

温州率全国之先成立地方金融管理局（前身为温州市地方金融监管服务中心），承担对地方新型金融组织和各类资本运作市场主体的管理、监测和检查工作。以《民间融资管理条例》为依据，整合分散在发改、经信等部门的金融监管职能，制定了20个部门参与的《温州市地方金融监管协调机制》，对法院、检察院、政法委、宣传部、经信委、商务局、财政局（地税局）、公安局、产权产籍管理部门（国土资源、住建、农林）、市场监管局、驻温国家金融监督管理派出机构和地方金融管理局职责作出了明确分工，将地方金融监管、打击非法集资和恶意逃废债、金融突发公共事件应急处置等机制整合纳入地方金融监管协调体系；联合法院、经信委、人民银行、银监和保监等部门，建立了温州市金融监管和金融审判联席会议制度，成立金融仲裁院、金融犯罪侦查支队和金融法庭；引导设立小额贷款公司协会、民间融资信息服务行业协会等自律组织，加强行业自律，初步形成"中央＋地方"、"政府＋司法"、"政府监管＋行业自律"的联动监管架构。在监管手段上，地方金融管理局采取了现场检查和非现场监管系统相结合的模式。同时，上线非现场监管系统，迈出了从"手工监管"向"信息化监管"的步伐。

眼下，全国大部分地区都已成立了金融办（金融局），但它们的机构性质、职能边界、管理手段等都还没有统一标准。有的地区金融办（金融局）以服务协调为主，有的已实现服务协调和监督管理并重。温州的做法对后来者无疑有着参考和借鉴意义。

区域金融改革"棋高一着"

长期以来，金融决策和监管都是"全国一盘棋"，而资金的流动性又很强，具有外溢性，那么所谓区域金融改革是不是"伪命题"？会不会造成不公平竞争？会不会成为地方政府比政策、比优惠、争相"戴帽子"的又一种表现形式？

在中国人民银行行长周小川看来，与东欧国家的"改革疲劳症"不同，我国地方政府之所以改革热情较高，主要是中国地域大且不平衡。一方面，国际上很难提供成熟的经验；另一方面，国家内部很不平衡，城市和农村，东部和西部，工业、农业和服务业发展非常不平衡。此外，有些改革可能造成的影响很大，决策层不容易下决心。因此，改革往往从小范围开始，而且要强调改革是一种允许"试错"的过程，可以先试点，如果发现有问题，吸取经验教训，有些措施可以取消，有些措施可予以修正。

截至 2015 年末，从各地的实际出发，全国已先后建立 14 个区域金融改革试验区，内容涉及金融对外开放、人民币资本项目可兑换、跨境人民币业务、粤港澳金融合作、农村金融改革、规范发展民间金融和跨境金融合作等。

就温州金改而言，到底有没有实质性的突破？从服务实体经济角度看，是否对现有金融体系作了有益补充？这无疑是社会各界所关心的。

这里，可以从两个维度来观察。

首先，温州金改的自主创新要多于审批式的政策突破。民间资本管理公司、民间借贷服务中心、"温州指数"、设立地方金融管理局等创新举措，都无需上级政府或监管部门审批，但事实证明其对民间融资的规范化、阳光化，以及完善地方金融监管体系都起到了作用。在国家未禁止民间金融地方立法的背景下，温州对通过地方立法的方式规范民间融资进行了有益探索。企业股份制改造、司法保障、重建社会信用体系等基础性工程，也无需审批。相反，中央对利率市场化产品、资本账户开放（个人境外直投）、市政债等事项相对审慎，温州与别的地区一样并未"抢跑"。民营银行虽列入首批五家试点，并已顺利开业，但实际效果尚待时间检验。这至少说明，温州金融改革并不是简单地要政策、要优惠，"戴上帽子"就了事。区域金融改革针对地方特点，在现有政策框架内做一些集成创新，是能够对金融体系形成正向补充的。

金融改革固然要积极争取顶层设计的"政策突破"，但对地方而言寻求政策突破一般难度较大，耗时也较长。在"政策突破"上没有明显进展的情况下，温州并没有消极地"等靠要"，而是在集成创新方面作了大量积极的探索。

其次，温州金改形成了"以点带面"的效果，部分试点经验得到了复制和推广。所谓试点，其实也是一个"试错"的过程，允许一地先做、创新积累经验，发现有问题及时调整，有了成功经验后其他地区也能借鉴、推广。"温州指数"在温州及全国范围设立600多个监测点，其影响已从市域范围辐射全国；金融业综合统计改革推广到安徽、江西、湖南等七个省份；在全国有1000余家复制温州民间借贷服务中心、民间资本管理公司模式的机构相继设立。

第三节 温州"金改"再出发

"新十二条"走上前台

金融风险处置是温州金改中的重头戏和最艰苦的"战役"。时至今日，温州经济运行筑底回升，金融风险化解回稳，向好态势基本明晰，率先实现从"风险先发"到"化解突围"的转变，信用风险防控取得阶段性成果。2016年6月，英国知名杂志《经济学人》报道称："曾经迷失的温州正恢复元气。"

2015年3月28日，在温州金融综合改革三周年之际，浙江省金融办在温州发布《关于进一步深化温州金融综合改革试验区建设的意见》，内容包括：做强做实做优地方法人金融组织；创新优化金融产品和服务；深入推进农村金融改革发展；深化保险服务实体经济；支持互联网金融创新发展；大力发展多层次资本市场；探索建立政府增信长效体系；拓展外向型金融服务交流；构建区域金融稳定机制；创新司法实践保障金融稳定；推动地方金融监管创新；优化区域金融生态环境。

这被外界称之为温州金改"新十二条"。

浙江省金融办主要负责人表示，温州金改三年以来，温州市按照国务院确定的十二项改革任务和浙江省政府批复的实施方案，有序推进各项改革，切实推动金融服务实体经济，改革成果渐显，金融风险平稳可控，积累了一些可借鉴的"温州经验"。在一系列任务中，除了个人境外直投涉及资本项目开放外，其余11项任务都作了不同程度的突破和推动，取得了积极进展。温州金改"新十二条"，旨在更好地适应新常态下国内经济金融运行的变化，结合温州实际，借鉴和吸收其他地区金融改革的做法和经验，为全面金融改革创新和防范区域性金融风险提供可借鉴、可复制的经验。

至此，温州金改的"新十二条"瓜熟蒂落，人们渴盼的改革政策"靴子"再度落地，温州金融综合改革也翻开了新的篇章。"新十二条"中有七条意见是对原有"四大体系"的深化探索，深化推进农村金融改革发展、支持互联网金融创新发展、探索建立政府增信长效体系、拓展外向型金融服务交流、创新司法实践保障金融稳定等另外五条意见，则是下一阶段金改探索实践的新任务、新焦点。

从"改革首创"到"加快改革"，再到"稳妥推进"，温州地方金融监管体制改革不断升温。金改以来，温州市以系统建设、基础建设的思路对此作出了积极而成功的探索：设立全国首个地方金融管理局，成立金融仲裁院、金融犯罪侦查支队和金融法庭等机构，首创开发民间金融组织非现场监管系统，全国首创民间融资立法，成为全国首个地方金融监管执法类别城市，温州扎紧金融风险篱笆的运行机制逐步形成，在全国率先走出了一条可复制、可借鉴的金融管理之道。

金改新政凸显"蝴蝶效应"

"新十二条"实施以来，面对新常态下经济金融的发展趋势，温州金融综合改革抓住机遇，全力推进各项改革项目出亮点、显成效。"温州经验"开始向各地持续输出，温州金改阶段性成效的红利正在逐步释放。信贷投放企稳回升，不良资产处置加速，有效防范系统性风险爆发；大胆试水金融服务新模式，普惠金融覆盖面大大提高，金融保障有了"温州探索"；小微企业有政府增信"撑腰"，大中企业到资本市场"掘金"，企业融资难有了温州"新解法"；民间融资实现规范化和阳光化，形成地方金融监管的"温州样本"等。从对全局的贡献来看，温州完成国家金融综合改革三年任务，升级推出"新十二条"金改举措，取得全国首批民营银行、首部民间融资管理地方性法规等16项先行先试成果，其中九项在全国或全省复制推广。

几年下来，温州金改"初见春绿"，在经济金融机制体制、金融市场运行监管、理论案例实践推广等方面，作出了一系列有益的探索，积累了丰富的经验。温州在经济新常态的大环境下谋篇布局、整合资源、激活要素，有效推动各项金改项目创新发展，在这片曾经暗流涌动的土地上，规整金融秩序，为经济企稳回升、产业转型升级输送动力。

做强做实做优地方法人金融组织。推动温州民商银行业务开展，截至 2016 年 3 月 23 日，温州民商银行各项存款余额 12.96 亿元，各项贷款余额 12.65 亿元，主要支持温州特色行业及小微企业发展。加快筹建民营资本发起设立的保险公司、证券公司。新设全国首家农村财险互助社，瑞安市兴民农村保险互助社由马屿镇 22 家农民专业合作社、3552 名农户自愿筹资组建，注册资本 100 万元。积极引进和发展信托、金融租赁、消费金融公司等专业机构，支持符合条件的本地大型企业组建财务公司。全市已有 13 家小贷公司参与评级业务。推动将信用评级结果作为小额贷款公司年度监管评级、分类监管以及业务政策支持等的重要参考依据。支持各类社会资本有序发起设立企业征信机构。加强对持牌支付机构管理。

创新优化金融产品和服务。积极争取货币政策和金融稳定工具支持，增加温州地区信贷投入，引导商业银行年度新增贷款额不低于本系统内平均水平，降低小微企业融资成本。优化信贷抵押制度，改进贷款担保风险分担机制，全市纳入授信总额联合管理机制的存量企业已经达到 9000 家（名单制），协商后授信总额较实施前减少 145.25 亿元。在全省率先开展小微企业流动资金还款方式创新试点，推出还款方式创新项目 82 个，实现小微企业还款与续贷的无缝对接，贷款余额 411.29 亿元，较去年同期增长 31%。加大对科技、教育、医疗卫生、养老、公益事业等领域的金融服务创新支持力度。2015 年全市七家银行发行大额存单，其中温州银行成为省内首批发行银行，累计发行 4.86 亿元。创造性地推出民间资本管理公司的"民资管家"服务，累计引导 53.6

亿元资金投向 1255 个项目，开展定向集合资金募集登记 12 期，金额 9.1 亿元，投向 48 个项目。推动温州市民间借贷服务中心加挂"温州市民间财富管理中心"牌子，引进规范的财富管理机构。

深入推进农村金融改革发展。构建小额信用贷款、抵押担保贷款、担保机构保证贷款"三位一体"的农村信贷产品体系，辖内农合机构农户小额信用贷款新增 37.71 亿元，余额 89.29 亿元。全市农房抵押贷款余额 80.47 亿元，林权抵押贷款余额 2188 万元，土地经营权抵押贷款余额 10 万元。做好全省政策性农险目录相关产品应保尽保工作，瑞安、平阳已实现水稻统保。全市政策性农业保险实现保费收入 6099.5 万元，提供风险保障 37.7 亿元；政策性农房险实现保费收入 2195.1 万元，提供风险保障 329.3 亿。出台生猪保险与无害化联动机制实施意见。创新发展杨梅保险，实现保费收入 22.7 万元，提供风险保障 3775.3 万元。全市已开业并纳入监管的农村资金互助会共 57 家，累计投放互助金 12 亿元。全市发展合作社信用部 49 家，其中"资金调剂型"信用部 25 家，融资担保体 18 家，其他信用合作 6 家，筹资总额 1.19 亿元。

深化保险服务实体经济。小额贷款保证保险运营管理中心正式开业运营，3 家合作银行在全市开设 17 个业务网点，为解决中小企业"融资难、融资贵"新增有力措施。全市高额工程保函保险为 448 家企业提供了风险保障 217 亿元，实现保费收入 2681.8 万元，启动巨灾保险试点。全市科技型企业贷款保证保险实现保费收入 33.8 万元，为 11 家科技企业带动银行贷款 1411.7 万元，完善高科技企业风险分担机制。加快发展火灾、环境污染、特种设备等责任保险业务，为全市提供风险保障 25 亿元。创新发展食品安全责任保险，推动出台食品安全责任保险实施方案。全市食品安全责任保险实现保费收入 50.4 万元，为 100 家企业提供风险保障 3.1 亿元。太平洋保险集团与温州交投集团签订 20 亿元绕城高速项目框架协议。平安养老参与温州市域铁路 S1 线项目一期建设 30 亿元债权投资计划。全面推进城乡居民大病保险，鼓励保险机构发展商业健康和养老保险，推动养老社区业务试点，构建多层次社会保障体系。

支持互联网金融创新发展。支持第三方网络支付和股权众筹等互联网金融业态健康发展，鼓励规范开展产品创新和服务拓展。支持发起与设立互联网金融发展专项子基金，重点投向初创期、成长期互联网金融企业。推动小微金融"上网触电"，鼓励银行机构打通线上融资、结算、理财等一系列金融服务链条。引导金融机构与互联网企业的深度合作，形成传统金融与创新金融互补发展的良性格局。探索第三方资金托管等模式，建立互联网金融行业规范。加强信息披露，建立第三方评估机制。

大力发展多层次资本市场。出台多层次资本市场发展三年行动计划，为区域资本市场发展和实体经济恢复发展奠定基础。2015年新增股份有限公司162家，总数达到649家，在全省占比从金改前的4.53%提高到15%以上。2015年新增上市企业3家，累计17家；新增新三板挂牌企业16家，累计23家；新增区域性股权交易平台挂牌企业107家，累计243家，建立起7批共114家拟上市企业后备资源库。温州金融资产交易中心累计启动4笔共计5082万元的不良资产挂牌转让业务，农村产权交易平台完成5.73亿元交易，提升温州股权营运中心功能。2015年新增直接融资207亿元，金改以来累计新增超过680亿元，中小企业多渠道融资态势基本形成。推动一家小贷公司在浙江股交中心发行全省首单"小微债"。研究探索符合条件的境外合格机构以人民币为计价货币，募集海外人民币资金，发起设立公募或私募证券基金。

探索建立政府增信长效体系。温州市金投融资担保有限公司累计担保金额21.8亿元，在保余额1.944亿元（其中融资性在保金额4460万元，高额工程保函在保金额1.32亿元，诉讼保全在保金额1773万元），实现保费收入115.23万元。小微企业信用保证基金运行中心开业运营，六家合作银行在全市开设43个业务网点。市县两级应急转贷资金已累计发放11531笔，金额971亿元。指导瑞安率先开展行业协会、商会企业联合抱团互助增信机制试点，由 339 家企业组成 24 个企业联合抱团互助增信还贷小组，总贷款额 20.5 亿元，已累计转贷 5.9 亿元。发展创投基金和产业引导基金，积极推动省级政府性引导（投资）基金在温州设立参股子基金。培育发展天使投资，加大对初创期科技型中小企业的支持。

拓展外向型金融服务交流。支持境外金融机构来温州设立分支机构或投资温州法人金融机构，推动金融机构互设，推动符合条件的温州企业赴境外上市融资。适时推动试验区内台商投资企业在境内发行人民币债券。探索开展境外人民币债券发行。稳妥推进跨国公司本外币资金集中运营管理改革试点。发挥出口信用保险的政策性作用。

构建区域金融稳定机制。地方资产管理公司获批设立。健全小额贷款核销处置机制。完善企业帮扶解困会商机制，建立健全不良资产风险防范和处置制度。发挥"一府两院"联席制度作用，推动建立政银企法联动机制，创新金融债权差异化处置工作机制与途径。深入实施民间融资备案制，截至 2016 年上半年，距第一个中心成立已有四周年，备案率达到 30% 左右，长期目标是 50%。严厉打击涉嫌犯罪的逃废债行为，立案查处涉及一般主体债务的非法集资案件及各类经济犯罪案件 307 起。

创新司法实践保障金融稳定。推动金融债权案件繁简分流审判方式改革，金融案件简式（令状式）文书适用率接近 50%，全市法院共新收各类金融案件 30408 件，审结 22992 件（同比增加 18.78%），结案标的 416.15 亿元。加大诉调衔接工作力度，创新诉讼外金融风险处置工作机制，金融案件诉前调解 1357 件，适用小额速裁 1953 件，申请实现担保物权案件 550 件（涉案标的 32.32 亿元），金融担保物权不良存量明显减少。妥善推进破产案件简易化审理试点，普通破产案件的平均审限从原有的 400 多天压缩至 105.33 天。探索执行程序、破产程序与核销程序之间的制度对接，加快银行不良资产核销进度。加快刑民交叉金融债权案件的审判进度，探索刑民同步审判。探索企业破产司法保护

制度，鼓励风险企业重整重组。优化企业重整重组税收制度。

推动地方金融监管创新。探索金融监管权限下移，积极争取上级监管部门将部分机构准入、业务创新、产品审查、高管核准等职能授权温州属地监管部门，实施靠前监管。研究推动联合监管，消除监管交叉和空白。深化实施民间融资管理条例，争取上升为省级实施。推动依法行政，探索监管负面清单制管理，探索地方金融监管新模式。温州市金融数据共享平台及跨部门沟通协调机制已基本建设完毕，"温州指数"信息系统（二期）顺利通过验收，民间融资价格预报系统完成开发。做好非现场监管系统的维护及升级，加强民间融资行为和资金运行的管理、监测，妥善协调处置地方金融风险事件。

优化区域金融生态环境。推动建立信用信息共享平台，实现人民银行征信分中心和市公共信用信息系统协同合作和综合应用。支持第三方企业征信服务机构独立开展业务，进一步夯实中小企业和农村信用体系建设工作机制，加强全省统一的中小企业和农户信息系统应用，优化融资环境。深入开展"构建诚信、惩戒失信"专项行动，累计完成四批共计185个失信对象的核实梳理工作，奠定社会信用体系重塑基础。完善金融消费者权益保护和信访工作机制，2015年以来，市金融办、人行、银监、保监共处理金融投诉案件680余件。加强金融知识宣传教育，提高投资者风险意识。推动建立省市联动的金融人才支持体系，鼓励各级政府与金融机构开展双向挂职交流，开展三批金改"百人计划"干部双向挂职交流。建立改革方案落实情况督察、检查、评估和整改机制。注重引导社会预期，汇聚起全社会支持改革的正能量。

底层创新与顶层设计期待"合璧"

区域金融改革要在顶层设计的框架内才能发挥积极的作用，顶层设计只有在基层创新的实践中才能取得显著成效。没有基层积极探索，顶层设计将失去参考；没有顶层科学设计，基层将失去改革方向。我国幅员辽阔，经济发展存在区域差异，不同地区进行金融改革，既要因地制宜、大胆创新，又要全局思维、整体推进。

政策突破和集成创新是区域金融改革的"两条腿"。金融是高度管制的行业，地方金融改革在某些事项上要取得突破，必须获得上级批准。因此，金融改革寻求"政策突破"是合情合理的。

但是，金融改革又不能一味地"等"、"靠"、"要"。对地方而言，寻求政策突破难度是比较大的，申报的时间也比较长。温州在金改中暂时未获得的政策红利，其他地区也没有可能实现突破。除利率市场化、资本账户开放（个人境外直投）、市政债等项目需顶层设计向下推外，温州可以在其他领域先行先试，在现有政策框架内，重新组合，深入挖掘，打好组合拳。只要用好用足现有政策，同样能提升金融配置资源的效率，服务好实体经济。

如何使得基层创新与顶层设计形成更好的良性互动局面，是温州金改下一步面临的课题之一。基层创新要得到顶层设计的呼应，这在金改过程中已经有所体现。《温州市民间融资管理条例》确立了大额民间借贷强制备案制，"温州指数"实现了对民间融资价格的有效监测，事实证明都能推动民间融资的阳光化、规范化。

换一个视角看，顶层设计也应考虑到地方实际和基层创新的积极性，其实这一点在温州金改过程中也已经有所体现。温州民间资本充裕，民资进入金融业的渴望十分迫切。以往民资只能通过设立小贷公司、参股农村商业银行和城商行曲线进入金融业，小贷公司转为村镇银行的夙愿也一直未能实现。银行的产品过于同质化，竞争不充分的问题十分突出。

温州民商银行纳入全国民营银行首批试点，已经获批筹建并顺利开业。这与监管层考虑到温州民资充沛并渴望进入金融业、希望利用民营银行的"鲇鱼效应"激活市场竞争等背景和因素不无关系。

为了丰富投资渠道，温州民间资本"出海"的愿望非常强烈，游资也"渴望"变成长期资本，支持市政工程建设，购买相对透明规范的市政债。在温州的银行业金融机构也希望能发行同业存单，提升风险定价水平。因此，在温州试点个人境外直投、市政债和利率市场化产品看来都是必要的。

温州金改肩负着金融改革探路者的使命和重任，在日益浓厚的全面深化改革大环境中砥砺前行，功过得失众说纷纭。但不可否认的是，"温州金改"这顶帽子，至少让温州经济逐步走出困境趋稳向好的过程得到加速、阵痛得到缓解，"有肯定比没有好"。更何况针对破解中小企业多融资难、民间资金多投资难的"两多两难"问题，温州在民间融资规范化阳光化、企业资金链担保链风险化解、地方金融监管机制建设等诸多方面进行了积极探索，取得了明显成效，而且在很多方面成为"全国率先"，形成了"温州样本""温州路径"。在今后的改革中，浙江和温州仍将继续秉持浙江精神，积极创新、勇于实践，扮演好我国区域金融改革的试验者、探索者角色。

如今，金改路上有很多问题需要破解，很多困难需要克服，这些问题和困难依然是对温州金改的考验；只要开局良好，继续保持改革的势头，温州依然可以自信；只要抓住金改机遇，依托雄厚的民间资本、充满活力的"温州人经济"、创新不止的温州人精神，温州的金改之路一定会越走越宽。

中国给了温州一个机会，温州将会给中国一个摹本！

第七章　拥抱朝阳

—— 新金融·新纪元

转眼间，网络经济奇峰横亘，逼迫传统金融服务模式寻求突围。在"楚河汉界"边际模糊的货币市场中，浙江新型金融服务喷薄而出，照亮了未来的新纪元。用户思维、简约思维、极致思维、迭代思维、平台思维、跨界思维……多维移植的浙江金融业，轻轻地喊一声"芝麻开门"，还真能打开藏有真金白银的网络"山门"，获得亘古经验之外的惊喜和震撼。

第一节　抢占互联网金融制高点

虽然传统金融服务模式日渐式微，但金融业占国民经济的比重在未来仍将不断上升，也就是说，新型金融服务模式具有巨大的发展空间。

2016 年 9 月，G20 峰会在杭州召开。杭城街头，参会的外国朋友使用中国银行推出的"中银易付"手机应用，两部手机只需"对对碰"

就进行转账了。在建设银行的智慧柜员机上，就能办理许多非现金综合业务，免取号、免排队，还免去了填写各种单据的麻烦；在便利商店购买纪念品，拿出苹果手机一扫进行 Apple Pay 支付……充分感受到互联网金融的"天下无疆"。

浙江是互联网金融革命的发源地，无论是互联网还是金融业都走在全国前列。自 2008 年全国第一家互联网金融企业——数银在线在杭州诞生以来，互联网金融产业的发展风生水起。作为国家互联网创新发展试验区，依托重商的浓厚氛围，阿里巴巴等互联网企业所在地的优势，浙江金融行业以开放的姿态，积极拥抱互联网，边尝试、边摸索、边规范，处于"互联网＋金融"领域的领头羊地位。互联网金融也为浙江经济发展注入了全新的活力。

"网金浙江"奇峰突起

作为互联网金融发展的一大标志性事件，2013 年 6 月 13 日，阿里巴巴集团正式进军金融领域，其旗下的支付宝上线了一项增值业务余额宝。2013 年 10 月，阿里巴巴和天弘基金的合作从余额宝的业务层面正式进入股权层面，阿里巴巴出资 11.8 亿元认购天弘基金 26230 万元的注册资本，控股 51%。截至 2014 年 9 月底，余额宝规模已达到 5349 亿元，累计为用户创造的收益超过了 200 亿元，用户数增至 1.49 亿人，单季度增加 2500 万用户，增幅达 20%，余额宝已然成为中国互联网金融的最大产品。

以阿里巴巴正式进军余额宝为标志，互联网金融走过 2013 年的野蛮生长时代，2014 年则被称为我国互联网金融真正的元年。从移动支付技术升级，到场景建设，再到金融产品创新，它的成长正改变着未来金融的形态，而浙江作为互联网金融高地，更是风生水起、蓬勃发展，始终走在全国前列。

继推出支付宝之后，阿里巴巴的蚂蚁金融服务集团在它的业务体系中形成了支付、理财、融资、保险四大板块，在战略上明确要走平台化道路，并把主要的服务对象定位为小微企业和个人消费者。它集成了阿里在金融领域的强大实力，被视为金融行业的一条"鲶鱼"——"理财渗透'屌丝'阶层"的"普惠金融"理念广泛游走于网友们的各类"朋友圈"中，注定其成为互联网金融发展历程中不可忽视的新生力量。

2014年铜板街、盈盈理财等多家具有浙资背景的互联网金融企业被风投看好，且额度大多为千万美元级别。此外，"温州贷"、"合创优贷"、"展达财富"等多个浙江本土P2P平台，更是以挂牌的方式直接与资本市场展开对接，浙江互联网金融企业掀起了一场迎接风投资本的狂潮。

风投布局互联网金融开始呈现爆发式增长，网金浙江成为资本市场关注的焦点。其中，铜板街、盈盈理财的媒体曝光度多达近千条。对于正在茁壮成长中的浙江互联网金融企业来说，资本的入局无疑为它们带来资金、品牌等多方面的利好。

真正的互联网银行都有自己的表现形式，包括技术手段和能力、大数据风控，没有一定的积累是比较难实现的。互联网银行最大的创新不是业务而是理念。

被誉为中国首家"云"上银行的浙江网商银行的设立，是自国家允许民间资本设立中小型银行等金融机构以来的一个重大突破。网商银行以互联网为主要手段和工具，坚持小存小贷的业务模式，从一开始就定位于服务小微企业、服务"三农"、服务创业者，尤其是农村市场更是网商银行所瞄准耕耘的"蓝海"，其开发的为农村地区小微经营者提供的无抵押无担保信贷服务——旺农贷，已经覆盖了全国数以千计的行政村。

浙江网商银行自诩为"迟来的先行者"。所谓"迟来"，是指之前很多金融机构已经在切实推进普惠金融，关注到小微企业的融资难问题，不过用户的需求远未被满足；所谓"先行"，指的是尝试用互联网渠道、大数据风控、金融云计算等技术，去解决小微企业的"融资难、融资贵"，农村金融服务相对匮乏的问题，而且被证明是行之有效的。

网商银行是不设线下网点、不分总支行级别的互联网银行。互联网金融基因的植入，将真正倒逼金融体制改革加快推进，个人金融消费也将产生连锁式的突变。这家"在国内没有一个物理网点的银行"，将核心系统架构在金融云上，大幅降低了 IT 成本、业务运营成本，还让业务运营能力"弹性十足"，足以支撑十倍于目前的业务规模，运营成本比传统银行要低，特别是固定成本比传统银行要低得多。基于金融云计算平台研发的银行核心系统，让网商银行拥有处理高并发金融交易、海量大数据和弹性扩容的能力，利用互联网和大数据的优势，为更多小微企业提供金融服务。

与此同时，国内第一家获政府批准的互联网金融资产交易中心——"网金社"启动运营。"网金社"不仅能为自身发行产品提供服务，同时也能为其他交易中心发行产品提供服务，向涵盖交易所在内的传统金融机构、互联网金融机构提供开放、平等的对接。

2015 年 4 月，浙江融信用 32.99 亿元完成了对恒生集团 100% 股权的收购。这家国内顶尖的金融服务商就此一脚踏入互联网金融圈。

为了应对互联网金融席卷而来的浪潮，传统金融机构也不甘"寂寞"，纷纷"触网"，积极布局浙江，银行、保险、券商等传统金融机构相继寻求改革，不少省内银行将电子银行部升级更名为"互联网金融部"。而在主动"触网"上，传统金融机构也在尝试与互联网公司开展合作。

传统固有模式如何"嫁接"植入互联网基因，各家机构都在不断上下求索。无论最终结果如何，可以肯定的是，传统金融机构应对金融互联网化发展的举措，必将反过来深刻影响互联网金融的发展方向。虽然互联网金融在获客渠道上、大数据资源整合上具有明显优势，但传统金融机构对金融风控能力的把控无疑具有更丰富的经验。因此，互联网金融与传统金融两者应根据自身专长特点，取长补短，跨界发展，达到优势互补、合作共赢的目的。浙商银行根据互联网金融平台要接入银行存管系统的要求，研发完成 P2P 资金存管系统，为 P2P 网贷平台提供包括存管账户开立、充值、投资、还款、提现、交易信息管理、账户信息查询、对账清算等全方位的金融服务合作方案。浦发银行选择将总行级的互联网金融业务中心设在杭州，推出"spdb+"浦银在线互联网金融服务平台，打造了与线下无差异服务的全新"线上浦发银行"。

站上"互联网 +"的风口

从最早期的萌芽初露、野蛮生长，到如今优胜劣汰、洗牌竞争，浙江互联网金融站上了"互联网 +"的风口。2015 年，堪称是浙江网金告别草莽时代，迎来重塑行业新格局的规范之年。自律规范、监督引导、整体协同发展，成为行业发展的主旋律。

2014 年 11 月 20 日，杭州市政府出台《关于推进互联网金融创新发展的指导意见》。11 月 22 日，微贷网、翼龙贷等八家浙江本土互联网企业负责人共同签署了行业自律倡议书。同年底，杭州互联网金融协会成立。

2015 年 1 月 29 日，由浙江省投融资协会牵头组建的浙江省互联网金融委员会在杭州成立。这个国内首家省级互联网金融委员会，与大中型金融机构合作，通过在线监测制定企业评价体系、设立互联网金融平台风险保障基金等措施，制定行业的自律公约，保障企业持续健康发展。同时，委员会也进一步加强与行业主管单位之间的沟通，促使政府加快出台相应的互联网金融监管政策；还制定推出互联网金融平台风险保障基金制度，为 P2P 平台提供现金流支持。

1 月 30 日，以"2015 新秩序"为主题的浙江省互联网金融年会在杭州举行，共同探讨进入规范之年的互联网金融发展方向。浙江互联网金融企业会同媒体发起了互联网金融行业诚信公约"八项倡议"：合规经营——不自融、不发假标、不设资金池；规范经营——按金融标准建立风控体系，不因业绩压力降低风控标准；诚信经营——不误导投资者，不做假账和假数据；稳健经营——不片面追求项目收益，不打价格战；治理公开——股东、董监事和高管团队信息公开；数据公开——业务量、待收和逾期数据公开；资本充实——按资本充足率和拨备覆盖率要求自律，及时充实资本；资金托管——客户备投金和风险准备金托管到银行。

2015 年 2 月，浙江省金融办等多部门联合出台《浙江省促进互联网金融持续健康发展暂行办法》（以下简称《办法》），明确互联网金融以服务实体经济为本，走新型专业化金融服务模式之路，并力争将浙江打造成全国互联网金融创新中心。

《办法》强调互联网金融行业应严守法律底线，对第三方支付机构、P2P 网络借贷平台、股权众筹融资平台、金融产品网络销售平台分别提出了明确应遵守的主要规则，并强调互联网金融应有效保障信息科技安全。作为互联网金融领域的创新与发展势头最为迅猛的省份，浙江向规范化该行业迈出了关键性一步。

9 月 29 日，遵循"要加强互联网金融行业自律"的原则，在浙江省金融办的指导下，浙江大学互联网金融研究院、蚂蚁金服、浙商银行正式发起成立浙江互联网金融联盟，这是政府引导行业自律规范发展的一个创新尝试。

根据联盟章程，联盟将通过行业自我管理和自我规范来推进全省互联网金融业的健康发展，充分发挥各类互联网金融企业机构和市场的主体作用，联合互联网行业和金融行业以及各方面的社会力量，发挥协同效应，共同提升浙江互联网金融服务实体经济的能力和互联网金融产业自身实力，助力浙江建设全国互联网金融创新金融中心。

成立伊始，浙江互联网金融联盟发布了《浙江互联网金融网贷平台白皮书》，从宏观经济、P2P 全行业发展、平台实力、运营能力、资金安全、风险管理、技术安全等十个维度来构建评级模型，全面展现浙江网贷行业生存现状。

此外，联盟还发布了《联盟自律宣言》——积极接受行业监督和社会监督；坚持诚信经营，加强行业职业道德建设；定期公布平台相关信息，充分保障投资人的知情权；注重项目风险管理，规范平台自身经营活动；杜绝虚假宣传、抵制恶性竞争和行业不正之风；推动行业自律与创新，切实服务实体经济发展；积极履行社会责任，塑造行业良好公众形象。

据不完全统计，截至2015年末，全省P2P和网络理财公司共366家，年交易额达到1765亿元，同比实现100%的增长，涌现出一批全国有影响力的公司。网络借贷产品比较丰富，具体产品涉及政府平台融资、汽车贷、电商贷以及供应链融资等，填补了传统银行无法涉足或者很少涉及的领域，补充丰富了金融生态，推动了金融普惠。浙江网络众筹则处于起步阶段，除了阿里系众筹筹资9.33亿元的交易量外，其余众筹平台交易量为6.63亿元。与P2P及网络理财比，交易量较小，比例仅是后两者的6%。2015年全省互联网销售额大幅增长，三家互联网基金销售公司通过互联网平台销售金额达到2000亿元，同比增加150%。浙江运营平台、P2P网贷累计成交量和贷款余额均居全国前列。

夯基"互联网金融之都"

在杭州，互联网金融无愧为金融创新的一大策源地。

2015年杭州已拥有各类互联网金融企业100多家，涌现出蚂蚁金服、挖财、连连支付等一批优秀的互联网金融企业。

互联网＋金融，两个行业的激情碰撞，闪烁出了耀眼的火花。有人说，未来金融业的竞争焦点，首推初露锋芒的互联网金融。抢占这一领域的制高点，已成为国内金融中心城市建设一个新的"逐鹿场"。传统金融机构闻风而动，布局互联网金融战略和移动客户端，加速对营业网点的智能化改造，如新增VTM（远程视频柜员机）、智慧柜员机、自动客户识别系统、网点移动终端（PAD）、自助发卡机等设备。

　　杭州市出台的《关于推进互联网金融创新发展的指导意见》（以下简称《指导意见》）描绘了这样一幅图景：到 2018 年，杭州的互联网金融交易额有望达到 100 万亿元。到 2020 年，杭州将力争规划和建设一批具有全国影响力的互联网金融集聚区，构建和运作一批具有全国辐射力的互联网金融交易服务平台，培育和发展一批具有全国竞争力的互联网金融企业，开发和推广一批全国市场占有率高的互联网金融创新产品，基本建成全国互联网金融创新中心。具体做法如下。

　　——加快金融触网脚步。互联网金融是互联网与金融相结合的新兴领域，指的是借助于互联网技术、移动通信技术，实现资金融通、支付和信息中介等业务的新兴金融模式。《指导意见》从明确目标、培育企业、集聚企业、优化环境、组织保障等方面鼓励和引导杭州互联网金融创新规范发展，吹响了打造全国互联网金融创新中心的集结号。

　　以支付宝、恒生电子等为代表的互联网金融服务业发展迅猛，12 家第三方支付机构及鑫合汇、挖财网等一批 P2P 或互联网理财企业在全国同行业中名列前茅。阿里网络小贷全国领先，网商银行作为首批民营银行试点已开业营运。与此同时，西湖区、余杭区、江干区等城区都在积极筹备构筑互联网金融产业集聚带。

　　如今，除了全国最大的互联网金融企业阿里巴巴，一批上市企业如恒生电子、网盛生意宝、同花顺等也正大举进军互联网金融领域，这将把杭州的互联网金融发展推向一个新的高度。

　　上市企业中，网盛生意宝先后与工商银行、浙商银行、杭州银行等多家银行展开跨领域、多层次、全方位合作，深耕互联网金融领域，启动"小微金融服务"，并与交通银行合作试水供应链金融服务。

　　此外，杭州还有一大批中小科技企业，如捷蓝信息、财米科技等，也在积极从事互联网金融产业，并获得了越来越多的风投青睐。

　　——培育"杭州军团"。伴随移动互联浪潮的潮涌，一批以移动理财、移动支付为切入点的互联网金融企业在不断崛起，运用云计算、大数据等手段和工具，为金融创新插上智慧的翅膀。

打开苹果的 APP 分类排名，下载量居前的理财 APP 中有不少是"杭州创造"，包括挖财、51 信用卡、铜板街等，构成了互联网金融领域中实力强劲的"杭州军团"。

根据规划，杭州将支持发展第三方支付、移动支付、小额信贷、众筹、互联网理财、互联网保险等互联网金融服务，探索跨境电商支付和结算业务。用杭州市金融办负责人的话来说，互联网金融创新中心的打造，将为其他中心的建设提供重要的资金保障和智力支撑。

杭州银行早在五年前就成立了科技支行，专门为科技型中小企业提供创新融资解决方案。中小型企业按常规模式申请贷款获贷难度很大，科技支行专门建立了科技金融服务平台来快速准确地对接和服务杭州地区的科技金融潜在客户，并在产品和服务模式上不断创新，不但支持了上千家科技型中小企业的发展，而且科技支行不良贷款率不足 1%。

2014 年 9 月，杭州发布了《关于全面深化金融改革创新的若干意见》，明确到 2018 年，杭州市金融业增加值占地区生产总值的比重将力争达到 12% 以上，财富管理资产总量达到 1 万亿元，互联网金融交易额达到 100 万亿元，主要金融发展指标继续保持全国前列。

——营造"金融新蓝海"。杭州西溪谷紧邻浙江大学和西溪湿地景区，这里将以互联网金融产业为核心，吸纳电子商务、研发与技术服务、信息软件、股权投资、旅游休闲为配套，构建国内乃至全球最高端的互联网金融产业集聚区，带动区域和周边信息经济发展。2015 年西溪新座、浙商财富中心等 40 多万平方米的楼宇已建成投用，支付宝总部、江南布衣、慧展科技等项目陆续推进。

玉皇山南基金小镇，一大批知名企业对这块"风水宝地"趋之若鹜。阿里巴巴旗下的资本管理公司将落户基金小镇二期的安家塘地块，计划在两年时间内投资 8 亿元，主要进行无线互联网和传统互联网领域的产品投资。此外，永安期货、中信证券等都有意向在基金小镇设立机构，

并已与园区达成了战略合作。

在江干区，钱江新城金融业集聚发展的优势逐步显现。这里会集了浙江股权交易中心、金融资产交易中心、互联网金融资产交易中心、浙商国际金融资产交易中心及杭州产权交易中心等机构，20多家省、市级金融机构迁入，形成一大批金融特色楼宇；小额贷款、股权投资金融衍生产业蓬勃发展。随着钱江新城中央商务区建设的推进和城东新城东站枢纽的投入使用，这里的"金融新蓝海"地位更加彰显，成为金融企业发展的必争之地。

第二节　私募金融风生水起

创投博弈在"天堂"

浙江天堂硅谷股权投资管理集团有限公司于2000年11月由浙江省政府牵头组建，是全省最早的股权投资机构之一。公司坚持专业、规范、稳健的经营理念，重点关注高新科技、生物医药、节能环保和新能源、现代服务业等领域，选择富有竞争性、成长性、规范性，有自主创新业务模式的企业进行投资。

2011年9月19日，公司与大康牧业共同设立了我国第一只围绕农业产业、服务实体经济的"天堂大康"并购基金，开创了"一对一"定制式的国内并购模式。以"天堂大康"为蓝本的国内并购基金具有良好的复制性，不仅为股权投资机构和上市企业在拓展各自的业务和可持续发展方面开辟了创新之路，也对产业的转型升级发挥了积极的推动作用。截至2015年末，天堂硅谷先后已与近30家上市公司开展合作，积累了丰富的产业并购经验，在海外并购领域也形成了独特的跨境并购优势。

2012年整体收购了奥地利斯太尔公司，并成功并入上市公司；2015年成功收购南非金矿上市公司。

2013年1月，公司更名为浙江天堂硅谷资产管理集团有限公司。在十多年的探索中，天堂硅谷完成了从创业投资向股权投资，再向资产管理转型的"三步走"，实现了创业投资、产业并购、金融服务、地产基金四大板块业务并驾齐驱，业务范围涉及股权投资、产业并购、汽车金融、地产金融、对冲基金、国资混改、互联网金融等领域，形成了多元化的资产管理格局，资产管理规模超过143亿元。

股投基金分享政策红利

改革开放以来，浙江经济得到快速发展，中小企业迅速崛起，投资创业活跃，资金需求旺盛。但是，长期以来，企业融资结构不尽合理，一方面，银行间接融资占比过高；另一方面，民间资金虽充裕，但其难以合理引导和规范等结构性问题仍然突出。股权投资基金作为直接融资的重要途径之一，能把分散的可投资资金有效转化成符合经济社会发展需要的资本金，显然是拓宽融资渠道、规范民间融资的重要工具。

发展股权投资基金，有利于提高社会资本配置效率，优化企业股权结构，提升经营管理水平，促进企业自主创新及高新技术成果转化应用，对于构建结构合理、功能完善、富有弹性的地方金融体系，对于浙江加快金融市场的发展和全省经济转型升级都具有重要作用，因此大力发展股权投资势在必行。

2009年6月，浙江省政府办公厅印发《关于促进股权投资基金发展的若干意见》（以下简称《意见》），这是国内第一个支持股权投资基金发展的政策意见。

《意见》提出，积极发展股权投资基金及股权投资管理公司，着力构建多层次股权投资基金体系，包括产业投资基金、成长型企业股权投资基金、创业风险投资引导基金和创业投资基金等。政策还对股权投资管理公司发展给予了大力支持，比如，对从省外、境外新引入成立的大型股权投资管理公司，报经地税部门批准，可给予三年内免征房产税、土地使用税、水利建设专项资金。对在省内注册资金 1 亿元以上、管理基金规模超过 10 亿元且对当地经济带动作用大的股权投资管理公司，经批准可享受金融机构总部相关政策，所在地政府可以给予一次性奖励。

对于股权投资机构关注的投资企业上市和推出路径方面，《意见》明确对股权投资管理公司重点投资的成长型企业，符合上市条件的，将积极推荐上市。支持引导股权投资管理公司通过产权交易所等要素市场转让其持有的投资企业股份，拓宽股权投资退出渠道。

PE 助长高潜力企业

浙江是民营经济发展的排头兵，优秀人才汇集，民间资本丰富，良好的发展环境助推众多高成长企业快速成长。伴随着浙江多层次资本市场建设加速推进，国内一线主流 VC、PE 机构纷纷加大在浙江的布局力度。在引导股权融资市场发展，推动中小企业发展过程中，浙江省政府相关部门作了大量有益探索，相继推出各项鼓励创业企业发展、扶持股权投资行业的政策，逐步完善政府资金和民间资本的协同效应，有力地推动了高潜力企业的长效发展。

浙江已发展成为全国股权投资基金的重要集聚地之一。据不完全统计，2015 年末，在浙江注册的私募股权投资基金已经达到 1100 多家，形成了包括政府性引导基金、成长型企业股权投资基金、创业投资基金等在内的多元化股权投资基金体系，管理基金规模 1300 多亿元。

除了股权投资业务外，浙江优秀投资机构还在私募证券投资、地产基金、基础建设投资等领域开展广泛探索，既满足全省广大投资者的理财诉求，又激发市场活力，为助推浙江经济发展贡献力量。初步形成了以天堂硅谷为代表的私募大资管投资阵营，以敦和资产管理为代表的私募对冲基金投资阵营，以嘉凯城和浙江省基础建设投资集团为代表的城镇化建设和基础建设投资阵营，以凯银投资和厚道资产为代表的私募地产基金投资阵营。在各家优秀机构的努力之下，全省私募投资市场格局日趋完善。

母基金撬动社会资本

浙江金融业巧用杠杆原理撬动了超出自身"硬实力"范围之外的"力量"。为了支持浙商转型升级，更好地发挥股权投资的促进作用，凸显财政资金的杠杆放大效应，根据浙江省委、省政府相关部署，在省金融办指导下，2015 年 11 月，浙江省政府、省交通投资集团与中国工商银行共同发起设立浙江浙商转型升级母基金，母基金管理规模 100 亿元，首期认缴 40 亿元。母基金将按照市场化原则独立运作，通过发挥母基金的杠杆放大作用，引导、带动更多的社会资本支持新兴产业快速发展，推动产业并购重组。母基金及其被投资子基金将优先投资高新技术企业，医药健康、节能环保、消费升级、先进制造及移动互联网等行业，以及产业整合、并购项目和国有企业改革项目，支持新兴产业发展和浙江产业转型升级。

第三节　金融特色小镇应运而生

"特色小镇"闪亮登台

阿里巴巴于 2014 年 9 月中旬登陆美国纽约证券交易所，互联网创业即将进入"风口"，迫切需要一个载体"顺势"承接阿里巴巴上市后带来的人才与资本的外溢和裂变，成为信息经济发达的杭州打造"互联网创业之都"和"天使投资之城"又一个平台——那就是"特色小镇"。

在浙江的创新设计中，特色小镇建设是利用自身的信息经济、块状经济、自然景观、历史人文等优势，突破空间资源瓶颈、有效供给不足、高端要素聚合度不够的限制，解开经济结构转化和增长动力转换难题的战略选择，成为当下中国经济寻求转型升级之道的突出亮点。

2015年4月22日，浙江省政府下发《关于加快特色小镇规划建设的指导意见》，对特色小镇的创建程序、政策措施等作出了规划，提出全省将重点培育和规划建设100个左右特色小镇，力争通过三年的培育创建，规划建设一批产业特色鲜明、体制机制灵活、人文气息浓厚、生态环境优美、多种功能叠加的特色小镇。

省长李强在署名文章《特色小镇是浙江创新发展的战略选择》中，首次系统阐述浙江特色小镇的发展理念，指出：特色小镇是按创新、协调、绿色、开放、共享发展理念，结合自身特质，找准产业定位，科学进行规划，挖掘产业特色、人文底蕴和生态禀赋，形成"产、城、人、文"四位一体有机结合的重要功能平台。

首先，产业定位不能"大而全"，力求"特而强"。产业选择决定小镇未来，必须紧扣产业升级趋势，锁定产业主攻方向，构筑产业创新高地。定位突出"独特"。特色是小镇的核心元素，产业特色是重中之重。找准特色、凸显特色、放大特色，是小镇建设的关键所在。

其次，功能叠加不能"散而弱"，力求"聚而合"。功能叠加不是机械的"功能相加"，关键是功能融合。林立的高楼大厦不是浙江要的特色小镇，"产业园＋风景区＋文化馆、博物馆"的大拼盘也不是浙江要的特色小镇，浙江要的是有山有水有人文，让人愿意留下来创业和生活的特色小镇。要深挖、延伸、融合产业功能、文化功能、旅游功能和社区功能，避免生搬硬套、牵强附会，真正产生叠加效应，推进融合发展。

再次，建设形态不能"大而广"，力求"精而美"。美就是竞争力。无论硬件设施，还是软件建设，要"一镇一风格"，多维展示地貌特色、建筑特色和生态特色。求精，不贪大。小，就是集约集成；小，就是精益求精。根据地形地貌，做好整体规划和形象设计，确定小镇风格，建设"高颜值"小镇。

最后，制度供给不能"老而僵"，力求"活而新"。特色小镇的建设不能沿用老思路、老办法，必须在探索中实践、在创新中完善。改革突出"试验"。特色小镇的定位是综合改革试验区。凡是国家的改革试点，特色小镇优先上报；凡是国家和省里先行先试的改革试点，特色小镇优先实施；凡是符合法律要求的改革，允许特色小镇先行突破。政策突出"个性"。

金融小镇独树一帜

这些创建中的特色小镇，既是一个个产业创新升级的"发动机"，又是一个个开放共享的众创空间；既处处展现江南水清地绿的秀美风光，又告别了传统工业区"文化沙漠"现象，彰显了人文气质；既集聚了人才、资本、技术等高端要素，又能让这些要素充分协调，在适宜居住的空间里产生化学反应，释放创新动能。

根据浙江省政府《关于加快特色小镇规划建设的指导意见》，特色小镇创建不采用审批制，而是采用"宽进严定"的创建式方式推进。第一批特色小镇竞争非常激烈，名单产生过程经历了"省政府政研室提供初选名单——省级部门实地调研排序——联席会议审定通过"三个环节，最终从各地上报的 260 多个"特色小镇"创建申请中遴选出了 37 个。

6 月 5 日，第一批 37 家省级特色小镇创建名单正式公布，从首批名单所涉产业类别看，有信息经济产业 5 个、健康产业 2 个、时尚产业 5 个、旅游产业 8 个、金融产业 4 个、高端装备制造 6 个、历史经典产业 7 个。其中，金融产业特色小镇分别是杭州玉皇山南基金小镇、嘉兴南湖基金小镇、宁波梅山海洋金融小镇和义乌丝路金融小镇。

2016 年 1 月 29 日，省级特色小镇第二批创建名单正式出炉，42 个小镇入围第二批名单，其中，金融产业特色小镇 2 家，分别是杭州运河财富小镇和宁波鄞州四明金融小镇。除了已进入省级创建名单的金融小镇，根据浙江省金融办调研排摸，各地在培育的金融小镇还有 15 个。从区域分布看，杭州 5 个，湖州、嘉兴、丽水各 2 个，宁波、金华、温州、台州各 1 个。据悉，下一步还将围绕钱塘湾金融港湾布局打造一批金融特色小镇。

金融特色小镇具有广阔的发展前景与空间，是浙江打造万亿金融产业的重要平台。《浙江省金融产业规划》（2015）提出，要打造一批金融特色小镇，引进高端金融要素集聚，形成专业性、功能型金融集聚地，到 2020 年培育 4 个投资规模超千亿级、6 个投资规模超百亿级的金融特色小镇。

浙江省金融特色小镇已形成了明显金融资源集聚效应，业界影响力也不断提高。2015 年全省已有 3 个金融小镇规模突破千亿元，其中，玉皇山南基金小镇以私募（对冲）基金为核心业态，已集聚各类金融和私募基金机构 402 家，资产管理规模 1950 亿元；嘉兴南湖基金小镇主打私募股权投资业态，已累计引进投资类企业 1282 户，认缴资金 1500 亿元；梅山海洋基金小镇拟打造成以基金为特色的融资租赁、股权投资金融小镇，已累计引进类金融企业 3030 家，累计注册资本 4176.24 亿元。

同时，金融小镇通过承办全国性和国际性高端会议，进一步提升了国内乃至国际知名度。

2015 年 5 月 16 日，由全球最大对冲基金组织 AIMA 协会和 CFA 协会联合支持，浙江省政府、中国基金业协会作为指导单位，浙江省金融业发展促进会具体承办的"2015 全球对冲基金西湖峰会"在杭州成功举办,峰会汇聚了国内外一流私募证券及对冲基金管理人开展交流切磋,玉皇山南基金小镇也在峰会上正式揭牌。

此后,杭州市政府联合中国证券业协会、期货业协会、基金业协会及中国证券金融股份有限公司在余杭梦想小镇成功举办了"2015中国(杭州)财富管理论坛",有效提升了杭州财富管理中心在全国影响力。嘉兴南湖基金小镇则陆续举办了"南湖私募投资国际峰会"、"南湖互联网金融峰会"等高端会议。

金融特色小镇在集聚金融要素发展的同时,金融支持实体经济发展和转型升级的功能也在不断提升。据统计,2015年南湖基金小镇引入基金已投资嘉兴市内的项目近100亿元;玉皇山南基金小镇通过加快旧城改造,实现从简单仓储加工业向私募金融高端产业的成功转型,建设国际医疗中心、国际学校,完成从旧房林立、农居混杂到现在基金小镇新地标的成功转型。

首批金融小镇"模范生"

"小镇经济"日新月异。"镇小能量大,创新故事多;镇小梦想大,引领新常态"。在浙江特色小镇的创建中,第一批金融小镇成为闪亮登场的"模范生"。

玉皇山南基金小镇

玉皇山南基金小镇位于杭州西湖风景名胜区核心地带,北依西湖,南临钱塘,坐落在吴越文化与南宋文化的交汇点,此间有南宋皇家籍田——八卦田和世界上最早的国家发行纸币——"会子"的印制地,是中国金融文化、皇家文化和商帮文化的重要起源地和集聚地。诺贝尔文学奖获得者、著名作家莫言在游览玉皇山南基金小镇时曾盛赞其"背靠玉皇,面对钱塘,杭城风水,此地为上"。玉皇山南区位优势十分明显，既享有城湖合璧、南宋遗韵的生态人文环境，又兼具全省金融产业资源的全面支撑，还能充分承接上海国际金融中心的辐射效应，是仿效"格林威治—纽约"错位发展模式，推动私募金融集聚发展的优质区域。

玉皇山南基金小镇重点引进和培育私募证券基金、私募商品（期货）基金、对冲基金、量化投资基金、私募股权基金等五大类私募基金，在短期目标上，计划经过 3~5 年的努力，集约化引进和培育 100 家以上、辐射带动周边 300 家以上各类私募（对冲）基金、私募证券期货基金、量化投资基金及相关财富管理中介等机构，将玉皇山南打造成一个管理资产超过 5000 亿元的国内一流私募基金小镇。在中长期目标上，未来 5~10 年，推动杭州市私募基金机构数和管理资产额在全国省会城市占据榜首，推动浙江省私募基金机构数和管理资产额在全国省域经济居于前列。截至 2015 年 12 月，基金小镇共集聚各类私募基金机构 402 家，资管规模 1950 亿元，呈现了证券、商品（期货）、股权等私募基金齐头并进的良好发展态势。

义乌丝路金融小镇

义乌丝路金融小镇围绕国际贸易综合改革试点进行布局规划，重点突出贸易金融特色，加强产融互动，加快国际贸易转型提升，同时也积极发挥义乌金融产业在浙中地区的辐射带动作用。

义乌丝路金融小镇紧邻义乌国际商贸城，区位优势明显。总规划面积 3.8 平方公里，建设用地面积 2.46 平方公里，其中核心区面积 0.75 平方公里。核心区主导业态包括：一是银行、证券、期货、保险等金融机构。二是以服务市场采购为特色的贸易金融机构，如小额贷款公司、担保公司、信托公司、融资租赁企业等。三是专注资本运作的投资机构，重点引入股权投资（PE）、风险投资（VC）等私募基金。四是国际贸易企业总部和进口贸易企业在义乌的分支机构。

　　未来，义乌丝路金融小镇争取打造成区域性跨境金融结算中心与贸易融资洼地，成为全省乃至全国领先的多元化金融机构集聚地。

梅山海洋金融小镇

　　宁波梅山保税港区作为浙江省唯一的保税港区，是目前国内对外开放层次最高、政策最优惠、功能最齐全的经济区域，具有境内关外、区港一体、功能叠加的显著特征。梅山海洋金融小镇围绕构建多层次的海洋金融支持体系，重点发展航运基金、航运保险、船舶租赁以及航运价格衍生品等航运金融业务，发起设立海洋主题产业基金、海洋专业银行，集聚引进涉海私募股权、债权、创投、对冲与并购重组等新兴海洋特色金融业态，探索建立海洋产权综合交易平台，推动银行、保险、信托、期货、证券等机构涉海金融业务创新，适度发展与海洋金融相关的蓝海休闲、创意研发等配套产业。

　　截至 2015 年底，梅山已累计引进类金融企业 3030 家，累计注册资本 4176.24 亿元，"千亿级财富管理岛"的集聚效应进一步显现，已成为全省资本密度最高，类金融产业发展成效最显著的区域之一。

第四节　民间融资管理的"浙江样本"

涌动"暗流"变身阳光"地带"

　　浙江省民营经济发达，民间资金充裕，民间融资活跃。民间融资在浙江创业创新、中小企业成长以及服务"三农"中发挥了积极作用，在一定程度上缓解了中小企业融资难问题。但是，民间融资活动隐蔽性强、参与主体复杂、涉及面广，加上法规制度尚不健全完善、监管缺位，存在着很大的风险隐患。近年来，浙江的非法集资案件一直处于高发状态，严重影响经济社会和谐稳定。因此，亟须加强对民间融资的引导和规范。

2011年11月，浙江省政府办公厅出台《关于加强和改进民间融资管理的若干意见（试行）》，从提高认识、明确基本原则、引导资金流向、发展专业资产管理机构、探索民间融资监管途径、加强民间融资行为监管、严厉打击非法集资、加强监测预警、强化管理责任等方面，要求各级各部门按职责抓好落实。该意见在参考国家有关法律法规和政策意见以及多年来浙江处置非法集资司法实践的基础上，按照"引导发展、创新管理、防范风险"的原则，系统地提出全省民间融资的管理思路，这在全国属于首创，为浙江省开展民间融资管理奠定了良好的政策基础。

2013年10月9日，浙江省金融办启动全省民间融资管理创新试点，确定在拱墅区、西湖区、桐庐县、宁海县、吴兴区、海宁市、绍兴县、永康市、江山市、路桥区、温岭市等11个县（市、区）率先开展试点，引导试点区域针对本区域民间融资的主要矛盾和突出问题，大胆探索创新，在民间资金管理企业、民间融资信息服务企业、民间融资服务中心等载体建设方面开展创新，在民间融资征信体系、监督管理、风险防范和处置等体制机制建设方面开展探索。自此，浙江省形成以温州金改综合试验区为突破口、全省其他地方互动补充的民间融资创新管理格局。

正本清源的渠道规范

如何开辟民间融资正道，浙江省主要是着力搭建民间资金管理企业、民间融资信息服务企业和民间融资服务中心等相关载体平台，引导民间资金通过专业化的机构、规范化的渠道服务实体经济。

民间资金管理企业的定位是将小而散的资金进行集合，聚沙成塔，对接实体项目。其主要功能是提供资金的供求信息，进行撮合。民间融资服务中心是民间融资备案登记机构，承担一定的政府管理功能。在实际操作过程中，有些地方将民间融资服务中心和民间融资信息服务企业的功能合二为一，有些地方则由民间融资服务中心提供场地，相关民间融资信息服务企业入驻其中。

截至 2016 年 6 月末，全省共有民间融资服务中心 41 家，注册资本 18.37 亿元，开业以来累计撮合成交金额 604 亿元，其中杭州市 3 家、宁波市 2 家、温州市 7 家、湖州市 4 家、嘉兴市 6 家、绍兴市 5 家、金华市 3 家、衢州市 1 家、舟山市 1 家、台州市 7 家、丽水市 2 家，实现全省各市全覆盖，在降低投资人借贷风险、维护民间金融秩序、支持小微实体经济发展等方面发挥了重要的作用。

截至同年 6 月底，全省共有民间资金管理企业 25 家，注册资本 25.70 亿元，开业以来累计投资总额 102 亿元。民间资金管理企业具有较强的区域性，制度上借鉴了私募管理相关规定并作了创新，符合中小投资者的实际需求，实用性很强。一是解决了部分中小企业的资金需求。二是在注入资金的同时，为中小企业的发展提供指导。三是逐步将股权融资的理念引入到中小企业中去。四是在资本项目对接过程中，培养了一批专业人员。

防范风险的舆情覆盖

——持续加大宣传力度。民间融资的最大社会问题就是非法集资，而防范非法集资的有效方法之一是通过宣传提高投资者的风险意识。多年来，浙江省一直强化防范非法集资宣传。

——阵地宣传。在银行、证券、保险、信托等金融机构场所和人流量较多的公共场所，以及出租车车顶显示屏、公交车电视等交通载体，宣传非法集资手段及社会危害性，鼓励和引导群众合法、合理开展投融资活动。

——媒体宣传。在报纸等媒体开辟金融知识专栏，刊登与群众日常生活息息相关的金融消费、投资等案例分析内容，提高群众对金融的认知能力。同时充分依托移动、联通、电信等通信运营商，定期定时向手机用户发送防范和打击非法集资口号及相关金融知识。

——培训宣传。在各类培训会、工作例会中安排防范和打击非法集资的相关内容，对各类融资中介机构和处非从业人员开展针对性教育，提高集资者人群法律意识和处非相关人员的业务能力。

——活动宣传。开展"金融知识下乡"、"金融知识进村入企"与"5·15全国打击和防范经济犯罪宣传日"等主题宣传活动，突出大案要案的以案说法，给投资者以警示。组织干部群众参与案件庭审观摩，通过法官庭审释明、判后答疑等形式开展宣教。

——上门宣传。借助社会综合治理网格化管理的工作机制，分片、分组深入村（居）民家庭，开展面对面的宣传与谈心，对特定人群（妇女、老人等）进行有针对性的宣传教育。

——创新排查方法。从2010年开始，浙江省多次开展理财风险及非法集资排查。随着互联网金融的快速发展，非法集资行为与互联网相结合，手段更加隐蔽、情况更加复杂。因此，在排查的方法上不断创新。

——在对象范围上尽可能做到全覆盖。依据现有法律法规，一些新兴金融组织没有明确的监管主体，于是将理财广告作为切入点，依托工商的监管力量和广告监测系统圈定排查对象。

——创新排查方法，提高排查的有效性。运用互联网大数据技术和网络搜索技术，抓取网络借贷平台的异常交易行为；通过对各类账户交易中具有分散转入集中转出、定期批量小额转出等特征的资金流分析，从中发现蛛丝马迹；大力发展群防群治、依靠群众举报的方式来发现线索等。

——加强风险管理。民间融资行为的监管一直缺少上位法的支撑。浙江省金融办以温州金改综合试验区获批为契机，牵头推动民间融资地方立法工作。2013年11月22日，浙江省人大通过了《温州市民间融资管理条例》。2015 年 7 月，温州成立市民间融资服务行业协会，发挥自律组织的作用，进行常态化管理，特别是对于新兴金融业务，协会具有跟踪变化的优势。温州还初步形成市金融办、公安、市场监督管理、人民银行、银监、电信等多部门联合监管的初步架构，建立 P2P 行业数据和信息共享机制，实现公安经侦立案数据、工商注册登记数据、电信 ICP 备案数据、金融管理局民间借贷备案数据和非现场监管系统数据的互通和共享，形成 P2P 行业基础数据库和从业人员名单库。同时，初步建立各职能部门之间对查证违法违规经营行为的抄告、移送等机制，确立各有关单位的专人负责机制和工作联系沟通机制，加强信息互通，形成关注"黑名单"机制。温州在风险管理过程中探索第三方存管，如 P2P 平台三信贷和建设银行以及借贷中心签订三方合作协议，建设银行将为三信贷提供查询、支付、清算、账户维护等相关服务，温州民间借贷服务中心提供交易信息登记备案、社会信用查询等服务，并对其业务在借贷中心和行业协会网站上进行信息披露。此举使平台自由资金与用户资金隔离，形成封闭的支付环境，大大降低了客户资金被挪用的风险。

第八章　激浊扬清

——迎击金融风险

资本的本质是逐利，多少人因为逐利过度，进而贪婪败得倾家荡产。"一半是火焰，一半是海水"，金融风险往往风起于青萍之末，浪成于微澜之间，而其最初的信息频谱却是光怪陆离。金融监管别无选择，唯有用制度的力量、用法治的利器，去制约八爪鱼般的贪婪，破除幽灵那样的陷阱。筑起防范风险、化解风险的"防火墙"，为的是制约"小鳄大鱼"无限贪婪带来的无妄之灾。

第一节　狙击金信危机

"江南第一猛庄"猝死

2005年12月30日，《金华日报》第二版发布浙江银监局和金华市政府的公告，宣布在当地注册的金信信托投资股份有限公司（简称金信信托）自即日起"停业整顿"。公告指出，金信信托"违规经营和经营不善，造成较大损失"，中国银监会委托中国建银投资有限责任公司成立停业整顿工作组，进驻金信信托，具体负责停业整顿工作。

在业界有着"江南第一猛庄"之称的金信信托"猝死"，瞬间在浙江乃至全国引起轩然大波。

据公告透露出的信息，截至 2005 年 9 月 30 日，金信信托留下的家底：固有资产 26.38 亿元，其管理的信托财产 82.50 亿元，其中集合类资金信托 23 亿元，单一类资金信托 58.23 亿元。

金信信托前身系 1991 年金华工行信托部从银行分离后单独成立的金华市信托投资公司。1993 年 5 月，在全国第四次信托公司整顿之前，金华信托进行了股份制改造，公司更名为金华市信托投资股份有限公司。通过定向募集，公司的注册资本增至 1.2 亿元，成为浙江省首家股份制非银行金融机构。2001 年底，金华信托完成第三次增资扩股工作，一批上市公司、大型企业和投资机构成为信托公司的战略投资者，注册资本增至 10.18 亿元。自此，金华信托迎来了它的花样年华，实力跻身同行前列，公司名称也更改为金信信托。

2002 年广东国际信托投资公司等信托公司出现严重危机，国家针对信托公司过多过滥、风险积聚的现状，实施全面金融秩序清理整顿，每个省份仅保留 1~2 家信托公司，大多数信托公司则被撤销关闭或转为非金融机构。幸运的是，金信信托因业务发展较快、富有创新特色不仅得以留存，而且除信托外，还多了一块证券牌照。

2002 年 8 月，金信证券在按照信托、证券分业的政策要求下，整合了台州信托、绍兴信托、衢州信托、丽水信托的证券资产，重新注册挂牌，金信信托也成为国内唯一一家同时拥有信托和证券双牌照的地市级信托公司。因其业务规模扩张迅猛，风格较为激进，一度在业界具有较大影响。

客观地看，当时的金信信托以业务拓展勇于创新而著称，除信托理财外，该公司还涉足实业投资和证券、期货、基金管理等非银行金融业。先后发起设立了金信受益证券和金信投资基金，控股博时基金、金信证券、金迪期货和上海邦联投资等公司，并参股多家上市公司，先后发行了 50 余只集合资金信托计划以及部分股权投资类单一资金信托。

金信信托之所以闻名业界，主要还在于其二级市场的凶悍操盘风格，通过盘根错节的资本运作，构建起一个囊括证券公司、基金公司、期货公司、上市公司的巨大网络。从股市获利的诱惑显然更为强大，股票市场投资曾经成为信托公司自营或委托投资的重要战场。金信信托也不例外，甚至更青睐于在股票市场上搏杀，多年来其投资浙江广厦 (600052)、浙大网新 (600797) 等股票斩获颇多，在二级市场上屡屡狂掀波澜，因而被国内资本市场冠以"江南第一猛庄"之称。很多有名的大牛股均出自其手，其旗下的上海邦联投资公司多次收购多家上市公司的法人股，是当时市场上有名的法人股大鳄。

祸起"伊利风波"

沃伦·巴菲特说过一句名言："只有退潮时，你才知道谁在裸泳。"

中国股票市场是全球发展最快的资本市场，同时也是最捉摸不定、曲折透迤的资本市场。其快速创造财富的巨大诱惑，既可以把人送上云端，也可以瞬间把人打入深渊，万劫不复。

不具备吸收公众存款业务资格的金信信托，以信托之名，却行非法吸收公众存款之实，从 1997 年 9 月至 2005 年 7 月，该公司采取书面或口头承诺还本付息的方式，与社会不特定的机构和自然人签订协议或合同，变相吸收公众存款共计 73.8 亿元，其中总经理葛政"直接参与决定、指挥"吸存的涉案金额就达 48.8 亿元。

"金信系"的基本操作手法是，由金华信托从国债委托理财中回购国债，套取现金，再利用这些资金投入证券市场进行股票交易。上述协议若到期后，金华信托不论该理财资金是否盈利，均按承诺和"资金权益凭证"支付委托人本金及相应的收益。

在委托理财合同或补充协议中，金华信托向委托人作出保证委托资金不受损失并享受6%~15.6%不等的预期年收益率的承诺，或作出以"国债贴水"和国债买卖过程中"补差"的方式保证固定收益，以此来募集资金。

这些资金均投放到证券市场。为了规避监管部门的审查，金信信托通过38家关联公司进行一系列复杂的资本运作。同时，金信信托还设立了五家平台公司——浙江华创实业有限公司、深圳市盈投资管理有限公司、温州市同信投资管理有限公司、丽水市和信投资有限公司及绍兴市协同实业发展有限公司——专业炒股。

在2001年6月到2005年6月长达4年的熊市中，股票交易长期亏损，被挪用的信托资金常常无法兑付。为了确保资金链不断，金信信托借新还旧、不断斩仓，以维持资金运转。到停业整顿之时，金信信托在二级市场亏损高达34亿元。

随着二级市场的行情逐渐萎缩，金信信托开始为一些上市公司的管理层进行管理层收购，比如金地集团、长丰通信，还曾一度涉嫌为四川长虹的倪润峰做MBO（管理层收购），其中最为著名的就是为郑俊怀等伊利高管做隐形MBO。金信信托涉嫌多项违规被停业整顿，伊利风波应该是最直接的导火索。

除了帮助伊利股份进行MBO，金信信托还涉嫌非法挪用其信托产品的资金，以及旗下金信证券账户上的国债回购资金。

2004年伊利风波愈演愈烈，金信信托在二级市场严重亏损，投资严重被套，造成现金流空前紧张，以至于经营也难以持续。

"烫手山芋"变身"香饽饽"

金信信托风险集中爆发后，浙江省政府及金华市委、市政府高度重视，省、市反复研判决策，寻求解决的妥当方案，多次进京与有关部委沟通。

但终因亏损数额过大，现金流问题难以解决，政府不可能拿纳税人的钱去填补窟窿，而且即便这次填补了窟窿，但金信信托能否就此走出困境也很难说。人民银行再贷款的前提是必须关闭机构，否则绝无可能得到资金支持。如此一来，原先考虑引进战略投资者实施重组的计划彻底无望。

稍有金融常识的人都知道，关闭一家上百亿资产的金融机构，所引起的波动及善后处理都极其复杂。浙江省、市政府部门面对现实迅速果断处置，按管理部门要求先关闭，处理好债权人利益，尽力维护好社会稳定。

浙江省、金华市随即成立了风险处置领导小组和工作小组，领导小组办公室设在省金融办，组织对金信信托进行全面风险评估、摸清风险底数，在此基础上，反复研究分析，制定风险处置方案及相应的应急预案。

由于金信信托违规经营、管理不善，造成严重亏损，经省、市研究报国务院批准，中国银监会于 2005 年 12 月 30 日责令其停业整顿。

根据中介机构出具的审计结果，截至停业整顿时，金信信托累计亏损 56.32 亿元，已严重资不抵债。其中，固有业务损失 19.6 亿元，信托业务损失 36.72 亿元；挪用至证券操作平台用于股票运作损失 33.87 亿元，固有资金贷款、长期投资、对外担保等业务损失 17.65 亿元，单一和集合资金信托业务损失 4.8 亿元。

金信信托危机涉及面广、数额大、情况复杂，面临风险蔓延和扩大的困局，情绪激化的债权人多次聚众上访，严重影响地方社会稳定。

金信信托的债权人群遍及七个市，人数近两万户，而且大部分是生活并不富裕的小额自然人投资者，这些债权资金大部分已被挪用，形成了实际亏损。浙江银监局和金华市政府的公告发布后，债权人聚众上访渐成规模，让各地信访部门感受到了很大的压力。

为了化解主要矛盾，稳定局面，浙江省、金华市以及其他相关市迅速成立个人债权甄别确认机构，投入大量人力物力，开展债权人群的思想疏导，着手个人债权的甄别确认。省、市两级政府在对复杂债权细致甄别的基础上，制定政策对 100 万元以下债权人全额收购其债权，对 100

万元以上按比例收购债权。向人民银行申请再贷款，并由省、市财政垫资火速解决资金来源，使90%以上小户债权人得到偿付。由此，危机处置很快就掌控了主动权，稳定了社会秩序，避免了恶性上访事件的发生。

2007年金信信托迎来了重组良机。由于股市行情大涨，其旗下的博时证券投资基金及其管理公司价值随之飙升。浙江有关方面看准时机，一举拍卖博时基金所持有的4800万股股权，获得了63.2亿元巨额现金，创下了金融机构变现史上罕见的"天价"。由此，金信信托的资产覆盖债务绰绰有余，为重组提供了先决性的条件。

在停业整顿和风险处置取得重大成果的鼓舞下，为进一步推进地方金融业发展，浙江省、金华市政府趁热打铁，向国务院提出金信信托实施破产重整的要求，得到国务院的同意和最高法院、银监会的支持。浙江省政府指定国有独资企业——浙江省国际贸易集团有限公司作为金信信托破产重整的主体，负责破产重整的具体实施。由"浙江国贸"先行通过出资收购股权方式清退金信信托所有老股东后，通过公司派生分立的方式，将金信信托一分为二，一家为纯现金资产的待复牌的新信托公司，另一家为新设的资产公司，承接金信信托除现金资产外的其他所有资产、债务和有关事权事项。

至此，金信信托危机处置终于画上了较为圆满的句号。

第二节　互保联保的多米诺效应

联保互保之困

互保与联保模式曾作为贷款信用风险的创新和经验被广泛运用。所谓"互保"，是指企业间互相担保获取贷款；所谓"联保"，是指三家或三家以上企业组成担保联合体，所有成员为其中任何一家企业的贷款承担连带责任。

浙江的担保链、资金链风险 2008 年肇始于绍兴，其后蔓延至杭州、湖州、温州、台州、宁波等地。2008 年受国际石油等大宗商品价格暴跌等因素影响，位于绍兴的浙江华联三鑫石化有限公司（简称华联三鑫）资金链突然断裂。因当地几家规模较大的企业彼此间存在错综复杂的担保关系，致使当时的绍兴规模企业几乎都深陷互保链危机而不能自拔。同年台州的飞跃集团，2011 年宁波的七鑫旗公司、杭州的天煜建设集团等引发危机都有类似的原因。

2011 年 9 月，温州发生金融风波，当地一批企业的资金链开始断裂，银行不良贷款持续攀升，加上此前盛行的互保、联保贷款，资金链风险演化为担保链风险。典型的出险企业有"眼镜大王"胡福林的信泰集团和另一家知名企业庄吉集团。2011 年 9 月开始，以信泰集团等企业负责人"跑路"和少数企业老板"跳楼"为标志的温州市企业"两链"风险大面积爆发，之后以圈层的形式递进，逐步发展为以"企业资金链断裂、信贷担保链困局"为重点的区域性金融风险，其影响之广、程度之深、冲击之大，为温州改革开放 30 多年来所罕见，温州经济由此处在了最困难的时期——经济走势不振、资产价格走低、典型企业的财务状况纷纷恶化。国家统计局统计数据显示，2012 年全国 70 个大中城市中，温州是唯一一个新建商品住宅价格同比下跌的城市。房价下跌，抵押物价值缩水，温州的银行开始出现"惜贷"，"两链"风险继续加大。

更让人担忧的是，2012 年肇始于温州的这场"两链"危机开始向杭州、湖州等地区扩散。

"两链"风险的形成，绝非一朝一夕，化解起来也远非一招一式即能奏效。面对错综复杂、一环套一环的资金链、担保链困局，政府、银行、企业三方谁也无法独挽狂澜，同时谁也无法"绕开走"。化解"两链"风险需要政银企三方形成合力，心往一块想、劲往一处使。

面对"两链"困境且有蔓延扩大的趋势，浙江省政府 2013 年 8 月下发了《关于有效化解企业资金链担保链风险，加快银行不良资产处置的意见》（以下简称《意见》），对"出险"企业作了一一分类，并提出了相应措施：对于主业经营良好、暂时出现资金链紧张的企业，要协调银行机构统一行动，尽量不抽贷、不压贷、不缓贷，灵活办理企业转贷，不搞"一刀切、急刹车"；对于产能过剩、救助无价值的企业，要大力推行破产清算，发挥市场优胜劣汰作用。同时，该《意见》要求企业主动"瘦身"，通过市场重组等手段加大兼并重组力度；要求被救助企业保证主业，压缩对外投资，处置一些与主业无关的闲置资产；在处置过程中做到公开信息。

伴随着"两链"风险的蔓延，银行却开始抽贷。近几年，浙江部分企业在银行的抽贷中元气大伤，互保圈呈现"火烧连营"之势，开始出现产业空心化现象，一些金融机构也因此遭受了较大损失。其间，浙江银行业的不良率已高居全国首位，全省不良贷款的处置压力巨大。特殊时期需要有特殊之举，温州在处置风险方面率先创新，作为风险化解应急举措之一，政府牵头组建各类转贷基金，之后，杭州、温州、宁波、金华等地政府纷纷效仿出资成立了应急专项基金，帮助符合条件的困难企业维持资金周转。有的地区还成立了政策性再担保公司，通过国有再担保公司分担担保风险。比如，杭州市在国内首创设立了中小企业转贷引导基金，即以政府有限的财政资金，引导更多的社会资金参与转贷服务，以缓解企业转贷难、转贷贵的问题。此举杜绝了不少企业靠民间融资来转贷的情形，在一定程度上了消除了潜在的社会不安定因素和风险事件，起到了"四两拨千斤"的作用。首批加入合作试点的银行包括建行、工行浙江省分行，浦发、招商、江苏银行杭州分行，杭州银行、杭州联合银行，汇丰银行杭州分行等 10 多家银行，涵盖了国有银行、商业银行、城商行和外资银行。据测算，政府每投入 1000 万元，每年可以帮助企业节省支出 2000 万~2500 万元，同时还能实现财政资金保值和增值。

同样，温州市成立的 5 亿元规模转贷资金，撬动全市累计使用各类转贷资金达 800 亿元，帮扶困难企业 4000 多家。

在经历了危机初期的忙乱后，浙江银行业很快回过神来稳住阵脚，不再一窝蜂似地盲目抽贷，而视企业实际遭遇给予必要的支持，原则上只要企业主业正常、尚有"造血"功能、能够支付利息的，都给予转贷支持。五年多来，温州全力化解企业"两链"风险，目前总体上仍处于筑底阶段，但逐步向好的态势已基本明确，有望实现从"风险先发"到"率先突围"的转变。

虎牌集团的自救与重整

虎牌集团是杭州市的明星企业，曾位列中国民企 500 强第 200 余位，总资产规模达 35 亿元，为国内输配电行业的领军企业，且虎牌品牌本身已有 60 多年的历史。2012 年浙江所面临的最典型的一场"两链"风险危机，就是虎牌集团资金链危机。

2010 年浙江天煜建设有限公司（原野风建设）倒闭，导致其互保企业嘉逸集团被强行收贷，而嘉逸集团与荣事集团存在互保关系，荣事集团又与虎牌集团有着 2 亿元的互保关系——顺着互保链如同"接力棒"一般传导的信贷危机，使不少与虎牌集团有信贷关系的银行顿时笼罩在一片恐慌之中，致使短短一个月内各家银行争先恐后地从虎牌集团抽贷 1 亿多元，虎牌资金链瞬间断裂。虎牌集团与正邦电气等多家企业存在总额超过 6 亿元的互保贷款。由此，与虎牌集团有关的关联企业之间构成了一个十分庞大的互保信贷圈，从里到外共有四级互保圈，几乎各个行业都有企业涉及其中，企业之间的互保关系可以说纵横交错，十分复杂。

虎牌集团资金危机发生后，外界非常关注。危机爆发不久，杭州 600 多家民营企业就联名上书，向浙江省政府紧急求助，希望省政府联合相关方面成立协调小组，对此次虎牌集团因银行催贷引发的资金链危机尽快进行集中和系统性的处置。同时，还希望省政府出面协调银行暂停收贷，并尽快将近期所收贷款暂时发放给相关企业，给企业以喘息和处理危机的时间。当时社会上一度流传着这样一个观点：能否成功化解虎牌集团的互保危机，被看作是当地政府能否妥善化解这轮"两链"危机的一个重要信号。

如果一个行业涉及的互保资金规模高达二三百亿元，由此引发的银行连锁收贷，是任何一家企业都无法"独扛"的。相较而言，上佳的应付途径是同舟共济、分担风险，所谓一荣俱荣、一损俱损。在这种情况下，需要政府部门强有力的介入。浙江省政府高度重视虎牌危机，浙江省委书记赵洪祝批示要求全力化解。在处置虎牌危机期间，浙江省金融办及时介入，多次出面协调，要求省内各家银行不压贷、不轻易起诉相关的担保企业，以避免对当地的金融稳定造成影响。同时，积极会同杭州市、拱墅区政府召集银企双方多次协调。

层层压力之下的虎牌集团一度也试图自救，集团的几个股东为了能获得被重组的机会，甚至提出资产零价格转让。出于对虎牌品牌影响力的考量，数十家公司纷至沓来，纷纷表露了参与重组意向，其中不乏知名企业，但最终没有一家企业取得实质性进展。主要是虎牌集团互保圈所涉及的民间借贷数量庞大且数据不透明，直接拉低了有意向接盘重组企业的信心。虽然虎牌部分股东声称可以零价格转让，但从实质上看，其时的公司已经资不抵债，重组方在接盘资产的同时也需承接庞大的债务，在层层互保的关系圈中，或有大量"潜伏"的债务难以估算。因此，前来一探虚实的意向接盘企业多，有实质性介入动作的则很少，甚至一些企业借重组为名，就此跟政府大谈特谈条件。在这一过程中，深陷资金链危机的虎牌集团长时间无法正常发放工资，管理层和技术骨干纷纷流失。最终，虎牌集团回天乏术，不得不走上破产重整的道路。

2013 年，浙江省高级人民法院对这一起破产重整案作出裁定，由浙江浙行律师事务所和浙江天平会计师事务所担任破产重整管理人，浙商资产管理公司全面托管。浙商资产管理公司是一家地方版资产管理公司，以省内不良资产收购为核心业务。据该公司提供的材料显示，截至2014年底，虎牌集团银行贷款本金余额13.87亿元，社会借款本金余额6.78亿元，对外担保余额4.53亿元。从账面数字看，虎牌集团合并财务报表总资产10.20亿元，总负债22.97亿元，已严重资不抵债。

"两链"次生风险抬头

随着"两链"风险化解的逐步推进，浙江企业已呈现后"两链"风险的阶段性特征。风险源头的企业资金链问题已退居其次，次生风险的担保链问题却后来居上。在后担保链风险时代，让银行最感无奈的是企业主用"假死"替代以前闻之色变的"跑路"，即把房产抵押物虚假过户给亲朋，企业主只需缴纳交易税便可"无债一身轻"。更恶劣的是将一些司法上已判决拍卖的房产抵押物，提前以5年期或10年期租赁出去，由于租赁合约受法律保护，导致银行无法快速处置抵押物。债务人逐步将名下资产用来参股外省企业甚至境外公司，达到造成司法无法执行的效果。一些企业主迅速在境外成立空壳公司或借用他人公司名义，以出口订单形式一笔笔汇出货款，扣除"帮忙费"后剩余的"货款"归到自己账下。还有部分企业主假装现金流匮乏，将"货款"记账，只待"破产清算"时遵照债权优先原则来偿还，让银行等机构无法近身。2015年底，温州银监分局联合法院、公安等部门分两批将36家不良贷款余额较高的银行机构上报的338个典型案例，作为"构建诚信、惩戒失信"专项行动的重点惩戒对象进行严厉打击，取得了不错的成效。

第三节　探扫资产不良"雷区"

不良贷款率大幅飙升

不良贷款率，是衡量一家银行资产质量的硬指标。

从温州实际情况看，2011年下半年发端的民间借贷风波，令温州银行业此前连续11年保持"全国银行不良贷款率最低"的纪录一举湮灭。当年第四季度起，全市各家银行几乎都面临着每月不得不处置源源不断增加的大量不良贷款的局面。2013年温州银行业机构共处置不良贷款288亿元，2014年全市处置的不良贷款达到394亿元。而全省银行业的不良贷款率也同步"水涨船高"，统计数据显示，2013年第三季度末，浙江银行业不良贷款余额和新增额均占全国银行业的20%，不良率达1.76%，居全国首位，全省出险企业443家，涉及银行贷款243.6亿元，其中温州不良率高达3.85%，全省的不良贷款处置压力空前巨大。2014年上半年个别市县的不良贷款，累计已超450亿元，不良率超过4.6%，且持续飙升。

除银行不良贷款指标外，关注类贷款基本也达到了相等的规模，成为信贷资金的高危"蓄水池"，即便加大核销力度，不良贷款也极可能在当年底暴涨1/3以上。其中，建设银行浙江省分行系统的不良情形最为严重，其在个别市县的不良率已接近9%，不良贷款和关注类贷款已逾百亿元。

三级联动层层"拆弹"

从2012年至2015年，浙江省委、省政府连续四年召开"全省营造良好金融生态环境，促进经济金融稳定发展"工作会议。面对经济金融环境复杂多变的局面，打击恶意逃废债和处置不良资产，成为维护浙江金融生态环境、促进全省经济金融稳定发展的一项重要工作。换言之，如果金融风险的化解工作做得不到位，浙江经济的转型升级也难以顺利实现。

自温州民间借贷风波以来，浙江银行业加大了对不良资产的处置力度。从 2012 年到 2015 年，浙江各家银行将大部分不良贷款通过核销、上划、转让、重组、打包等手段予以处理，总额超过了 4300 多亿元。与此同时，政府各部门全力开展风险企业帮扶和银行不良贷款处置专项行动，通过省、市、县三级联动积极化解金融风险。另外，浙江还批准成立浙商资产管理公司，通过与国有四大资产管理公司做好对接和沟通工作，加大对银行业不良资产的处置力度。

鉴于当前不良资产的处理渠道过于狭窄，温州积极争取国家有关方面的支持，创新拓展不良资产处置渠道，借助民间力量和市场手段，努力使不良资产回归正常化。其中扩容地方资产管理公司被认为是减轻银行坏账包袱的一条有效途径。银监会公布了第三批省级地方资产管理公司名单，使得地方版"坏账银行"扩容至 15 家。这些"坏账银行"可自由批量买卖和消化银行不良资产，还能发行债券，而且不受股份公司条件的限制，它们成了对信达、华融、长城、东方四大国家层面的资产管理公司的有效补充和策应。

浙江各级法院加快司法处置进度，注重运用法治思维和法治方式，完善对涉困企业的差异化处置。仅 2014 年一年，通过司法程序，共化解银行不良资产 548.6 亿元，盘活企业存量资产 113.6 亿元，释放土地资源 9995.1 亩，房屋面积数 436.2 万平方米，一批可淘汰的"僵尸企业"推出市场。受理企业破产案件 487 件，审结 208 件，有效阻断了企业资金链、担保链风险扩散，为实现经济"腾笼换鸟"、兼并重组、转型升级提供了有利条件。同时，法院集中开展银行不良资产处置核销专项活动，重视防范和打击不法企业逃废金融债务。据浙江省高院在当年全省"两会"的工作报告中披露，其时法院审结金融纠纷 6.4 万件、民间借贷案件 12.2 万件，标的金额分别达 1786.8 亿元、779.7 亿元；快速办结银行申请实现担保物权的案件 2490 件，标的金额 153.8 亿元，有效防范各地区域性金融风险。

全省银行机构则联手搭建了浙江辖内银行业押品资产交易信息平台。这在全国尚属首例。平台建设将加速银行押品资产流转，盘活沉淀在低效领域的信贷资源，以市场手段实现押品资产重组。同时，平台集银行之信息、借网络之优势，通过"广扩面、早介入"，有效提升信息透明度和对接成功率，有利于加快银行业金融机构不良资产处置进程，改善信用风险状况。

2015 年浙江拥有 300 多家境内上市公司，数量居全国第二位。如果从资本运作的高度来审视资产的运用，"良"与"不良"的定义可谓因人而异。用上市公司的眼光看，出险企业的价值会不一样，所谓的"不良资产"放到大企业、大产业链中，价值也将不一样。浙江通过发挥上市公司技术、市场、品牌以及资本市场的资源优势，推动其通过并购重组，整合关联产业，盘活现有的经济存量，从而提高产业层次的竞争力。这不失为有效处置"两链"风险一举多得的好途径。

不良资产证券化，是化解商业银行不良资产一项有力的政策安排。对于商业银行而言，不良资产证券化不仅可以加速对不良资产的隔离和转移，继而进行有效的呆账调整，而且能够获得多种低成本的资金来源，增强流动性和盈利半径，同时提高资产质量和降低经营风险。

总体而言，面对这轮不良贷款、不良率"双升"的严峻局面，浙江银行业金融机构积极应对，多措并举防控和化解风险，成效明显。但随着不良贷款处置不断朝纵深推进，处置难度日渐加大。待处置不良贷款的增加与传统处置手段、机制之间存在的信息不对称、渠道单一、进程缓慢的矛盾日益突出，迫切需要探索不良资产处置的新途径，加快信用风险处置，改善信用环境。

第四节　重拳出击非法集资

揭开"民间集资"的画皮

非法集资是指单位或者个人未依照法定的程序经有关部门批准，以发行股票、债券、彩票、投资基金证券或者其他债权凭证的方式向社会公众筹集资金，并承诺在一定期限内以货币、实物及其他利益等方式向出资人还本付息给予回报的行为。

非法集资往往表现出以下特点：一是未经有关部门依法批准，包括没有批准权限的部门批准的集资；有审批权限的部门超越权限批准的集资。二是承诺在一定期限内给出资人还本付息。还本付息的形式除以货币形式为主外，也有实物形式和其他形式。三是向社会不特定的对象筹集资金。这里"不特定的对象"是指社会公众，而不是指特定少数人。四是以合法形式掩盖其非法集资的实质。

浙江民营经济发达，民间金融活跃，民间集资在促进中小型企业的发展中起到了一定的积极作用，但其中的非法集资情况也较为突出，给规范金融秩序和保持社会稳定带来了负面影响。

根据国务院办公厅《严厉打击非法集资有关问题的通知》精神，2006年浙江省建立处置非法集资活动联席会议制度，到2010年6月止，在这一联席会议的基础上，成立了以常务副省长任组长、18个省级部门负责人为成员的全省打击和处置非法集资工作领导小组，领导小组办公室设在浙江省金融办。领导小组明确各成员单位的工作职责，负责对当前及今后一个阶段的处非工作进行总体部署。

——防范有效。各级政府、有关部门成立协调机构，探索建立预测预警、信息搜集和通报等机制，严格落实防范责任，积极开展风险排查和宣传教育。

——查处有度。在现有相关法律法规不健全、犯罪性质认定难、处置维稳难度大的情况下，公安部门、司法机关和其他各有关部门密切配合、协同作战、突出重点、区别对待，有力打击了非法集资活动，维护人民群众的合法权益、正常经济秩序和社会稳定。

——疏导有方。通过支持大银行机构探索设立小企业信贷专营机构、创新信贷产品和服务方式，开展小额贷款公司、村镇银行和农村资金互助社试点等途径，加大正规金融对中小企业发展的信贷支持力度，拓宽民间资金合法运用渠道，对民间高利贷和非法集资活动起到较好的抑制作用。

非法集资频发的背后

担保、互保链恶性循环。企业贷款互保情况在浙江非常普遍。近年来，浙江企业因资金链断裂而倒闭、经营者出逃等问题为数不少。一家企业出险往往牵累到其他企业，由此带来的互保圈恶性循环和上下游企业债务纠纷导致风险进一步扩大，使得一些企业正常运行的民间借贷也因资金链断裂演变而成为非法集资案件。

集资名义多样化，以高额回报为诱饵。集资者作案前往往经过精心策划，集资名目繁多，通常以进行房地产或矿产等项目投资、公司经营周转、投资上市公司、股权投资等为名。一些集资面向社会公众，并鼓动社会弱势群体参与非法集资活动，带有一定欺骗性。高利回报是非法集资成功的必要条件之一，集资者承诺给予的月利率一般为 1%~6%，甚至有月息达 10% 以上的。一些地方以寄售行、投资公司、投资咨询公司等名义从事低吸高放、高利转贷等非法金融活动，且数量众多。非法集资参与主体遍及社会各个阶层，包括专门从事赚取利差的公司、"吃息族"企业主、被征地农民、退休人员等。由于缺少合适的投资渠道，加上风险意识薄弱，许多人不自觉地参与到非法集资类案件中。众多融

资中介和大量的放贷个体相互作用，形成了一张庞大的民间借贷网。

银行职工参与其中，起到推波助澜作用。少数银行信贷人员与融资中介内外勾结，将原本可直接放贷给实体企业的资金，先放贷给融资中介，再由融资中介"转贷"获利。更有甚者，为了让自己参与合伙的融资中介获取更大的利益，有意拖延给实体企业放贷，并介绍利益相关方为实体企业周转资金，赚取利差。银行信贷人员违规放贷，扰乱了正常的金融秩序，增加了企业的融资成本，致使一些企业最终入不敷出，导致破产倒闭。一些企业正常的民间借贷逐步演变为非法集资案件。

房地产市场持续低迷。浙江部分房地产企业除了从银行贷款外，还吸纳了大量的民间资金。受房地产宏观调控政策影响，银行对房地产企业的贷款不断收紧。房地产企业为了维持已有项目的正常运转，只得更多地转向民间高利借贷。但因 2012 年房地产市场持续低迷，回笼资金不畅，导致资金链断裂，民间集资继而转变为非法集资案件。

后续资金缺乏。非法集资的一个特点就是拆东墙补西墙，用后续借款来偿还前期借款的利息。民间借贷危机发生后，不管是银行贷款还是民间借贷，资金拥有者都非常谨慎，银行惜贷，民间慎借。由于缺少后续的资金注入来维持前期借款的利息，一些本可持续更长时间的案子也就提前爆发。

网络借贷数量及金额大幅上升。P2P 网络借贷作为一种新型金融业态，其时它的监管主体尚未正式明确，其风险有逐步扩大的迹象。2012年之前，全国倒闭的 P2P 平台总数约 20 家。到了 2013 年，问题平台的数量就超过此前倒闭平台总数的三倍，达到 70 多家。2014 年上半年全国就有 45 家 P2P 平台倒闭或跑路。

集资线索日益增多。民间借贷危机发生后，国家有关部门和浙江省政府都进一步加强了对非法集资案件的打击力度。同时，随着案件不断爆发，民众对非法集资严重后果的认识也越来越深刻，参与者主动向政府举报集资线索日益增多。

"理财"背后包藏的祸心

作案手段和方式不断翻新。随着新型金融业态的快速发展，非法集资的手段更加多样，方式更加隐蔽。以往的集资主要以民间借贷为主，近些年频频出现以委托理财、集合投资、投入原始股、股票定向增发等名义开展资金募集行为，有不少最后都演变为非法集资案件。宣传方式也趋于公开化，往小区信箱分发宣传单、在超市门口等公共场所摆放"理财"摊位的情形时有所见。在项目介绍时，采取路演、邀请实地考察等方式，给人以很强的真实感。在回报制度设计上，往往采用预期收益、固定回报、风险代偿等用词，避开禁止承诺保底的硬性规定。

与实体经济关联案件增多。浙江民间资金活跃，企业通过民间借贷来补充生产资金的现象普遍存在。同时，中小企业数量虽多，可抵押资产却少，企业间贷款互保情况比较普遍。一家企业出险往往牵累其他企业，使得企业民间借贷行为容易因资金链断裂演变成非法集资案件。

信贷退出型集资行为在局部地区较为多见。由于银行信贷收缩而引发的非法集资案件也不少，如绍兴、萧山等地不少企业近十年间发展迅速，规模急剧扩张，银行配套融资无法满足需要，尤其是近年来由于各种原因难以从银行获得贷款，因此只有转向民间融资。加之受国际金融危机的影响，企业出口贸易减少，短期内经营效益难以改善，高额的民间借贷成本支付最终使这类公司的资金链陷入断裂，进而引发非法集资案件。

集资诈骗行为隐藏于非法集资中。集资诈骗行为人以非法占有为目的，往往以投资项目为幌子，以高额收益诱骗他人投资，一旦集资成功，便人去楼空。这种集资行为一开始很难识别，发生案件后，追赃的难度也很大。

以高科技、新兴产业投资项目为幌子进行非法集资。近年来，国家引导资金投向高科技行业和战略性新兴产业，而一些犯罪分子利用这一时机，以投资高科技产业公司、现代农业项目等名义进行非法集资，蛊惑性很强。

利用 P2P 平台非法集资案件大幅上升。P2P 作为互联网金融业态之一，由于相关的监管规则还未明确，监管主体还没有完全到位，目前仍处于野蛮生长阶段，风险呈逐步扩大态势。此类案件受害人数多、涉案地区广、损失金额大，已成为影响社会稳定的较大风险隐患。

跨省输入型案件明显增多。互联网的快速发展，加之资金固有的区域易流动性，使得最近几年涉及浙江的跨省案件大量增加。跨省案件往往侦查费时，区域间协同难度较大，资产处置阶段又因人数众多，债权登记需要较长时间，一旦遭遇个别地区的地方保护主义，较容易引发群体性事件。

鉴于互联网金融部分领域出现了野蛮生长的态势，某些业态偏离了正确创新的轨道，导致互联网金融风险案件频发高发，成为影响金融生态的潜在风险点，按照国务院统一部署，在国家互联网金融风险专项整治工作领导小组办公室的指导下，浙江省自 2016 年 4 月起启动了全省互联网金融风险专项整治工作。

浙江省委、省政府对之高度重视，成立了由分管副省长担任组长的全省互联网金融风险专项整治工作领导小组，17 个省级部门为成员单位，领导小组办公室设在浙江省金融办，明确了"省级统筹、属地组织、条块结合、共同负责"的原则，针对网络借贷、股权众筹、互联网保险、第三方支付、互联网资产管理及跨界业务等细分领域，专门制定了"1+6"整治实施方案，并于同年 7—9 月在全省集中开展了第一阶段的摸底排查工作，基本摸清了全省互联网金融的"家底"。截至 2016 年 9 月末，全省共摸排机构 2.97 万余家，其中通过互联网开展金融活动的机构有 1308 家，占摸排总数的 4.4%。摸排情况显示，浙江互联网金融风险总体可控，风险点主要集中在网络借贷、互联网资产管理及跨界业务领域。自 2016 年 10 月起，浙江省互联网金融风险专项整治工作转入第二阶段清理整顿阶段，正在稳妥有序地推进。

"七大利器"应对非法集资

浙江省打击和处置非法集资工作领导小组始终站在非法集资案件处置的最前沿，综合运用多种手段和举措，为保障金融安全和社会稳定开展了一系列有序有效的工作。

——加强工作领导，健全协调处置机制。切实发挥打击和处置非法集资工作领导小组办公室的职能作用，明确各成员单位职责任务，密切协作配合，提高处置工作的主动性。同时强化信息共享，将各有关部门的日常监管信息及时互联互动，实现信息资源共享，及时消除各类非法集资风险隐患，提高处非工作的前瞻性。

——加强动态监测，防患于未然。非法集资案件涉及面广、危害性大，如果等非法集资案件爆发后才介入，不但协调处置起来比较困难，而且成效也不明显。为此，省打击和处置非法集资工作领导小组建立健全了非法集资案件动态监测机制，完善市、县（市、区）信息报送制度，加强上下协作配合，及时准确掌握全省非法集资案件的最新动态。同时，针对近年来因企业资金链断裂问题而引发非法集资的情况，省打击和处置非法集资工作领导小组加大了对资金链问题企业的摸排，定期或不定期汇总分析资金链问题企业情况，加强动态掌握，增强工作主动性、前瞻性。

——抓风险排查知底数。制定《全省非法集资风险排查工作实施方案》，对辖区已发案件进行逐案风险排查，尤其针对非法集资案件频发的行业重点领域、重点区域、重大案件，全面摸清案件数量、区域分布、发案特点、主要方式、风险状况、危害后果等，并分类提出处置预案。防打结合，打早打小，对浮出水面的问题，讲究方法，依法、有序、稳妥地处置风险，依法持续严厉打击，最大限度地追赃挽损。

——加强防范宣传，探索长效机制。加强舆论引导，持续开展打击非法集资宣传。配合打击非法广告专项行动，增强宣传实效逐步建立起警示教育长效机制，以各种形式开展普法教育、金融政策宣传和非法集资风险提示，通过与媒体合作共建金融专题栏目、开展走入社区活动等，不断强化群众风险意识，营造良好的宣传氛围。

——加强案件的督办、指导和配合。配合广东、江西等地重大案件的司法审计工作，搜集整理相关资料发送案发地。同时，专门赴京协调汇报，落实立案，并将浙江债权人纳入总案件进行清偿。指导和配合杭州、温州等地重大案件的处置相关工作。

——适应新变化，创新金融管理。加大金融创新力度，引导银行、证券、保险等持牌类金融机构不断创新，研发推广更多适合于百姓投资需求的金融产品。开展民间融资管理试点，引导民间融资规范发展，在现有全省民间融资管理创新试点县基础上，进一步提质扩面。积极培育扶持民间资本管理企业、融资服务机构、信息服务机构龙头企业，发挥其引领示范作用。积极探索建立民间融资服务行业自律组织，制定行业规范及自律办法，研究开展民间融资管理的地方立法。

——化解矛盾风险，维护社会稳定。依法加快案件侦查、起诉、审判和资产处置工作，防范处置风险。加强企业资金链、担保链风险处置工作，坚决打击恶意逃废债行为。认真做好群众来电来信来访及去京接访劝返工作，有效疏导社会矛盾。综合运用经济、行政、法律等措施进行分类处置，防止矛盾激化，严格防范处置的次生风险。

近年来，浙江法院审结的民间借贷案件亦呈上升趋势，几乎占据了商事审判的半壁江山，无论是数量还是总标的额，都远高于传统的买卖、加工承揽合同纠纷案件。受企业债务危机影响，案件数量呈爆发式增长。据统计，2008 年至 2014 年，浙江省各级法院审结非法吸收公众存款案件分别为 43 件、119 件、156 件、163 件、196 件、231 件、220 件，审结集资诈骗案件分别为 16 件、47 件、62 件、54 件、84 件、98 件、102 件，案件呈持续上升趋势。

繁荣的民间借贷市场中，隐藏着大量披着合法外衣的非法甚至犯罪行为。特别是高利贷，其背后可能隐藏着集资诈骗、非法吸收公众存款等涉众型经济犯罪，严重扰乱金融秩序和社会治安。民事法律关系和刑事法律关系交织在一起，无论是程序还是实体处理都比单纯的民间借贷案件复杂得多，给法院增加了案件审理的难度。

从民间借贷案件受理情况来看，呈现两方面的特点：

——刑民交叉，对非法债务、虚假诉讼、非法金融行为难以甄别。根据司法实践反映，有一部分案件系当事人将赌债等非法债务以借条的形式表现，对方当事人对债务的合法性不抗辩或抗辩后举证不足。有一部分案件系当事人为逃避债务，使得"肥水不外流"，以简单的借据为依据，与亲友恶意串通进行虚假民间借贷纠纷诉讼，诉讼双方对借贷的真实性不进行抗辩而其他合法债权人又不知悉该诉讼。一部分案件系由高息吸引而演变的非法集资、非法吸收公共存款的非法金融行为案件，尤其是通过投资公司、典当行、担保公司等中介机构进行的民间借贷。从单个案件看，均系以民间借贷的形式表现出来，缺乏直接证据证明是非法金融行为，如果不是债权人大规模集中诉讼或有公安机关的介入侦查，很难判定。正确甄别非法债务、虚假诉讼、非法金融行为，成为法院审理民间借贷纠纷案件的又一个难点问题。

——非法行为介入，引发社会不稳定因素。一些高利贷借款行为可能存在黑恶势力背景，在债务人不能还本付息的情况下，出借方为催讨债务，不惜采用非法侵入他人住宅、非法拘禁、扣押人质、绑架、故意伤害等非法手段和暴力手段讨债，引发刑事犯罪。同时，一些债务人为偿还借款和高额利息，不惜铤而走险走上犯罪道路，形成恶性循环。一些高利贷借款资金来源于相对低息吸取的大量民间资金，一旦高利贷者无法收回贷款，资金链条出现断裂，导致大量民间借款无法偿还，又引发连环诉讼，集中诉讼，引发群体性信访、上访事件，甚至发生报复性的恶性刑事案件，严重扰乱了金融秩序和社会治安。

第九章　跨海筑桥

——"走出去"合作交流

　　无论怎么设想，经济强省的金融业绝不能在封闭和对垒的空间渐入佳境。大开放的战略思维，激发浙江与海外金融界愈来愈密切的互动、合作和依存。英国经济学家费格森说："世界金融市场的一体化越强，生活在其中的金融知识丰富的人机会越大。"于是，在与异域的对话中读懂金融街的经典，在越洋的路演中搭建浙商上市的驻点——这就是浙江金融搭建的非建筑形态的"杭州湾跨海大桥"。

第一节　新交所敲响浙企上市锣声

浙新合作飞架"彩虹"

2003 年 11 月 17 日。新加坡。

杭州已是入冬的节奏，地处热带的新加坡却是草木葱茏、生机盎然。

当天上午，位于滨海区的新达城会议展览中心三楼主会议厅内满堂生春。浙江省副省长钟山与新加坡贸工部长杨荣文一起揭开了覆盖在牌匾上的红绸——"新加坡浙江中心"正式挂牌！浙江由此成为中国第一个以商业中心的方式在新加坡设点为省内企业提供集中服务的省份。

新加坡贸工部兼外交部政务部长林双吉、国际企业发展局局长李奕贤，中国驻新加坡大使馆参赞周洪立，浙江省政府企业上市工作办公室主任丁敏哲等出席揭牌仪式。

新加坡浙江中心设在位于市区商业中心的新达城会议展览中心，面积约 3700 平方英尺，内设七个部门。

时光回溯到一年前——

2002 年 8 月，新加坡贸工部长杨荣文率团访问浙江时，向浙江省省长吕祖善当面提议，浙江是否可考虑在新加坡设立一个窗口，为有意向赴新加坡发展的浙江企业提供服务和帮助。这一提议得到了浙江省政府的积极回应与支持。

2003 年 3 月，浙江省副省长王永明专程赴新加坡出席新加坡浙江中心成立仪式暨新加坡浙江周开幕式。在成立仪式上，王永明指出，新加坡浙江中心是浙江省政府与新加坡企发局共同推出设立的中心，作为一个为浙江企业提供服务的机构，它未来担负的角色是为企业提供所需的服务合作，协助更多的浙江企业尤其是民营企业到新加坡拓展市场、开展业务和寻找上市的机会，同时也是与新加坡企业交流介绍浙江的情况，为双方企业合作提供一个窗口和平台。王永明说，目前新加坡有22 家浙江公司，浙江中心的初步工作将从现存企业着手，协助它们进行整合，为企业提供中介服务，等企业逐步成熟了，适应当地的"水土"了，再放手让他们去闯荡市场。

新加坡浙江中心的设立，除了为浙江企业提供一站式的中介服务，帮助企业借助新加坡为"跳板"开拓东南亚市场乃至欧美市场外，还有一个重要的功能就是寻求双方更紧密、更深层的合作，帮助浙江企业到

新加坡上市融资即是重要"入口"。

副省长王永明在与新加坡贸工部高级政务部长尚达曼会面时，十分清晰地表达了这个意向。他说，民营企业在浙江经济中扮演着非常重要的角色，占浙江经济的比重高达 70%~80%，堪称是浙江经济的"半壁江山"。浙江省十分重视企业上市工作，也积极鼓励浙江企业特别是民营企业到境外合适的交易所上市，目前浙江大概有 10 家左右的公司在探询赴新加坡交易所上市的可能性。浙江企业对上市的成本比较敏感，像香港联交所是目前浙江企业到境外上市的热门选择之一，在香港 H 股挂牌的费用约占企业融资总额的 10%，所以新加坡交易所上市门槛及费用高低会令浙江企业十分关注，这在某种程度上也决定了是否能吸引更多的浙企赴新交所上市。

新加坡浙江中心在狮城安家落户前后只花了一年多的时间。

当浙江省副省长钟山一行专程赴新加坡出席新加坡浙江中心揭牌仪式之时，还宣布成立"浙江—新加坡经济贸易理事会"并举行预备会议。为了开设一个境外合作窗口，在不足一年时间内浙江省政府接连派出两位副省长领衔，负责对接落实，浙江对架设与新加坡合作"桥梁"之重视可见一斑。

浙企赴新上市一拍即合

人们注意到，在此行随团主要官员中浙江省政府上市办主任丁敏哲的出现，意味着推动浙企在新交所尽快上市，已经从意向洽谈转为实质性运作阶段。由此，双方试水资本市场的合作可谓一拍即合，并在新加坡当地引发了舆情关注。

11 月 17 日，新加坡《联合早报》记者在浙江中心揭牌仪式现场抢先采访了丁敏哲，次日就在该报经济新闻版头条位置刊发了题为《浙江公司到新加坡上市　最快第一家明年 3 月挂牌》的消息，立刻在当地媒体引发了连锁反应。一时间赶到浙江代表团驻地康莱德酒店要求联系采访丁敏哲的媒体络绎不绝。丁敏哲在新加坡留驻时间只有短短两天，却接连不断地应邀接受记者的采访，连会议间隙乃至宴请过程中的空当也见缝插针接受采访，采访主题无一例外与浙江企业赴新加坡交易所上市相关。随后，中新网、新华网、《浙江日报》、浙江卫视等国内媒体也纷纷转载或跟进报道。

浙江企业欲在新交所上市的消息之所以如此引人关注，与国内 A 股市场上"浙江板块"声名鹊起密切相关。2003 年浙江企业上市势头方兴未艾，其时全省已有 60 家上市公司共计 61 只股票，其中国内 A 股上市股票 54 只，B 股 3 只，在香港以 H 股方式在主板上市的 3 只，创业板 1 只，资本市场上的"浙江板块"雏形初具。省内不少民营企业上市热情十分高涨，但囿于国内上市体制及政策限制，对多数企业而言，要想短期内在沪深主板上市难度相当大，即使条件符合也需排队耐心等候过会。因此，一些上市愿望急切的民营企业便另辟蹊径，把目光投向了境外资本市场。初期主要选择到香港联交所上市，少数选择到美国纳斯达克上市，而新交所此刻在浙江企业眼里还是一块"未开垦的处女地"。

丁敏哲在与新交所高管交流时，充分表达了浙江企业的诚挚诉求。他说，上市筹备时间短、融资快、门槛低、费用合理，这是许多浙江企业选择境外上市地的条件。对浙企而言，如果要来新加坡上市，最关心的莫过于新交所上市的门槛有多高、费用多少以及融资率等情况如何。只要条件合适，这些企业肯定会考虑选择来新加坡上市。

新加坡交易所高管表示，新加坡证券市场对中小企业具有较强吸引力，尤其是制造业中的民营企业。据透露，新加坡主板上市对利润、市值等方面的标准有三类，一是三年营业记录，且过去三年税前利润累计 750 万新加坡元，每年至少 100 万新加坡元；二是过去一年或两年累计税前利润为 1000 万新加坡元；三是上市时累计税前利润为 8000 万新加坡元。此外，上市费用也不算高，比如募集 1500 万美元的总费用（包括咨询费、承销与分销费等）约145万美元，费率不到10%，应该说是比较低的。这对数量众多的浙江中小企业十分合适，也是很有吸引力的。

事实上，在赴新加坡浙江中心挂牌的前夕，浙江省上市办为了做好与新方开展资本市场深度合作的对接工作，行前做足了功课，专门对全省企业赴境外上市意向作了调研摸底，筛选建立了近30家赴境外上市企业的后备资源库，涉及科技、电子、纺织、港口、房地产等行业，其中约一半企业倾向于选择赴新加坡上市。

浙江省上市办从中挑选了10家被认为是当时质地最好、条件基本符合的民营企业，分别研判其在新交所上市的可能性，并谋划与会计师事务所、律师事务所等机构深入筹划上市细节。浙企对赴新加坡上市有意愿、有热情、有计划、有举措，自然引起了新加坡方面的浓厚兴趣。当然，他们最为关心的则是近期有多少家浙江企业有望赴新交所上市，企业质地如何，浙江政府层面对推动企业到新加坡上市持何态度，有哪些实质性的推动举措等。浙江省上市办主要负责人的到来，自然让新闻嗅觉灵敏的当地媒体紧追不舍，意欲在第一时间打探到内幕消息或者权威消息。

美国摩根士丹利公司高级顾问詹姆斯·朗德说过："华尔街就是在有钱投资和需要钱创业的人之间搭桥。"浙江省上市办某种程度上所扮演的就是代表政府部门的"牵线人"角色，其相关言行自然而然被当地媒体视为富有实务价值的权威"爆料"——第一家来新加坡上市的浙江公司，最早可能于2014年3月份挂牌交易。至少有三家业绩良好的浙江企业，为新加坡的挂牌计划已准备就绪。这三家企业分别是高科技通信商、纺织公司和食品业从业者。其中，通信商的盈利介于5000万元至8000万元人民币，纺织公司的盈利为7000万元人民币。丁敏哲说："现在第一步是做好示范，我们选择了三家企业，有关机构如券商、律师及会计师事务所方面都已经接轨了，三家企业正在做这些筹备工作。"

开辟直接融资的"亚洲通道"

仅隔半年，浙江企业赴新加坡上市的"靴子"终于砰然落地。

2004年5月，稽山控股在新加坡主板市场成功首发上市，成为浙江首家在新加坡直接上市的上市公司，也是新加坡证券市场上第一家以传统纺织印染为主营业务的上市公司。

同年7月，八方电信采用"红筹模式"成功登陆新加坡证券市场，成为继稽山控股后第二家在新交所成功首发上市的浙江企业。

自此，浙江企业在新加坡证券市场上市的帷幕徐徐拉开。

2005年11月16日，就在浙江与新加坡探讨资本市场合作两年之际，浙江省政府金融工作办公室与新加坡交易所在杭州签署合作备忘录，旨在鼓励和促进更多浙江企业到新加坡上市。这是新交所为推动中国企业到新加坡上市首次与中国省级政府机构进行正式合作。

率团在浙江访问的新加坡总理公署部长兼财政部与外交部第二部长林双吉，与浙江省副省长钟山一起出席了合作备忘录的签署仪式。林双吉在致辞中称，浙江是中国重要的上市企业来源地之一，合作备忘录将使新交所能通过新加坡—浙江经济与贸易理事会的系统化渠道来吸引浙江的企业到新加坡上市。

按照双方达成的合作意向，浙江省金融办将在中国相关政府部门的规章程序和审批工作方面，为浙江企业赴新加坡上市提供支持，同时将协助新交所对上市的浙江企业进行监管。此外，它还将指派一名全职人员协助上述领域的合作事宜。

浙江省金融办主要负责人表示，新加坡是浙江企业上市的重要基地，2004年浙江有四家企业在新加坡上市，而省内仍有许多企业愿意在国内及国际上市。今后还会有更多浙江的企业希望到新加坡上市。双方前几年的合作仅是起了个步、开了个头。"目前到新加坡成功上市的浙江企业虽然只是个位数，但将来数量一定会逐步增加，这就需要双方合作监管上市的企业，换句话说，合作备忘录的签署将有助于浙江上市企业的健康运作，这是很有意义的。"他说。

新交所高级执行副总裁兼市场署署长颜少安则表示，近三四年来到新加坡上市的中国企业，以制造业、电子、污水处理和物流等领域的企业为主，希望接下来能吸引更多高质量的中国企业尤其是民营企业到新加坡上市。而浙江省作为民营企业的一大发源地，经济发展这几年一直保持高增长，这让企业有更大的发展机会，也带来了旺盛的融资需求，新交所可以提供规范完善的融资平台，作为成长中的企业寻求全球融资的亚洲通道。

浙江与新加坡在资本市场上的合作不断深化，尤其是此次合作备忘录的签署，被视作是新加坡与浙江省政府双方密切合作的又一重要成果。浙新合作在资本市场上的成功"破题"，不仅为双方全面合作交流开了一个好头，同时也带动了双方合作交流朝着定期化、制度化方面迈进。

自此十年间，浙江与新加坡各个层面的往来合作更密集、更深入。新加坡—浙江经济与贸易理事会自 2003 年 11 月成立后，每年轮流在新加坡和浙江定期举办会议，截至 2015 年已举办了 11 次会议。

2014 年 9 月，浙江省委书记夏宝龙率团赴新加坡出席新加坡—浙江经济贸易理事会第十次会议，确定下一步浙新双方政府、企业在海洋经济、智慧城市、节能环保、小城镇建设、教育医疗、贸易旅游、社会管理等方面扩大合作，不断提升浙新经贸合作的层次和水平，实现优势互补、合作共赢。

2015 年 11 月 10 日，浙江—新加坡经济贸易理事会第十一次会议在浙江绍兴召开，双方现场签署了 14 个项目的合作备忘录和框架协议，为浙新合作注入全新动力，进一步打开了双方的合作空间。双方将在"一带一路"战略合作、海洋经济开发、"互联网＋"产业经济发展、加速浙江产业升级与经济转型、生态环境保护等五大重点领域加强合作。

第二节 "浙江周"热动香江濠江

香江、濠江涌动钱江潮，香港、澳门兴起浙江热。

2005 年 1 月 16 日至 22 日，由时任浙江省委书记、省人大常委会主任习近平率领的浙江省代表团，先后赴港澳举办 2005 年"香港·浙江周"和"澳门·浙江周"活动。港澳浙江周活动获得了促进合作、明确方向、扩大联系、宣传浙江的良好效果，取得了圆满成功。

许多港澳知名人士由衷地感慨：这次浙江省代表团是港澳有史以来，特别是 CEPA① 实施以来，内地省份来港澳联系最广、影响较深、反映很好、成效明显的代表团之一。这预示着浙江与香港、澳门的合作，必将谱写出新的篇章。

港澳回归祖国以来，保持和发展了繁荣稳定的良好势头。在经济社会发展中，有许多成功经验值得浙江学习；在 CEPA 的实施中，浙江与港澳的合作迎来了历史机遇。

浙江省代表团与港澳各界人士进行了广泛而深入的接触。习近平向他们介绍，举行港澳浙江周活动，目的就是贯彻中央关于港澳工作的精神，学习港澳的成功经验，抓住 CEPA 的机遇，推进浙江与港澳的交流与合作。

金融合作成热点

1 月 17 日，是 2005 年"香港·浙江周"活动正式拉开帷幕的第一天。这天，阳光明媚，东方之珠香港用她最美丽的姿态迎接来自秀美江南的浙江代表团。开幕式会场——香港君悦酒店大会堂内座无虚席，离开幕时间还有一个多小时，在港的境内外媒体记者们就占据了有利位置，在会场后面搭起

---

① 即《关于建立更紧密经贸关系的安排》(*Closer Economic Partnership Arrangement*)。

了一个个摄像（影）台。《大公报》、《文汇报》、凤凰卫视等为人们所熟知的香港本地媒体纷纷派出精兵强将，进行采访报道。路透社、美联社、彭博新闻社、《新加坡联合早报》等国外知名媒体也都派记者来到现场采访。

次日，"浙港合作一拍即合"、"浙港服务业合作谋双赢"、"习近平率浙商到港觅商机"……这些极具吸引力的标题就出现在香港众多报章的显著位置，许多报纸以整版的版面，详尽报道"香港·浙江周"活动。亚洲电视还于16日晚播出了《聚焦浙江》的30分钟专题片。据统计，在开幕式上，共有50余家境内外媒体参加，涵盖香港、内地驻港、台湾地区驻港和外国驻港等各类媒体。

在濠江之畔的"澳门·浙江周"活动同样引来当地媒体的高度关注。在1月20日举行的媒体见面会上，《澳门日报》、《华侨报》、澳门卫视等当地13家媒体派记者参加。而在当日举行的"澳门·浙江周"活动开幕式上，18家澳门媒体（包括中文、葡文媒体）派出了强大阵容进行报道。《澳门日报》还于20日在头版刊发了"澳门·浙江周"活动宣传专版，同时配发了《澳浙经贸合作前景广阔》的评论员文章，介绍了整个浙江周的相关活动安排。《华侨报》则以"澳浙合作前景一片光明"为主题，刊登了整版图片报道。《澳门日报》、《华侨报》还自1月12日起连续推出了20余篇关于浙江的报道。

这次港澳浙江周活动期间，浙江与港澳之间签署了一大批以服务业为主的合作项目。这些项目自然也成了港澳媒体追逐的焦点。对浙港两地金融业合作、浙企来港上市等热点话题，在港的境内外媒体也给予了很大关注，"汇丰渣打年内打入宁波"，"浙江企业陆续来港上市"等一系列报道均在当地引发了广泛的关注。

考察香港联交所

1月18日下午，习近平同志来到位于香港中环港景街的香港联合交易所有限公司考察。他指出，香港拥有一个成熟的国际化证券市场，是浙江企业境外上市的首选之地，民营企业到境外上市大有可为。

在考察中，香港联交所主席李业广向习近平一行介绍了交易所的运作情况，并陪同参观考察该所股票交易大厅。习近平指出，从整体上看，浙江上市公司业绩优良，运作比较规范，治理结构日趋完善，部分企业具备较强的再融资能力。目前拟在香港上市的后备资源几乎都是民营企业，民营企业已成为浙江企业在海外上市的"主力军"。随着 CEPA 的实施和连续两年"香港·浙江周"系列活动的开展，浙江和香港之间的上市融资合作进入了一个新的层次，这也为浙江民营企业到境外上市融资开辟了一条重要的渠道。我们要积极支持、大力推动这项工作，促进民营企业提高水平，走向世界。

截至 2004 年底，浙江已有 10 家企业在港交所实现首发上市，其中有 8 家为民营企业。借助这次"香港·浙江周"活动的契机，浙江又有 7 家企业与境外中介机构签订上市融资合作协议。还有 10 余家拟在香港上市的企业已进入实质性操作阶段。

看好浙港在金融领域合作前景的不仅是香港的金融业界人士，香港特别行政区财经事务局局长马时亨也表示，除了直接在浙江投资外，香港更可以为浙江企业提供优质的融资服务。

进一步加强浙江与香港金融服务业及其相关领域全方位、宽领域、多层面的合作，是浙港互利共赢的现实选择。在这次"香港·浙江周"活动期间，浙港两地共有 19 个金融业合作项目签约，涉及银行、保险、企业上市等多个领域。其中，6 家浙江企业将在港上市，汇丰、东亚、渣打等 3 家香港银行将在浙江设立办事处。

CEPA 合作聚焦服务业

浙港两地不仅在金融业合作上迎来了一个前所未有的高潮，而且在物流、商贸、旅游等方面的合作前景同样令人向往。

浙江与港澳两地友好交往源远流长，经济文化交流十分密切。特别是改革开放以来，浙江与港澳合作取得了丰硕的成果。在浙江与港澳合作的新阶段，服务业将是一个崭新的载体和平台。这也正是2005年港澳浙江周活动的主题所在。

在CEPA的实施中，港澳服务业进入浙江广阔市场的条件日益成熟，政策更加宽松，服务更加规范，环境越来越好。港澳许多业内人士说，加强与浙江在金融、商贸、物流、旅游等方面的交流和合作正当其时。

在CEPA的实施中，浙江与港澳合作进入了一个全新的发展阶段，引起了港澳社会各界的极大关注。在此次"香港·浙江周"活动开幕式上，邀请参加开幕式的港方代表仅400多人，结果"不速之客"比应邀的多了一倍，连会堂的所有走廊都挤满了人。同样，在此次"澳门·浙江周"活动的开幕式上，偌大的澳门旅游塔会展中心大会堂，人头攒动、宾朋满座，连安哥拉、巴西、佛得角、几内亚比绍、莫桑比克、葡萄牙、东帝汶等国驻华外交使节和中葡论坛常设秘书处的有关人员也参加了活动。

1月19日，在香港举行的"2005浙港物流合作论坛暨签约仪式"上，浙港两地举行了宁波集装箱码头五期等13个项目的签约仪式，累计总投资13.2亿美元，协议外资4.45亿美元。

商贸在现代服务业中占有十分重要的地位。在港澳浙江周期间，浙江与港澳在商贸服务业领域的合作也进展顺利。目前浙港双方已签约20个合作项目。

曾经有专家预言说，CEPA实施之后，香港、澳门和浙江优势互补，实现双赢，最为直观地将体现在旅游业上。今天，这样的预言正被事实证明。

在2004年1月的第一次"香港·浙江周"活动上，浙港签订了《关于更紧密旅游合作框架协议》。两地开展了"万名港人游浙江"和"浙江公民游香港"等一系列活动。而 CEPA 实施后，随着浙港经贸交流活动的日益频繁，以及浙江公民游览香港"自由行"的开通，更使浙港两地的旅游互动合作在 2004 年取得了巨大的成功。据介绍，2004 年香港来浙江的游客达 38.3 万人次，创历史新高；浙江赴香港旅游的游客达 20.2 万人次，占了浙江出境游客总数的 74%。

在这次港澳浙江周活动期间，浙江与港澳间旅游业的对接实现了新的飞跃，"诗画江南、山水浙江"成为这一周中香港、澳门市民念叨最多的词汇之一。

初步统计，在此次"香港·浙江周"活动期间，浙港两地共签定投资项目 150 项，总投资 59.57 亿美元，协议利用外资 23.88 亿美元，还签署了 40 多项友好合作协议。在"澳门·浙江周"活动期间，浙澳两地共签定 7 个合作项目，总投资超过 3 亿美元，两地有关方面还签署了 4 个友好协作协议。

"浙江的魅力真大！"香港《东方日报》的一位同行发出了如是感慨。

第三节　横跨太平洋的"浙江周"旋风

来自太平洋彼岸的关注

2006 年 5 月 9 日上午，罗伯特·库恩博士的出现，使得纽约华尔道夫大酒店一下子热闹起来。罗伯特·库恩博士是作为美国国际投资银行家，应邀出席"2006 美国·中国浙江周"新闻发布会的。他曾经因为撰写我国领导人的传记而闻名海内外。

他在新闻发布会上说，中国是世界上最大的发展中国家，浙江又是中国最具发展活力的省份，浙江经济社会发展取得的奇迹令世人瞩目，他对浙江人民感到十分敬佩，对浙江的快速发展更是感到神奇，而这场新闻发布会是美国人民了解浙江的难得机会和重要窗口。今天他不仅自己来参加发布会，前几天他还积极与新闻界的朋友联系，希望有更多媒体记者能抓住这一难得了解和报道浙江的机会。他表示，在适当的时候将到浙江进行考察和学习，写一部真实反映浙江人民创业奋斗史方面的书，更多地向世人介绍那神奇的浙江故事。

库恩博士在发布会上说，中国和美国虽然分处太平洋两岸，但两国人民的友好交往已有200多年的历史。近年来，中美两国在经济、政治、文化等各个领域的合作富有成效。浙江作为中国东部沿海省份，与美国的经贸、文化交流与人员往来也十分密切。实践证明，合作对双方都是有利的。

其实，与库恩博士一样关注此次"美国·中国浙江周"活动的大有人在。在5月9日的"2006美国·中国浙江周"新闻发布会上，美国30多家主流媒体的60多名记者闻讯而来，美国全国广播公司有线电视网、布隆伯格新闻社等知名媒体的记者，提前半个多小时等候在发布会现场，期待着抢问发掘"新闻热点"。

因为，先于新闻发布会的当地媒体"浙江热"已经持续升温，纷纷介绍浙江经济社会发展情况和良好的投资环境。CNBC等广播电视媒体连续三天在晚间黄金时段，展示浙江改革开放以来取得的新成就，并播送"美国·浙江周"活动的有关预告新闻；《世界日报》等报纸每天刊发有关浙江的新闻和评论；美国《侨报》出版专辑，用整整12个版面介绍浙江在经贸、金融、旅游、教育、科技、文化等方面成就。一些华人社团还在纽约的主要新闻媒体上，纷纷用整版的篇幅刊登热情欢迎浙江代表团到访，并祝贺"美国·中国浙江周"活动取得圆满成功的文稿。

"共享共谋"的浙江宣言

5月9日上午9时许,中美各界人士济济一堂,热情洋溢。伴随着热烈的掌声与热情的呼声,习近平同志在开幕式上作了《共享机遇、共谋发展》的主题演讲,从而揭开了以"合作、交流、联谊"为主题的"2006美国·中国浙江周"活动的序幕。

首先,习近平代表浙江省委、省政府向各位嘉宾的光临表示欢迎和问候。他说,这次我们从相隔万里的太平洋西岸的中国浙江来到美国,不仅带来了有关中国浙江投资的信息,也带来了浙江人民对美国人民的美好祝愿。浙江历史悠久,文化灿烂,是中国古代文明的发祥地之一;浙江山川秀丽,物产丰富,是中国自然条件最优越的地区之一。改革开放政策以来,浙江率先进行市场取向的改革,从一个以农业为主的省份,逐步发展到了目前的工业化的中后期阶段,浙江经济社会发展总体水平居中国大陆省区市前列。进入新世纪以来,浙江省认真落实以人为本、全面协调可持续的科学发展观,充分发挥原有的优势,努力营造新的优势,正向着全面建设小康社会和社会主义现代化的目标迈进。

习近平向嘉宾们介绍了浙江具有市场经济体制比较完善、对外开放的区位、良好的产业、明显的环境、城市和乡村协调发展、得天独厚的人文等多个方面的优势,他说:"得天独厚的优势既为我省自身的发展奠定了良好的基础,也为深化中美双方互利合作、共谋发展提供了机遇,搭建了平台,做好了准备。我们期盼着与美国人民共享浙江乃至中国经济社会迅速发展这个重要机遇,为全球的投资商、金融家以及其他方面的企业提供了一个施展身手的大舞台,实现双方的互利共赢。"

开幕式由浙江省副省长钟山主持。中国驻纽约总领事馆总领事刘碧伟、美中关系全国委员会主席欧伦斯、美国全国商会亚洲部事务主任王杰等分别致辞,美国商务部少数族裔发展署副署长董继玲、纽约地区主席德文波特先生等出席。美国摩托罗拉公司全球副总裁布劳卡·博登也

在会上发言。

与华尔街"大咖"畅谈合作

"2006 美国·中国浙江周"合作活动精彩纷呈，其中金融合作交流活动备受关注。

习近平十分重视金融工作，在"2006 美国·中国浙江周"期间，他走访考察了花旗银行、纽约证交所，并与高盛集团、花旗银行、纽交所等高层进行了面对面的会谈。

5月9日下午，纽约喜来登酒店。正在这里举办的金融交流与合作圆桌会议，是"2006 美国·中国浙江周"合作活动的"重头戏"之一。此次会议由浙江省人民政府主办，浙江省人民政府金融工作办公室、浙江银监局承办，由花旗集团、纽约交易所、纳斯达克交易所、高盛公司等单位共同协办，中国金杜律师事务所、中国银行纽约分行为这次活动提供支持。

副省长钟山在致辞中说，浙江是中国大陆金融业发展最快、机构最全、质量最高、效益最好的省份之一，与美国在银行、证券方面的合作潜力巨大、前景广阔。浙江目前拥有各类银行机构网点一万多家，15家全国性中资商业银行都在浙江设立了分支机构，浙江已经成为各类银行业机构争相拓展业务的热土。浙江的万向集团、华立集团分别于2001年、2002年在美国纳斯达克证券市场买壳上市，2006年4月瑞立集团正式在纳斯达克主板挂牌交易。目前还有10多家浙江的民营企业正在探索进入美国资本市场。而美国拥有全球规模最大的资本市场和众多的国际银行、保险公司、证券机构及丰富的国际金融专业人才。在过去几年时间里，浙江省一些发展前景较好的金融机构开始寻求与美国知名金融机构的合作，浙江不少优质企业积极筹备在美国证券市场上市融资。

　　浙江省金融办主任丁敏哲主持圆桌会议，简洁明快、直抒胸臆的开场白提升了现场高涨的气氛。美国金融界知名人士与浙江金融界、企业界代表纷纷"把茶"话合作，彼此进行了广泛而深入的交流。花旗集团公司治理总顾问雪利·乔普肯、纽约证券交易所副总裁麦迪胡·凯南、纳斯达克证券交易所副总裁夏洛特·克劳斯温、高盛集团投资银行部主席克里斯多弗、金杜律师事务所管理合伙人张毅以及中国建设银行浙江省分行行长余静波、浙商银行行长龚方乐、新湖控股有限公司总裁邹丽华、横店集团控股公司总经理徐文财等在会上一一作了精彩演讲。

　　圆桌会议签署了一批金融合作与上市融资项目。浙江省金融办和纳斯达克交易所在多次接洽、反复沟通的基础上已经先期签署了合作备忘录。其他签订合作项目的还有：杭州桦桐家私集团赴美国上市合作签约、杭州友成置业有限公司赴美国上市合作签约、浙江圣奥家具制造有限公司赴美国上市合作签约。

　　改革开放以来，浙江一直致力于地方金融业的对外开放。进入 21 世纪后，浙江先后举办了浙江省地方金融国际合作推荐会、浙江经济与外资银行合作恳谈会、香港·浙江周金融浙港金融业合作与发展论坛系列活动。通过多元化的活动，开展金融业国际交流与合作，增强了银行、证券、保险和其他金融机构的竞争力，拓宽了企业上市融资渠道。随着中国开放步伐的加快，美国金融业与浙江的合作活动也在逐步展开，花旗银行等美国银行机构通过与中国商业银行的业务合作，在浙江开展相关业务；高盛集团、摩根财团等美国金融机构也在浙江开展业务；普华永道会计师事务所、毕马威国际会计公司等机构则早已进入浙江，为浙江的各类机构和企业提供服务。同时，浙江的企业也已开始在美国证券市场寻求直接融资渠道。浙江的万向集团公司、华立集团公司分别收购了纳斯达克上市公司 UAI 和 PPSY。此后也有一批浙江企业到美国寻求上市渠道。

　　此次举办"2006 美国·中国浙江周"金融合作活动，正是为了进一步促进浙江省金融业对外开放，加强浙江与美国金融领域的交流与合作，引进知名金融机构和基金公司，推动企业赴美国上市融资。而此次圆桌会议，给予浙江与美国金融领域面对面交流的机会，促进了双方的沟通与交流，尤其是促成了一系列富有诚意的合作。

圆桌会议仅仅只是此次金融合作活动的一部分，而对浙江金融界来说，实地考察美国知名证券金融机构，也是大开眼界的零距离学习机会。在浙江省金融办的安排下，浙江金融团代表走进华尔街，实地考察了纽约证券交易所、花旗银行、纳斯达克交易所、全美证券交易所和纽约中国银行等知名证券金融机构。通过考察学习，在向美国金融机构宣传浙江改革开放成就的同时，学习了解美国发达成熟的金融市场，加深对美国证券市场情况、在美上市规则、市场监管方面的认识和体验，并学习借鉴美国花旗银行公司治理的经验和运行模式。

金融合作再续大手笔

此次"浙江周"金融合作活动，对进一步加强美国与中国浙江在银行、证券及其他金融服务业的合作与交流起到了重要作用，进一步增进了两地银行、保险、律师、证券及企业界的相互了解，为两地金融业的合作与交流搭建了一个良好平台，促使两地的合作交流向更深、更高的层次发展，同时也进一步加快吸引美国银行、证券及相关中介机构在浙设立分支机构或开展业务合作，推动加快浙江企业赴美国上市融资的步伐。

美国金融精英的精彩演讲与经验阐述，给浙江金融业发展打开了一扇"窗"，同时也增强了加快浙江金融业改革开放的紧迫感。对此，浙江一方面要充分利用本省资金充裕、机制活跃以及机构网络健全的优势，通过改革促进地方金融业的发展壮大；另一方面，也要认识到全球经济金融一体化的趋势，要充分利用国际金融市场，通过吸引一批世界级的银行、信托、证券等金融机构到浙江设立分支机构和办事，开展业务和资本合作，促进金融业的竞争和共同发展，繁荣浙江地方金融市场，推动浙江经济的快速持续发展。同时，还要通过引进先进的金融业管理模式，建立健全风险防范机制，提高金融业的风险防范能力。

与此同时，浙江与美国证券金融机构合作、企业境外上市融资的空间正在日益拓展。浙江是中国国内金融业发展最快、机构最全、质量最高、效益最好的省份之一。美国拥有全球规模最大的资本市场，集中了全球 60%~70% 的证券投资基金，金融、证券市场高度发达，拥有众多国际银行、保险公司、证券机构和丰富的国际金融专业人才。随着中国开放步伐的加快和中美经贸关系健康稳定发展，浙江一些发展前景较好的金融机构开始寻求与美国知名金融机构的合作；浙江不少优质企业正积极筹备在美国证券市场上市融资。

对浙江省金融办而言，这次"美国·中国浙江周"金融活动是一个难得的契机，以此为起点，巩固、丰富和深化活动成果，推动更多企业进入国际资本市场，全力做好引进国际知名金融机构来浙设立分支机构和发展业务的协调服务工作。

一方面，跟踪落实花旗银行要求来浙江设立分支机构的工作，做好相关的协调服务工作。同时，加强与其他国际金融机构的联系，做好地方金融机构开展国际合作的牵线搭桥工作。在调研的基础上，尽快制定加快引进境内外金融机构的意见，鼓励金融机构通过参股、入股，开展业务、技术和管理等方面的合作，提高浙江金融业的竞争能力。进一步做好全省金融统筹规划，推进中心城市金融区（街）建设。做好引进金融机构入驻的政策协调和服务工作，积极创造良好的金融投资环境，引进国际知名金融机构在浙设立分支机构，加快金融资源的集聚。

另一方面，积极探索浙江企业通过国际资本市场投融资、引进外资的新方式。继续开展企业境外上市融资调研，全面了解和掌握拟赴境外上市企业情况，建立境外上市企业资源库。开辟美国、加拿大等地证券市场，积极探索企业境外上市新途径，不断拓宽国际资本市场上市融资渠道，引进境外战略投资者，对重点企业进行有针对性的指导和辅导，以点带面推动企业境外上市工作，争取浙江企业赴美国上市融资有新的突破。

第四节　跨越海峡的"圆桌会"

2014 年 3 月 24 日至 29 日，以浙江省副省长朱从玖为团长的浙江省金融业参访团赴中国台湾地区开展金融合作与交流活动。浙江省金融办、人民银行杭州中心支行、浙江证监局等金融管理部门以及地方银行、证券、期货、股权交易机构、股权投资机构和省金融促进会负责人，一起参加了交流活动。

访台期间，浙江参访团与台湾证券柜台买卖中心、台湾金融服务业联合总会、台湾证券交易所、台湾金控集团、台湾中小企业银行、永丰银行、富邦金控集团、台湾农业金库等八家台湾金融机构和组织进行面对面的交流，实地考察相关机构的基层营业场所和营业状况，与基层客户作了深入交流，并举办浙江台湾金融业合作交流恳谈会、浙江台湾期货业合作交流座谈会，交流经验，畅谈合作。参访团一行还在南投县与在浙江有投资项目的台商开展互动交流。

"圆桌会"上谋合作

3 月 25 日，浙江省金融业发展促进会与台湾金融服务业联合总会共同举办浙台金融业合作交流恳谈会，台湾金融界 100 多人与会。浙江省金融业发展促进会代表和台湾金融服务业联合总会代表分别介绍了各自金融业发展情况，双方金融界人士就互相关心的问题进行了深入的交流，并达成了一些具体合作意向。

一是推动浙江争取成为台湾金融机构拓展大陆业务的区域性总部。积极推动两地金融机构互设和股权合作，鼓励支持台湾金融机构来浙设立总部或分支机构，允许符合条件的台湾金融机构、企业、个人入股浙江地方性法人机构，争取使浙江成为台湾金融机构拓展大陆业务的桥头堡。

二是推动台湾柜买中心与浙江股权交易中心合作。鼓励支持符合条件的浙江企业到台湾柜买中心上柜或者到兴柜市场挂牌。借鉴兴柜市场的造市经验，以及改变市场流动性不足制约柜台交易市场筹融资功能的有效做法与成功经验，进一步推动浙江区域性场外交易市场规范建设，构建与沪深主板、创业板市场有效的对接机制，逐步形成上市公司后备资源培育筛选基地。

三是鼓励两地联手打造服务客户。两地的金融机构可以联手为共同客户提供增值服务，逐步拓展两地银行机构在资源共享、业务代理、产品开发、风险防控等领域的合作；创新两岸异地核赔等保险合作机制，提高浙江保险机构服务对台经贸的能力；学习台湾证券期货业的信息技术和管理经验，通过业务合作和相互参股适时推动两地市场开放和机构合资。

四是开展制度化的定期研讨。建立浙台金融合作交流的稳定机制，通过高层拜访、考察交流、项目签约、专业研讨、举办论坛等多种形式，在浙江省金融业促进会与台湾金融服务业总会，浙江省银行业、证券期货业、保险业协会与台湾相关各公会，两地各类金融机构之间等多个层面上，建立定期研讨机制，推动交流、分享经验。

五是开展人员培训与交流。加强两地金融人才交流和教育培训合作，积极推动与台湾高等院校、专业培训机构合作，通过组团培训、委托代培、聘请专家学者等途径，吸引、汇聚更多的台湾高层次金融人才入浙发展。

走访岛内金融机构

——台湾证券柜台买卖中心

3月24日下午，浙江省金融业参访团首站赴台湾证券柜台买卖中心考察交流。台湾证券柜台买卖中心是台湾极具特色，且功能健全的金融商品发行与交易市场，除拥有与交易所集中市场相同性质的上柜股票市场外，还拥有店头交易之兴柜、公私债券、衍生性商品等多元性的金融商品交易服务中心。柜买中心成立以来便积极扶持新兴高科技产业与中小企业挂牌及筹资，大幅扩大台湾证券市场的规模。

台湾柜买中心董事长吴寿山向浙江省金融业参访团详细介绍了台湾证券柜台买卖中心的业务情况，双方进行了合作意向交流。

——台湾中小企业银行与永丰银行

3月25日、26日，浙江省金融业参访团一行分别前往台湾中小企业银行与永丰银行考察。台湾中小银行原系民间储蓄组织，前身为1956年设立的台湾无尽株式会社及大正无尽株式会社，经多次购并、改组后，于1976年7月1日改制为台湾中小银行股份有限公司，是一家对中小企业提供融资与辅导的专业银行，1998年1月在台湾证券交易所上市挂牌。

永丰银行是永丰金融控股公司的子公司，由同属该公司旗下的建华银行与台北国际商银于2006年11月13日借对等合并而组成。合并后的永丰银行拥有129家台湾岛内分行暨南京分行、香港分行、九龙分行、澳门分行、北关支行、洛杉矶分行及越南代表办事处等岛外分支机构，以及美国加州一家子银行——美国远东国民银行。

台湾中小企业银行董事长廖灿昌、总经理黄添昌，永丰银行董事长邱正雄等高管人员参加交流，并详细介绍了银行的相关业务。双方就共同关心的问题进行了深入交流。

——台湾金控与富邦金控公司

此后，浙江省金融业参访团又分别走访了台湾金控与富邦金融控股公司。

台湾金控公司于 2008 年 1 月 1 日依金融控股公司法及相关法令规定，由台湾银行股份转换成立，2008 年 1 月 2 日将台湾银行的寿险及证券业务以公司分割方式设立台湾人寿保险及台银综合证券两家子公司，成为台湾首家由政府百分之百持股的金融控股公司，2013 年成立台银综合保险经纪人公司。经营业务横跨银行、证券、寿险三大领域。

富邦金控公司旗下主要子公司包括富邦人寿、台北富邦银行、富邦银行（香港）、富邦华一银行、富邦产险、富邦证券等。拥有最完整多元的金融产品与服务。

台湾金控董事长兼台湾银行总经理李纪珠、台湾金控总经理萧长瑞、台湾银行负责大陆业务的副总经理邱月琴等和富邦金控副董事长蔡明兴与子公司负责人作业务介绍并参加交流。

——台湾农业金库

浙江省金融业参访团此行还专门抽时间到访台湾农业金库。台湾农业金库是为建立农业金融体系，由各级农渔会本着合作理念发起设立，于 2005 年 5 月 26 日正式开业。资本总额不低于 200 亿元新台币，政府持股 44.5%，农渔会持股 51.4%，其他农业机构持股 4.1%。法定任务是辅导农渔会信用部业务发展，办理农、林、渔、牧融资及稳定农业金融，也可办理一般商业性业务。

台湾农业金库相关负责人向浙江省金融业参访团详细介绍了金库的由来及业务经营情况。

岛内中小企业融资有方

——台湾中小企业的融资工具较齐全。台湾现有四大中小企业融资工具：一是中小企业发展基金，经地方政府认可的投资机构实施中小企业投资。二是"行政院"国家发展基金，拨款 100 亿元新台币支持中小企业发展。三是政策性专案贷款，由中小企业发展基金、"行政院"国家发展基金及邮政储金提供资金，以银行贷款方式向中小企业提供专项贷款。四是银行优惠贷款，地方政府规定各银行中小企业放款的年度总额目标及相应的放贷贡献度和放贷增量的绩效考核标准，由台湾中小企业银行及按地区设立的七家纯民营中小企业银行专门向中小企业提供专业低息贷款。

台湾中小企业银行董事长廖灿昌表示，中小企业银行恪守对中小企业贷款占比不低于 70% 的规定，不以盈利为主要目的，许多没有足够抵押品或没有贷款信用记录的中小企业都从中小企业银行获得了它们的第一笔贷款，逐步成长并走向成功。

——台湾中小企业金融服务的体系较健全。从 20 世纪 70 年代开始，台湾就逐步构建起较为健全的中小企业金融服务体系，这个体系中除了专门为中小企业提供金融服务的中小企业银行外，还包括一般商业银行、外资银行以及各种形式的信用合作社等金融机构。多样化的金融机构、多元化的融资渠道以及庞大的基层金融体系支撑，较好地缓解了台湾中小企业融资难的问题。

值得称道的是，台湾规模化地推进金融控股公司建设。目前台湾已拥有 16 家金控公司，均采取纯粹控股公司的运作模式和以某一核心为主体的发展模式，股权集中、经营多元，实现多种金融业态的市场整合、资源共享、优势互补、协同发展。通过整体规模扩张和子公司服务优化，为中小企业提供综合金融服务、财富管理服务。像台湾金控下辖台湾银行、台银人寿、台银证券、台银综合保险经纪人 4 家全资子公司，业务经营范围横跨银行、寿险、证券和保险经纪领域。

台湾金控董事长李纪珠称，之所以采用金控模式，主要是考虑到几家子公司都是独立法人，一旦发生风险，可以有效隔离，不会相互传导，而同一金控集团旗下的子公司对相互间的业务则有很明显的帮衬支撑作用。

——台湾中小企业的融资配套较完善。中小企业信用保证基金是其中一大亮点。该基金由"经济部中小企业处"牵头,地方政府、金融机构、企业界共同捐助形成,地方政府出资50%以上。基金属公益性财团法人,服务对象主要针对中小企业,旨在通过提供信用征信以分担银行办理中小企业贷款的信用风险,提升银行发放中小企业贷款的意愿,协助资金用途明确、还款来源可靠、信用无严重瑕疵、具备较好发展潜力但担保品不足的中小企业获取银行信贷融资。基金与台湾37家银行及信用合作社签约办理中小企业贷款信用保证业务,中小企业可就近通过签约金融机构的3000多家分支机构取得所需融资。台湾还设立了行业协会性质的中小企业互助保证基金会,搭建了中小企业综合辅导平台,覆盖融资诊断、融资协调、财务辅导和债务协处各环节,帮助中小企业特别是陷入困境的中小企业提供融资辅导帮助。

——中小企业金融服务"台湾经验"给浙江的启示。一是台湾中小企业金融服务严格遵循"政府引导、民间参与、市场运作"的原则,彼此的定位十分清晰,功能不缺位、不错位、不失位,政府该干什么、不该干什么清清楚楚,该由市场做的事,政府决不会越俎代庖,反之亦然。这一点很值得浙江借鉴。二是台湾"抓小不放大",在实施小银行战略、培育社区银行等面向中小企业的小型金融机构的同时,大力推进金控公司建设,优化对中小企业的金融资源配给。三是融资保证机制和辅导体系有保证。

相形之下,浙江省虽也有对小企业贷款风险补偿机制,但力度、成效均有所不及,辅导体系则更薄弱,台湾中小企业信保基金、中小企业综合辅导平台等经验值得学习。

企业上市先读"预科"

制度创新是台湾建设区域性场外交易市场的成功所在。台湾依靠制度创新，建立两个层次的帮助中小企业融资的场外交易市场，使得不同规模、不同类型的中小企业比较容易获得直接融资的机会。

——柜买中心的制度创新。一是调整证券柜台买卖中心的定位，降低门槛扶持中小企业上柜。针对柜买中心与台湾证券交易所定位同质化现象，台湾证期会要求前者更加突出支持中小企业融资职能的特色，对于实收资本达不到上柜门槛（1亿元新台币），但每年仍有稳定获利且净值达到5000万元新台币的中小企业，也准许其申请到柜买中心上柜。二是强化对上市上柜公司的监管。如规定拟上市上柜公司严禁发表预测性信息，不允许服刑期满尚未超过五年或曾担任公司董事、监事、经理人而犯有职务上欺诈、侵占等罪者进入上市上柜公司股东会等。三是鼓励符合条件的柜买中心上柜公司转至台湾证交所上市。

据台湾柜买中心董事长吴寿山介绍，目前在台湾证券柜台交易市场买卖的股票分属兴柜股票和上柜股票，在兴柜股票市场挂牌满六个月以上的公司就可以根据自身条件提出上市申请或者向台湾柜买中心提出上柜申请，上柜股票和兴柜股票分别具有不同的挂牌标准，对后者的要求比前者宽松许多。例如，在设立年限方面，上柜公司必须依公司法设立登记满两个完整会计年度，而兴柜公司只需要一个完整会计年度即可。

——场外交易市场的分层创新。在对柜买中心进行制度创新的同时，台湾还积极推动场外交易市场内部结构的调整。一是在柜买中心设立创新类成长企业股票，又称第二类股市场，外界称其为"创业板中的创业板"，以更宽松的条件支持新兴产业的中小企业到柜买中心上柜；二是设立门槛比柜买中心低很多甚至几乎没有门槛的兴柜市场。

台湾金融服务业联合总会理事长、台湾证券交易所董事长李述德介绍说，兴柜市场的最大特点就是为中小企业量身打造的，挂牌门槛很低，只需两家以上券商推荐，对公司规模、设立年限、盈利能力、股权分散和限售情况无限制，且流程简单，挂牌企业大多集中在新兴行业，规模普遍偏小；采用传统做市商制度，激发券商参与热情，快速提升成交量和市场规模；转板和下柜制度则保证了挂牌企业数量基本稳定，有利于市场成型等。

——台湾柜买中心对浙江的启示。一是"量身裁衣"，场外交易市场的建设应与民间资本和中小企业的投融资需求相适应；二是宽严适度，不断探索合理的准入制度和有效的监管制度；三是因地制宜，结合本地实际探索灵活多样的交易方式；四是夯实基础，把场外交易市场塑造成输送优质股份公司上市、上柜的"预科学校"；五是支持创业，把发展场外交易市场与培育创投体系有机结合起来。

农业金库筑起风险屏障

作为台湾地区唯一集农业专业银行与商业银行于一体的金融机构，台湾农业金库在促进台湾农村金融发展、指导台湾各地农渔会信用部（与大陆的农村信用社职能相似）健康运营等方面发挥了积极作用。

——台湾农业金库的股权与治理结构。台湾农业金库的股权与治理结构主要借鉴了日本农林中央金库模式，其主管机关为台湾"行政院农业委员会"（以下简称"台农委"）。资本总额不低于200亿元新台币，"台农委"等机构为大股东，持有44.5%的股权；各地300多个农渔会持股51.4%，其他农业团体机构持股4.1%。另外，85%的余裕资金转存农业金库公司，资金周转可向公司融通。其内部治理结构设有股东大会、董事会及监察大会。外部治理方面，"台农委"委托金管会对台湾农业金库及农渔会信用部履行金融检查职责，金管会则提供特定业务监理、资金周转融通服务。包括农业信用保证基金提供信用保证，农业发展基金提供利息补贴，存款保险公司提供存款保险服务，金融重建基金则对进行破产清算的农渔会信用部的存款提供全额赔付保障等。通过上述体系构建，台湾形成了一个相对独立、具有行政和市场双重约束力的农村金融体系。

——台湾农业金库的职责与作用。台湾农业金库的职责包括：

一是开展自营业务。主要是吸收农渔会转存款及一般性存款，放款及投资债券、票券。核准设立农渔会信用部，为当地农渔民办理农林渔牧融资及消费性贷款，现有 303 家农渔会信用部。存款对象不限，但贷款起初只能贷给会员，现在也可贷给非会员，但放款额度只有会员的一半。截至 2014 年 1 月，台湾农业金库共收受转存款 6558 亿元新台币，资金融通 3.35 亿元新台币。除此，台湾农业金库还开展多种信托业务，并成立了全资的农金保险经纪人股份有限公司，开展农村保险服务。

二是对农渔会信用部进行辅导。这是成立台湾农业金库的最主要目的。包括一般性辅导、项目辅导，比如，协助农渔会业务发展，提升经营绩效，降低其不良贷款率。受委托代管农业发展基金贷款，辅导信用部办理各项政策性专案农贷，推动百亿联贷计划，整合代理业务等。截至 2014 年 2 月末，贷款余额达 997 亿元，占信用部放款总额的 11.15%。

三是台湾农业金库运行模式特色明显。台湾地区有关的规定为建立独立的农业金融体系确立了依据：首先，明确农业金融组织的基本架构与主要任务；其次，确定农业金库的性质、出资比例和盈余分配；第三，规定农渔会信用部及负责人的任职资格条件、盈余分配和风险性资产比率；第四，明确规定对经营不善的农渔会信用部的处理办法。

台湾地区政府不仅主导了改革过程，而且实现了对台湾农业金库的资本控制。其主管机关"台农委"的主要职能是规划和推动政策性农业专案贷款；管理体制上实施"台农委"一元化管理，下设农业金融局，功能是构建完整、安全的农业金融体系，促进农村经济发展，改善农民生活；台湾农业金库是农渔会信用部的上层机构，由政府直接出资占大部分股份，委派董事长并有多人担任董事，以控制农村金融体系的主导权。

台湾农业金库是农业专业银行与商业银行的混合体，按股份制商业银行组建，在开展自营业务的同时，负有辅导全台农渔会的职责，担负起带领农渔会稳健经营、积极支持农渔业发展的责任。

——对浙江构建农村金融体系的启示。台湾地区农业金库的可借鉴经验：一方面，浙江省农信联社可依据服务区域、产权类型、风险状况、管理状况等不同，对辖内各农村合作金融机构进行分类管理。另一方面，强化服务职能，着重抓好建章立制、风险管控和稽核检查工作，推进农信普惠金融工程建设，共同营造有利于农村合作金融健康发展的外部环境，搞活做强县级联社，促进其规范、高效、健康发展。对浙江省农村资金互助组织来说，如何处理好政府支持与市场化运作具有借鉴意义。

第五节　感受格林威治小镇的魅力

探取对冲基金"真经"

2014 年 8 月 29 日至 9 月 6 日，由浙江省政府副秘书长、省金融办主任丁敏哲带队，省内领军型私募基金机构负责人、相关市县（区）政府及浙江省金融业发展促进会代表等一行，专程赴美国考察以对冲基金为代表的美国私募基金业。

在全球最大对冲基金中心纽约和共同基金中心波士顿，浙江考察团先后走访高盛集团、都铎资产、春山资本、摩根士丹利、道富集团等知名金融机构。

在位于曼哈顿的高盛总部，浙江金融界代表与高盛集团合伙人、证券投资部董事总经理、浙江诸暨籍华人王铁飞先生进行了深入交流。

在春山资本，华尔街颇有影响力的美籍华人主席 Gregory Ho 率领的高管团队，就对冲基金风险管理理念和对投资中国的看法与考察团进行了互动探讨。

在格林威治小镇，考察团探寻包括全球著名宏观对冲基金管理公司都铎资产在内的380余家对冲基金的财富故事。

在波士顿和纽约，考察团与对冲基金研究领域专家和数批私募（对冲）基金领域的专业人士进行了广泛而深入的交流。

在纽约，考察团与"华人交易与投资协会"召集的文艺复兴基金、索罗斯基金、美林集团及其他对冲基金的华人高管，在华尔街从事对冲基金和私募股权业务的海外精英，分别进行了两场座谈交流。

在位于旧金山湾区的硅谷，考察团重点调研谷歌、特斯拉和硅谷著名风险投资机构——德丰杰基金，考察美国私募股权（风险投资）业及其对新兴产业的推进作用。

其间，考察团还拜会了麻省理工学院（MIT）国际著名金融工程专家、对冲基金研究泰斗罗闻全教授。值得一提的是，考察团还特地邀约了祁培、周雄伟等六位麻省理工校友座谈。此前，祁培等曾联名向浙江省省长李强写信，表达到浙江创业发展的愿望，希望得到省政府支持。丁敏哲此行受李强省长委托，与他们进行了充分的交流。

打造基金小镇　瞄准国际标杆

此次美国之行，可谓"行程紧凑、密度频繁、专业性强、意义深远"。这是浙江金融界主动走出国门，以面对面的形式向世界顶尖的知名私募（对冲）基金和高端人才求取"真经"，同时在考察过程中向对方全方位展示浙江金融业概貌的良机。更重要的是，此次美国之行为浙江金融业努力加快民间财富管理中心建设，推进私募基金业发展凝聚了信心，为主动借鉴格林威治小镇成功经验，在杭州打造对冲基金小镇的设想落地铺下了扎实的基石，也为吸引海外知名基金机构和华人精英把目光紧紧聚焦浙江、密切关注杭州打开了一扇窗口，开启了浙江致力打造"私募高地"的加速模式。

　　因为，杭州有个玉皇山南私募（对冲）基金小镇，是浙江金融业蓄势发力的又一个"样板力作"。根据浙江省委、省政府打造"特色小镇"的部署要求，按照浙江省金融业发展的战略布局，在汲取美国之行成功经验的基础上，玉皇山南基金小镇建设以美国格林威治基金小镇为标杆，结合当地发展条件和区域特质，委托浙江省金融业发展促进会等业内机构编制完成了《杭州市玉皇山南基金小镇业态及功能规划》。小镇总占地面积3000亩，规划总建筑面积25万平方米，其中核心区15万平方米。依托玉皇山南明显的区位优势，享有城湖合璧、南宋遗韵的生态人文环境，兼具全省金融产业资源的全面支撑，承接上海国际金融中心的辐射效应，仿效"格林威治—纽约"错位发展模式，自规划建设以来，按照"省市区联动、社会化招商、一体化服务"的思路，山南基金小镇全面推进规划、建设、招商、运营等各项工作，取得了令人瞩目的成绩。

西湖峰会"热力四射"

　　2015年5月16日至17日，按照"专业化、国际化、品牌化"的要求，2015全球对冲基金西湖峰会在杭州洲际大酒店举行。峰会设有主论坛、分论坛、基金小镇招商对接等九场活动；峰会还发布了《浙江打造财富管理中心倡议书》即《西湖宣言》，举行了玉皇山南基金小镇启动揭牌仪式，与会嘉宾实地参观了基金小镇。在这次峰会上，浙江金融业充分昭示了发展财富管理和私募对冲基金产业的决心和条件，在推进业务研讨、行业促进、招商引资、新闻宣传等方面均取得了显著的行业及社会影响，产生"浙江私募一鸣惊人、基金小镇一炮打响"的实效。

　　此次峰会行业权威性强，国际化程度高，由国内外六大协会共同举办。除了浙江省金融业发展促进会，主办单位还包括两大华人金融行业组织——全美华人金融协会、英国华人金融家协会，全球最大的金融投资人才协会——美国注册金融分析师协会CFA，国际对冲基金行业专

业性组织——全球另类投资管理协会 AIMA 等。中国证券投资基金业协会作为指导单位，在会上首度发表相关行业数据。

峰会还邀请了美国、英国、新加坡、印度等国家以及中国台湾、香港地区的 100 余位特邀嘉宾。演讲嘉宾中，不仅有美国全国期货业协会（NFA）主席 Christopher K. Hehmeyer，美国注册金融分析师协会（CFA）全球 CEO Paul Smith，也有在全球华人金融家中享有很高威望的美国白宫总统学者委员会专员庞晓东，曾接待中国领导人的高盛集团前合伙人、董事总经理王铁飞，英国华人金融家协会会长王昌南，以及全球最大对冲基金——美国桥水投资公司中国区总裁王沿，中国最大对冲基金——景林资产管理有限公司董事长蒋锦志，中国对冲基金业领先型企业——敦和资产管理有限公司董事长叶庆均等海内外金融业界精英。53 位演讲或主持峰会的嘉宾中，有 27 位为海外嘉宾。媒体支持单位除了《人民日报》、央视财经频道等国内权威媒体，还有彭博社、路透社、英国《金融时报》等国际主流媒体。

峰会期间，国内外一流的商业银行、投资银行、证券期货公司及其他财富管理相关中介机构，与私募对冲基金充分互动，在资产管理、资金托管、业务渠道等方面寻求合作，为私募机构落地提供业务配套支持。其中，作为主要承办单位之一的永安期货和山南对冲基金投资公司，与参加峰会的 20 余家私募机构建立了合作关系。此外，超过 250 名国内外嘉宾实地考察了玉皇山南基金小镇，很多机构纷纷表达落地意愿。

此次全球对冲基金西湖峰会产生的广泛影响力和强大的集聚吸引力，无一不来自此前美国考察之行的牵线搭桥，而玉皇山南基金小镇借势而为，与高盛集团建立合作关系，发挥其在华尔街的金融人脉资源，吸引高端金融人才归国发展；通过与对冲基金人才协会（CFA 协会中国是其会员单位）开展战略合作，搭建协会与小镇、小镇企业之间的人才输送桥梁；通过与浙江玉皇山南对冲基金投资管理有限公司合作，招引来自美国、英国、新加坡、中国香港等国家和地区的高端金融人才和团队。此外，还积极把握国内公募基金管理人"奔私"契机，探索创新人才政策，吸引高端人才。

之后，山南基金小镇引进高盛集团前董事总经理王铁飞、原芝加哥著名衍生品交易对冲基金经理毛煜春、前索罗斯基金经理戴霁昕、Citadel 基金经理王锋等众多高端金融人才和团队。

玉皇山南基金小镇已成为业界"一席难求"的创业驻地，截至2016 年 12 月，累计入驻基金投资机构和各类金融类企业 1090 家，资产管理规模突破 7000 亿元，包括以财通证券资产管理有限公司等为代表的金融机构成立的资管类公司、敦和资管等为代表的商品期货类投资公司、杭州泛涵投资等为代表的量化对冲基金公司、赛伯乐投资等为代表的股权类投资公司纷纷进驻，并以此为依托，实现了优势产业逐步集聚和产融结合的同步效应。据统计，2016 年玉皇山南基金小镇税收高达 10.77 亿元。

第十章　同行共进
——我们的队伍向太阳

十五个年轮，伴随着与浙江经济社会同行共进的成长；十五个春秋，在浙江金融编年史上镌刻了隽永的碑记。在这个以金融为轴心的坐标上，一条闪亮耀眼的阳线汇聚着谋篇布局的哲思，一个徐徐上升的箭头，背负着攀援前行的使命。所有的标识，无不记载了忠贞不渝的行程轨迹：寻梦，追梦，筑梦，圆梦！

第一节　上市办的华丽转身

金融大变革催生金融办

2005 年 6 月 16 日，浙江省人民政府办公厅正式下发《关于成立浙江省人民政府金融工作领导小组及其办公室的通知》，决定成立浙江省人民政府金融工作领导小组办公室（简称浙江省金融办）。省金融办在原浙江省政府企业上市工作领导小组办公室基础上组建，系省政府直属副厅级监督管理类事业单位，并明确由省政府办公厅代管，核定事业编制 23 名，内设四个处级机构。

彼时，恰是我国"十五"规划的最后一年，浙江金融业犹如一列高速列车正风驰电掣般地行进——浙江金融业增加值的增长速度高于全国平均水平，也高于经济发展水平处于同一层次的广东省和江苏省。

浙江已经成为全国金融业务增长最快、金融机构类别最全、金融运行质量和效益最好、金融生态环境最佳的省份之一。正是金融业的迅猛发展，对浙江地方金融监管格局提出了新要求。

金融业发展一直处于国内引领地位的上海市，已于 2002 年 9 月在全国率先成立了金融服务办公室，与市金融工作党委合署办公。上海市金融服务办公室作为上海市政府负责金融管理和服务工作的直属机构，主要承担推进上海国际金融中心建设，推动金融服务经济社会发展，推进市属金融国资国企改革发展，加强金融机构、金融人才服务，促进新型金融行业发展，加强区域金融合作交流，维护金融安全稳定等重要职责。这对于浙江在省级层面成立金融办公室产生了很好的借鉴与推动作用。

与此同时，中央大力鼓励发展地方金融业，降低地方金融机构的准入门槛，浙江金融改革发展工作迎来了难得的历史机遇。要推动浙江经济转型升级，需要将金融业作为主导产业大力培育发展，推动浙江省从金融大省到金融强省的转变；需要将资本市场作为核心产业大力发展，推动浙江融资结构从间接金融为主向直接金融比重不断提高转型；需要将地方金融作为支柱产业大力发展，推动浙江地方金融业发展与经济结构相匹配；需要将金融业与经济结构调整和转型升级相结合，推动浙江从"供给导向金融"到"需求导向金融"的转变。

机遇与挑战，形势与任务，都在呼唤浙江地方政府亟须建立一个专门从事地方金融发展服务与协调的机构。正是在这样的宏观背景下，浙江省金融办应势而生。

担当地方金融监管职责

浙江省金融办成立后,迅速进入角色,找准自身定位,通过"干中学、学中干",在不间断的实践与探索中,为全省金融业发展出谋划策、协调服务,扎实有效推进各项工作。借鉴上海等兄弟省市相应机构的设置模式与运行特点,浙江省金融办逐步确立了自身担负的主要职能:

——贯彻执行党和国家金融工作方针政策和相关法律、法规;配合国家金融管理(监管)部门做好货币政策落实及金融监管工作;协调拟定并组织实施本省金融产业发展规划和政策措施;研究金融发展重大问题,及时向省委、省政府提供决策参考。

——负责建立全省金融工作沟通协调机制。建立"一行三局一办"(人行杭州中心支行、浙江银监局、浙江证监局、浙江保监局、省金融办)的沟通协调机制;加强对全省金融办系统的业务指导和协调;加强与在浙金融机构的沟通联系,协调金融机构和重点企业在改革发展中遇到的问题,组织搭建政(府)银(行)企(业)沟通合作平台。

——负责组织协调金融机构为本省经济社会发展提供金融保障。负责金融保障情况的汇总分析、督促落实、考核评价,引导金融机构运用各种金融创新工具和融资平台为经济建设尤其是重点工程、主导产业、重点区域和中小企业、"三农"发展提供金融支持。

——指导和推动地方银行业金融机构改革与创新工作。加强对地方金融产业发展的指导,协调地方银行金融机构改制重组、股权变更、风险评估等工作;牵头提出地方金融机构改革实施方案,组织推进金融机构对外开放与国际合作工作;负责协调农村金融改革发展工作,推动新型农村金融组织发展;负责规划多层次金融组织体系建设,引导金融机构合理布局。

——负责推进地方创新类金融组织的试点工作。负责牵头协调全省小额贷款公司试点的审核和管理工作;负责股权投资基金发展综合协调的具体工作，指导股权投资管理公司组建行业协会工作；牵头协调未上市公司股份转让试点工作；参与推动融资性担保机构规范管理工作；承担由地方政府审批的创新类金融组织相应授权的监管职责。

——负责指导协调企业上市工作。负责组织协调全省拟上市企业的培育推荐、改制上市工作；负责企业上市有关审核确认事项的核实工作；牵头协调上市公司资产重组工作；指导协调上市公司再融资工作；负责完善全省企业上市合作协调机制；配合证券监管部门加强对境内外上市公司合作监管；负责协调上市公司风险防范和处置工作。

——负责指导证券、保险业等非银机构的改革创新工作。指导保险、证券、期货、信托、金融租赁等金融机构的规范管理工作，指导协调非银金融机构改制和重组工作；负责浙商证券、财通证券、浙商保险、浙商基金等地方法人机构的培育发展工作；牵头协调推动证券、保险综合创新试点工作；指导和协调全省产权交易市场建设工作。

——负责指导和推动金融市场体系和金融集聚区建设。研究制定金融市场发展布局规划，推进多层次资本市场发展；指导和推进杭州、宁波、温州等地的金融集聚区建设，吸引中外金融机构总部及分支机构落户浙江，推动金融集聚区、金融后援服务区和金融改革试验区的建设；参与推进长三角地区金融协调发展。

——负责推进地方金融发展环境建设。负责建立对地方金融生态环境建设的评价机制；负责对金融中介机构执业行为信誉评价和管理工作；推进建立社会信用信息共享机制；推动金融法治环境建设，规范民间融资行为，引导民间资金为地方经济发展服务。

——负责协调防范和化解金融风险。配合金融监管部门加强金融监管，督促落实地方金融业风险防范和处置责任；审核涉及有关金融安全的事项，建立金融风险预警机制和评价机制；承担省处置非法集资活动联席会议办公室、省金融突发公共事件应急领导小组办公室的工作。

——负责参与指导金融人才培训和引进工作。参与拟定引进各类金

融机构和金融人才的政策，吸引各类金融机构和高素质金融人才集聚浙江；参与指导金融管理人才的培训和国际交流工作；配合有关单位对金融机构的考核评价工作，落实对金融机构的激励措施。

——承担省政府金融工作领导小组的具体工作；承办省政府交办的其他事项。

第二节　扩容迎来二次发展

2009 年浙江省金融办升格为正厅级单位，而且在之后的六年里三度"扩容"，机构建设迎来了二次发展。

初次扩容升格正厅级

在国外金融危机持续影响和国内、省内经济增速下滑亟须结构转型升级的大背景下，为了更好地提升浙江金融业支持实体经济、抵御风险能力，2009 年 4 月，经浙江省委、省政府同意，浙江省人民政府金融工作领导小组办公室更名为"浙江省人民政府金融工作办公室"（简称浙江省金融办），为省政府直属的监督管理类事业单位。机构规格为正厅级，参照公务员法管理；事业编制 35 名，其中，主任 1 名，副主任 3 名；处级领导职数 14 名（含机关党委专职副书记 1 名）。内设 6 个职能处室：综合管理处、金融发展处、证券期货处、地方金融处、非银市场处、人事教育处，机关党委单设。

这是浙江省金融办成立后首次真正意义上的升格扩编。

二次扩容增设小贷处

2008 年浙江省政府决定在全省开展小额贷款公司试点工作，省金融办是全省小额贷款公司试点工作的省级牵头协调部门，会同浙江省工商局、浙江银监局和人行杭州中心支行建立联席会议制度。2008 年 7 月在全省开展小额贷款公司试点工作。2011 年继续推进小贷公司试点扩面增量，并制定出台推进小额贷款公司改革发展的若干意见。全省开业小额贷款公司达到 186 家，对服务"三农"和中小企业发挥了积极作用。浙江省金融办被中国小额信贷机构联席会评为"2011 中国小额信贷最佳行业服务奖"。

为了更好地服务小额贷款公司发展，加强民间融管理工作，浙江省机构编制委员会于 2012 年 6 月 21 日下发文件，同意浙江省金融办增设小额贷款公司管理处，增加编制 7 名、处级领导职数 2 名，调整后，浙江省金融办内设机构 7 个，事业编制 42 名，其中处级领导职数 16 名。

三度扩容锋指新金融

随着经济发展步入新常态，金融首当其冲进入转型发展的关键时期，浙江金融业迎来了传统金融和新金融业态双重转型、区域金融改革和金融风险防范压力双重叠加的关键期。

鉴于新经济、新金融、新形势发展的客观需要，在全省机关事业单位全面缩减编制的大背景下，浙江省委、省政府于 2015 年 9 月批准省金融办增设"新金融发展处"，增加人员编制 6 名、处级领导职数 2 名（其中正职 1 名、副职 1 名）。调整后，浙江省金融办人员编制数增至 45 人，内设机构 8 个，处级领导职数 18 名（含机关党委专职副书记 1 名），其中正职 9 名，副职 9 名。另外，浙江省机构编制委员会办公室发文核增 2013—2014 年接收安置军转干部事业编制 1 名，调整后省金融办事业编制为 46 名。

2016 年 8 月，浙江省编办下发文件《关于省金融办内设机构更名和有关职责调整的函》（浙编办函〔2016〕176 号），对省金融办内设机构进行优化设置，有 6 个内设机构进行了更名，其中：综合管理处更名为综合处，金融发展处更名为金融研究处，证券期货处更名为证券融资处，地方金融处更名为金融保障处，非银市场处更名为市场与保险处，小贷公司管理处更名为小贷管理处。

浙江省金融办现内设机构共 8 个，分别为：综合处、金融研究处、证券融资处、金融保障处、市场与保险处、小贷管理处、新金融发展处、人事教育处，参公事业编制 46 名，处级领导职数 18 名（含机关党委专职副书记 1 名）。初步形成了以综合管理、金融研究、金融稳定、证券融资、金融保障、保险信托租赁、小额贷款管理、新金融发展为主要内容的职责体系。作为浙江省委、省政府的参谋机构，浙江省金融办主要做好金融改革创新、金融产业发展、金融要素保障、金融风险防范四大方面的工作。各处室归口职能如下：

——综合处。协调管理机关政务工作；负责文秘、会议、机要、档案、财务、资产、后勤保障、信息公开、安全保密、接访协调、机关网站建设和办公信息化等工作；制定并组织实施机关内部规章制度；负责人大建议、政协提案的交办工作；负责建立"一行三局一办"沟通协调机制，牵头建立全省金融稳定协调机制。承担省金融突发公共事件应急领导小组办公室的日常工作。

——金融研究处。拟订和组织实施本省金融产业发展规划，指导协调地方金融组织体系的规划布局，拟订年度金融工作要点；牵头开展重点课题调研，承担综合性重要文稿的起草工作；负责牵头全省金融业综合统计分析；负责新闻宣传、信息简报和信息发布工作；指导和协调杭州、宁波、温州金融集聚区的建设，参与推进长三角地区金融协调发展；参与融资性担保机构规范发展工作。承担全省政策性融资担保体系建设工作领导小组办公室的日常工作。

——证券融资处。负责协调和推进地方证券、期货业金融机构的改革发展,加强对证券期货公司的培育发展;完善和运行全省企业上市合作协调机制,组织企业改制上市、上市后备资源培育,提出企业上市的核查意见,核实拟挂牌、上市企业历史产权确认;牵头协调上市公司资产重组工作,协调推动上市公司再融资工作;配合证券监管部门加强合作监管,督促上市公司规范运作;参与推进股权融资、债券融资、租赁融资等直接融资方式的创新工作;协调证券期货业金融机构及上市公司的风险防范和处置工作,协调打击非法证券活动工作;承担省处置非法集资活动联席会议办公室的日常工作。

——金融保障处。协调推进地方商业银行业、农村合作金融机构的改革与发展工作;制定并组织实施地方银行业金融机构改制和重组方案,协调浙商银行、城市商业银行机构的改制重组、股权变更、风险评估等工作;协调农村合作金融机构深化改革工作,组织推进农村金融改革发展;督促落实金融保障工作,具体联系并协调政策性、国有、股份制、外资银行机构为经济社会发展提供金融支持;跟踪督促落实各大银行机构的保障、创新、防范工作,联合有关单位对金融机构开展考核评价工作;推进非存款性创新类信贷机构的试点工作;牵头做好民间融资管理和试点组织协调;协调地方银行业金融风险防范和处置工作。

——市场与保险处。协调推进地方保险、信托、金融租赁等非银机构的改革重组和规范管理工作;协调推动保险创新试验区建设;负责交易场所审核和监督管理,引导培育交易场所规范发展;牵头协调未上市公司股份转让工作;协调保险、信托、金融租赁等非银金融机构的风险防范和处置工作;承担省清理整顿各类交易场所领导小组办公室的日常工作。

——小贷管理处。负责拟订全省小额贷款公司相关管理办法;审核小额贷款公司设立、变更、终止;承担小额贷款公司日常监督检查、违规认定与风险监管处置工作;指导小额贷款公司行业协会工作。

——新金融发展处。牵头推进和组织实施新金融产业专项规划，拟订年度工作推进计划；负责股权投资基金发展综合协调的具体工作，指导股权投资管理公司组建行业协会工作；指导各类金融小镇发展定位和功能布局，培育和推动金融小镇产业创新发展；会同有关部门防范和处置新金融业态发展中的风险；承担省互联网金融风险专项整治工作领导小组办公室的日常工作。

——人事教育处。负责本机关人事管理、机构编制管理工作；负责本机关干部年终考核、外事、劳动工资、退休干部管理、教育培训和督查等工作；负责对全省金融办系统的考核评价工作；参与指导金融人才培训、引进及国际交流工作，配合建立高素质金融人才库；组织开展系统综合性金融业务培训；组织或参与地方性金融法规、规章起草工作。

第三节　三级金融办体系捏合成形

2014年国务院下发《关于界定中央和地方金融监管职责和风险处置责任的意见》，要求科学界定中央和地方金融监管职责，强化落实风险处置责任，规范地方机构设置，完善条块间监管工作协调机制，加快形成"中央为主、地方补充、规制统一、权责明晰，运转协调、安全高效"的金融监管和风险防范处置体制，切实防范系统性区域性金融风险，促进金融更好地为实体经济服务。

国务院这份文件分别就中央和地方的金融监管职责、风险处置责任进行了划分，要求省级人民政府金融监管部门根据国家金融政策法规，在监管职责范围内制定具体实施细则和操作办法，把风险防范和处置责任落实到位。

根据中央和省两级金融管理职责的总体要求，结合浙江金融业发展和金融万亿产业打造的需要，浙江省金融办工作的重中之重是建立和完善全省地方金融管理体系，在全省基本形成了省、市、县（区）三级全覆盖的地方金融办体系。

——健全地方金融管理体制。按国务院文件要求，浙江省地方金融监管实行省级政府为主，市、县（市、区）采取"授权监管，明确责任"的监管方式，建立以本级政府管理为主、上级地方金融监管部门进行行业务指导和监管的地方金融管理体制。为了使授权监管责任落到实处，市、县（市、区）地方金融管理部门主要负责人的任免须事先征求省级地方金融监管部门意见。

——建立地方金融监管机构体系。为了把国务院交给省级政府的监管职责落实到位，设立浙江省地方金融监管局，与省政府金融工作办公室合署办公，列入政府工作部门，人员编制和内设机构单独核定，实行"两块牌子、一套人马"。省金融办继续承担全省金融业改革发展和协调服务工作。省地方金融监管局主要承担地方金融业的监督管理和风险处置职能。根据浙江实际，对现有分散在省级有关部门的地方金融管理事项，按照积极稳妥的原则，实行统一归口管理，纳入省地方金融监管局的管理职责，形成市场准入、日常监管、违规认定、风险处置前后贯通完整的管理体系。县级以上人民政府均参照省里单独设置金融工作办公室，挂地方金融监管局牌子。机构设置具体事项由各市、县（市、区）结合本地实际研究确定。

——加强地方金融监管人员队伍建设。县级以上人民政府要高度重视地方金融监管队伍建设，根据本地金融监管工作情况，科学合理核定编制，充实加强人员力量，特别是金融专业管理人员的引进和培养，确保满足履行金融监管职责的需要。根据依法行政的执法主体的要求，切实解决地方金融监管局执法人员的参公编制问题。

——建立地方金融管理沟通协调机制。地方金融监管部门要主动加强与驻地中央金融监管部门和有关部门的协调配合，建立并不断完善信息交流平台和工作沟通渠道，加强工作的协作和配合，加快形成条块结合、运转高效、无缝对接、全面覆盖的区域性金融管理与风险防范机制，不断增强地方金融监管合力。

——完善规制统一的地方金融监管方式。按照国家金融政策法规，在监管职责范围内制定具体实施细则和操作办法；建立地方金融数据监测信息系统，联合统计部门加强对金融业的综合统计，加强相关监管信息数据交换与整合；丰富和完善金融业技术监管手段，确保依法、严密、公开、公正地对地方金融机构和金融活动进行合规性和审慎性监管；培育发展地方金融行业组织，充分发挥其行业自律作用。推动地方金融机构完善法人治理结构和内控机制建设。

第四节　撬动人才基石

建设金融强省呼唤高端人才

如果修筑长城，人才就是基石；如果建设大厦，人才就是栋梁；要建设金融强省，金融人才就是基石，就是栋梁。

浙江经济十多年来又好又快的发展，有赖于金融要素保障的大力支撑，2015 年全省金融业增加值占地区生产总值的比重达到 7.1%，已成为全省国民经济的重要支柱产业之一。但是，在经济转型、产业升级的经济新常态背景下，国内外产业竞争面临着日益激烈的新态势，金融业面临着混业发展和互联网金融等新型金融业态崛起的新趋势，浙江金融业正面临着严峻的挑战。浙江金融业规模虽大，但是本土金融机构规模较小、实力较弱，与经济大省的地位不相适应。为了确保浙江经济朝着创新型、科技型、生态型方向的转型升级，浙江金融体系和金融产业结构也需要进行深刻的变革，使其能够契合服务实体经济的需求。

浙江金融改革创新急需各方面的积极支持，需要良好的政策引导环境，更需要金融管理、运营方面的优秀人才。自 2012 年起，浙江省承担了温州金融改革、丽水农村金融改革、义乌国际贸易金改、台州小微金改创新等一批国家级金融业区域性改革的重大任务，同样亟需培养一批深刻了解现代金融业务和具备金融创新意识的金融领导干部队伍。

有鉴于此，高层次金融人才的培养，已经到了刻不容缓的地步。诸多实践证明，通过培养和引进高水平金融人才，带动金融产业的创新发展，进而以强大的金融创新支持实体经济的全面发展，是区域经济创新发展的必经之路。

行长走进课堂当学生

自 2014 年起，浙江省金融办根据省领导关于加强高端金融人才培养的要求，开展多方论证，推进各项前期工作，联合浙江省委组织部在清华大学五道口金融学院举办金融家高级研修班。

2015 年 4 月 17 日，浙江省首期金融家高级研修班在清华大学开班。浙江省副省长、清华大学五道口金融学院战略咨询委员会主席朱从玖，中国人民银行原副行长、全国人大财经委副主任委员、清华大学五道口学院院长吴晓灵，浙江省金融办主任丁敏哲等领导出席开班仪式。

参加首期金融家高级研修班的学员都是浙江省各类金融机构、金融相关企业的主要负责人，集聚了多种金融业态和产业领域的管理人员，他们在一起学习交流金融领域的前沿知识和最新政策，不仅有效提升创新能力，而且有助于优势互补、促进合作、实现共赢，为浙江金融业"两个中心"建设和打造万亿金融产业工程增加新的动力和活力。

朱从玖在开班仪式上说，我国金融改革日新月异，金融业面临重构变局，希望全省金融机构负责人进一步加强学习，提升创新能力。同时也希望参加研修班的学员树立良好学习风气，真正做到学有所获。朱从玖用八个字——"诚信、规范、学习、进取"赠言勉励研修班的学员。

首期金融家高级研修班在筹备期间，浙江省省长李强、副省长朱从玖等省领导对如何办好办精作出批示。

撑起梧桐树，引来金凤凰

如果说，对金融高端人才教育培训是"提质上档"工程，那么推进金融高端人才合作交流就是"开源增量"工程，对于金融高端人才工作来说，两项工程是"两手都要硬，两手都要抓"。

——加强金融高端人才的引进与培养。浙江省金融办一直将金融高端人才引进作为部门的重要职责之一，通过赴欧洲举办金融高端人才洽谈会专场等积极引进海外金融高端人才。同时，与清华大学、上海财经大学、浙江大学等国家重点高校和科研院所紧密联系，推出税收减免等优惠政策，提供宽松的投资环境，鼓励和吸引金融高端人才来浙江发展。杭州、宁波、温州等地政府在金融高端人才引进优惠政策方面，采取切实有效措施，确保金融高端人才"引得进、留得下、发展得好"。

——建立人才与资本对接平台。资本是金融高端人才创业的必要条件和平台基础，而金融高端人才是资本的运用与运行主体。在浙江特色小镇建设如火如荼之际，浙江省金融办认真履行金融发展协调服务职能，充分发挥玉皇山南基金小镇、南湖基金小镇等特色小镇金融资源集聚发展的优势，创建资本与金融高端人才对接的平台，促进科技与人才充分融合。与此同时，省内各地的成果交易会、留学人员科技交流大会等，也成为近些年浙江人才与资本对接的重要平台。浙江省金融办定期组织优秀专家和留学人员参加项目成果推介，建立起投融资网络信息交互平台，促进资本与金融高端人才的对接融合。

打造金融人才培养高地

上海一直来都是金融人才培养的高地，也是浙江学习借鉴的标杆。浙江省金融办再一次将目光投向了上海。因为上海已于2009年牵头成立了上海高级金融学院，首期投资2亿元，并逐步增加到5亿元，对高层次金融人才进行全覆盖、大强度的培训。上海的先行先试，对于浙江如何加强金融高层次人才培养有着典型的借鉴示范意义。

2015年6月25日，杭州市政府与国家"千人计划"专家联谊会签署战略合作协议，拟在西湖区云栖小镇转塘街道铜鉴湖区块内筹建一所新型的民办研究型大学——西湖大学。根据协议，西湖大学（筹）将借鉴美国加州理工大学的规模和斯坦福大学的办学理念，由国家"千人计划"专家或其他顶尖人才领衔组建相关院系，首先以研究院的名义完成博士研究生招生，随后面向本科生，培养国家未来发展需要的创新型复合型人才。

显而易见，西湖大学的目标是为杭州乃至浙江区域经济的转型升级培养高端的技术性研究型人才，其中，金融高端人才占据着重要一席。

第五节　致我们温暖的家

"人的一生如果从大学毕业参加工作算起，到退休大约只有三十多年的职业生涯，这中间你可能会调动、跳槽，不断追求新的职业目标。如果能在一个单位待上几十年，一定是有让你坚守的原因，或者是热爱，或者是无奈。我属于前者，因为我有幸见证了伟大时代中一个重要行业

的从无到有。我有缘置身于一个如同家一样温暖的单位三十载。"

这是浙江省金融办副巡视员张海滩在《我们温暖的家——2012年省金融办家书》（以下简称《家书》）中吐露的心声。

浙江省金融办自2010年4月成立机关党委，办党组始终坚持"党要管党，从严治党"，同时希望在机关文化方面有所创新，把金融办建造成温暖大家庭。正如浙江省金融办党组书记、主任丁敏哲为《家书》所作序中所言："家是港湾，一个像大家庭的单位，是所有同事的心灵驿站。"

《家书》这本以米色为封面、素描打底、装帧略显古朴的册子，一共收录了全办33位干部秉笔亲书的家书，家书分为三个篇章：致人生、致金融办、致家人。平日里写惯了程式化公文的干部们，此番笔端却柔情似水，止不住地流淌出感人的际遇、细腻的情感和如诉的心声，一时间全办上下心弦齐动、共鸣如潮。

《家书》的缘起，源自于一次主题教育活动。2012年在浙江省直机关组织开展的"我们的价值观"大讨论和创建"八型"机关主题活动中，浙江省金融办机关党委组织开展随笔征文活动，鼓励干部员工以随笔形式记工作、谈人生、叙家人。为期数月的征文活动，共征得文章数十篇，大家以感人的经历讲述和谐共事的氛围、笔耕不辍的激情、学而不息的动力，家国情怀在征文里抒发和升华，形成了一本薄薄的但又沉甸甸的《家书》，成为机关文化建设创新真实而朴实的成果，被同志们作为珍本收藏在心爱的书架上。

这仅仅是浙江省金融办机关文化建设的一个缩影。

浙江省金融办根据新时期党建工作的特点，结合单位实际，以《家书》为抓手，以优秀文化凝聚人，以健康氛围感染人，以生动载体吸引人，寓党建工作于日常工作生活，切实打造"家"的氛围，助推业务工作和团队文化建设。

以《家书》为基点，省金融办的机关文化建设以喜闻乐见的形式层层推进：

"宣传板上的家——又红又专又时尚"。通过传统的宣传板和漫画形式宣传和诠释"家"的理念。从 2010 年起的 5 年间，已经展出 23 期，推出"中国梦、我们共同的梦"、"闪光言行之星"、"服务企业、服务基层"等专题，成为党员干部学习的风向标，争先创优的模范墙，廉洁从政的警世钟。

"家的暖与爱——在每个人的心上"。开展关爱自身的心理健康活动，举办健康讲座，进行一对一咨询；组织环西湖健身毅行活动；通过短信定期发送健康知识，发送对象涵盖多个金融行业协会与研究院所。

……

《家书》系列活动的成功表明，创新形式、丰富内涵、提升参与度是机关党建的重要抓手，由此形成了党建活动全员参与、全过程参与的工作传统。

2014 年机关党委被评为"五星级机关党委"，《家书抵万金》获"全省机关党建优秀创新成果奖"，金融发展处支部被评为浙江省直机关"改革先锋"优秀基层党组织。

后　记

　　著书立说在多数人眼里终究是一桩费神、费脑、费时、费力的苦差事，这回的编书算是让我感同身受。所以，在《潮起之江》交由中国金融出版社正式付梓的那天，我暗地里着实是松了口气的。

　　屈指数来，这本书从萌念、策划、组织、撰写、修改、定稿到最终成书，历时两年有余。期间，因身体有恙，我休养了数月，多少影响了书稿的进度。好在后半程大家齐心发力，加班加点，总算把进度补了回来。我宽慰自己：这也是好事多磨吧。

　　编写《潮起之江》虽几经斟酌，但过程并不久远。2015年仲夏时节，省金融办正牵头会同"一行三局"编写全省地方志的金融卷，在一次专题推进会上，我以《浙江通志·金融卷》编纂委员会主任的身份去讲话。开完会，一个念头却萦绕在我的脑海里挥之不去：由于《浙江通志》对编纂时段的划分是明确截至2010年为止，也就是说，2010年以后全省金融领域的一系列"动态"不再纳入此次修志之列。而2010年以后的这几年正是浙江金融业快马加鞭、大干快上的时光，堪称是全省金融保障、改革、创新、发展激情喷涌的又一大好年代，其间所累积的大批宝贵经验是很值得留存和借鉴的。倘若将这段历史留存到下一轮修志周期再纳入，不知要到猴年马月，未免可惜。於此，"自力更生"编一本书

314

的念头便在我脑子里萌生，后经思虑再三，觉得从全省金融办的角度来编著一本反映十五年间浙江金融业变革，兼具客观性、纪实性、可读性的书是可行的，也是必要的。最终，就把编书这项任务作为浙江省金融办与浙江省金融业发展促进会联合开展的一个课题定了下来。

1997 年我从衢州调到浙江省体改委工作，自 2001 年任浙江省上市工作领导小组办公室主任开始，便与金融工作结下了不解之缘。一路走来，见证了浙江省金融办以及覆盖全省的金融办系统从无到有、从小到大的发展历程。可以说，自己是和省金融办一路相伴相生、共同成长起来的。省金融办的前身最早可以前溯到浙江省体改委（省证券办），后来伴随着国内资本市场的逐步壮大以及省级政府机构的沿革，这一机构几度"变身"，从浙江省证券办到省上市办，再到浙江省政府金融工作领导小组办公室，最终定格为浙江省人民政府金融工作办公室。工作职能也从最初较为单一的企业上市培育、证券期货管理，拓展到了对全省金融工作的综合协调管理。人员则从最初的"十几条枪"，扩充到了今天的 50 余人规模。尤其是 2009 年机构升格单列后的这几年，无论是省金融办自身的发展、职能的凸显，抑或是作用的发挥都十分明显。

机构的壮大固然令人欣喜，但更令我欣慰的还是历届省委、省政府高屋建瓴的发展眼光，赋予了我们一个能推动浙江金融业加速前行的好平台。在省上市办、省金融办一把手岗位上，我先后历经了吕祖善、陈加元、章猛进、陈敏尔、龚正、朱从玖六任分管省领导，在他们的直接领导和全力支持下，我与班子成员带领全办干部，心往一处想，劲往一块使，力往一方聚，协同"一行三局"，一起为推进全省金融业的发展尽了自己的绵薄之力。这些年来，浙江金融业的飞速发展，于我而言可谓是历历在目、点滴在心头，值得终身铭记。

如果说这些年金融办为全省金融事业的发展作了一些工作、取得了一些成绩，凝聚着集体的心血与汗水，那么，《潮起之江》这本书的出版同样称得上是集体创作的结晶，得到了省金融办班子成员、各处室和省金融业发展促进会的积极配合与大力支持。坦率说，十五年的时间跨度，既不长也不短，幸运的是遇上了浙江经济社会发展的鼎盛时期，赶上了全省金融业发展的快车。这一时段内浙江金融业发展之快、蕴量之丰不言而喻，如果事无巨细都罗列进来，这本书势必会成为一本"流水账"。因此，自制订书稿的框架、提纲伊始，我就提出要突出重点、主次分明、有取有舍，明确十五年来浙江的金融保障、发展、改革创新、风险防范是贯串全书的主线，各章节沿这条主线再蔓生"枝枝节节"。即便如此，全书第一稿仍有近 50 万字之巨，后几经删节、压缩，最终形成 20 余万字的定稿。

由于这些年来浙江省金融办几度扩编，处室、人员变动都很大，年轻同志又居多，客观上给素材的整理搜集工作带来了不小的难度。对此，省金融办相关领导、所有处室克服日常工作繁重、人手紧张等困难，认真组织开展素材搜集、整理。有的处室请来熟知情况的退休老同志，让工作人员当起了"业余记者"；有的处室集体上阵埋头笔耕；有的处室千方百计寻找原始资料，连发黄的笔记本都翻了出来……金涛同志承担了方案策划、提纲制订、撰写统稿、修改审校的任务，付诸了许多努力；省金融业发展促进会还专门聘请了《浙江日报》高级记者胡振同志协助统稿，确保了书稿如期付梓。对大家的辛勤付出、努力工作在此表示由衷的感谢。

《潮起之江》的出版，也得到了中国金融出版社的热情帮助和大力支持，特别是王效端、王君两位同志以认真负责的态度作了不少工作，一并表示感谢。

由于缺乏经验，水平也有限，加上这十五年间浙江金融业发展日新月异，本书所反映的内容难以涵盖全部，难免挂一漏万，疏漏之处敬请包涵。

凡是过往，皆为序章。期待浙江金融业翻开精彩的新篇章。

编者

2017 年 9 月写于省行政中心一号楼 4012 室